Linda Greenlaw

Die Hummerchronik

Mein Leben auf einer sehr kleinen Insel

W0070002

Aus dem Englischen
von Hedda Pänke

List

Die Originalausgabe erschien 2002 unter dem Titel
The Lobster Chronicles. Life On A Very Small Island
bei Hyperion, New York.

List Verlag
List ist ein Verlag des Verlagshauses
Ullstein Heyne List GmbH & Co. KG

ISBN 3-471-77267-7

© Linda Greenlaw 2002
© der deutschen Ausgabe 2003
Ullstein Heyne List GmbH & Co. KG, München
Alle Rechte vorbehalten. Printed in Germany.
Gesetzt aus der Sabon und Benguiat bei Leingärtner, Nabburg
Druck und Bindung: Pustet, Regensburg

Linda Greenlaw

Die Hummerchronik

Dieses Buch widme ich meiner Mutter und Freundin
Martha Louise Greenlaw

Die Winter machen dich fertig,
und die Fischerei ist verdammt hartes Brot.
Du musst verrückt sein, wenn du bleibst,
aber einen besseren Platz gibt es nirgendwo ...

Gordon Bok
Aus seinem Song *The Hills of Isle au Haut*

Inhalt

Vorwort

In meiner fünften Hummerfangsaison zähle ich im Vergleich zu den Profis, die seit fünfzig Jahren und länger wie Hummer denken, zu den Amateuren. Inzwischen habe ich zwar genügend gelernt, um beim Auswerfen und Einholen der Körbe den Anschein zu erwecken, als würde ich mich auskennen, dennoch bin und bleibe ich eine Anfängerin. Die in diesem Buch geschilderten Fangmonate sind *meine* Saison; es handelt sich um eine Aufzeichnung sehr persönlicher Beobachtungen, Überlegungen und Ansichten. Würde jeder der zwölf hauptberuflichen Hummerfänger auf der Insel ein Buch über eine bestimmte Saison schreiben, kämen zwölf höchst unterschiedliche Schilderungen heraus. (Die einzige Übereinstimmung bestünde in beredten Klagen über die Schwierigkeiten, sich in diesem Gewerbe seinen Lebensunterhalt zu verdienen. In diesem Zusammenhang verzichte ich auf die Erwähnung der Verbesserung meiner finanziellen Lage durch mein erstes und bislang einziges Buch, dessen Publikation in die Anfänge meiner Karriere als Hummerfängerin fiel.) Und obwohl ich die Menschen meistens schildere, wie sie nun einmal sind, habe ich mir in einigen wenigen Fällen die Freiheit ge-

nommen, Charaktere miteinander zu »verschmelzen«
und bei ein paar anderen Namen, Daten und andere
Details zu verändern; jedoch nicht aus Gründen des
Datenschutzes, sondern in der Hoffnung, auch nach
Veröffentlichung des Buches weiterhin auf der Insel
bleiben zu dürfen. Hin und wieder nehme ich es mit den
Zeitabläufen nicht ganz genau. Auch wenn dieses Buch
eine typische Hummerfangsaison schildert, erwies sich
die geschilderte Fangzeit als die ungewöhnlichste, die
ich je erlebt habe. Sie begann völlig harmlos und normal, bot mir dann aber Anlass genug, alles zu überdenken, was ich über mich selbst, das Leben und den Hummer zu wissen glaubte.

Hummer – eine Erfolgsgeschichte

In Sachen Ansehen hat es der Hummer weit gebracht. In relativ kurzer Zeit stieg der *Homarus americanus* oder Maine Lobster von einfacher Hausmannskost zu einer Delikatesse in den feinsten Kreisen auf. Vor dem 19. Jahrhundert aßen ausschließlich Witwen, Waisen und Dienstboten Hummer. Und in einigen Gegenden von New England war es sogar gesetzlich verboten, Gefängnisinsassen mehr als einmal in der Woche Hummer vorzusetzen, da dies als unzumutbar harte Strafe betrachtet wurde.

Als Arthropoden oder Gliederfüßer sind Hummer mit Insekten und Spinnen verwandt. Obwohl Hummer äußerlich keine Schönheiten sind, macht der sinnliche Genuss einer in geschmolzene Butter getauchten Schere ihr kakerlakenähnliches Aussehen mehr als wett, wie auch die Mühsal, das Fleisch aus dem Panzer zu zerren. Doch ungeachtet ihres hohen Prestiges bezeichnen die Fischer der Isle au Haut Hummer noch immer als *bugs* – Ungeziefer.

Die Isle au Haut (ausgesprochen Ail-o-O) ist ein Inselchen vor der Küste von Maine. Sie liegt in der Penobscot Bay, dem »Hummerzentrum der Welt«. In einer kleinen Hummerfanggemeinde wie auf der Isle au Haut gibt es prinzipiell nur zwei Jahreszeiten: die Hummersaison und die Nicht-Hummersaison. Da das mehr oder weniger auf alle Fischergemeinden an der Küste zutrifft und da Einheimische ihre Heimatorte nur selten beim offiziellen Namen nennen, heißt die Isle au Haut in diesem Buch einfach nur »Insel«.

Aus Furcht vor Überfremdung unserer Insel sorgen sich Freunde, dass jede Erwähnung des Namens zu einem wahren Ansturm auf unser schönes, ruhiges Felseneiland führen könnte. Aber im Laufe der Jahre sind zahllose Artikel in Magazinen und Zeitungen erschienen (ganz zu schweigen von etlichen TV-Features), die ausnahmslos die faszinierenden Aspekte des Lebens und Treibens auf der Isle au Haut rühmen, ohne dass dadurch aus uns ein zweites Coney Island geworden wäre. Folglich sollte es mir nur schmeicheln, dass meine Freunde zu glauben scheinen, ausgerechnet *mein* Buch könnte das bewirken. Oh, ich gestehe, dass auch mich vor Jahren akutes Unbehagen befallen hat, als ich in *Parade* einen Artikel über die drei Quinby-Kinder las, die der Autor allesamt als Genies bezeichnete. Flüchtig befürchtete ich, dass sämtliche auf genialen Nachwuchs erpichten Eltern dieses Planeten in der Hoffnung auf unsere Insel strömen könnten, eine derartige Konzentration intellektueller Fähigkeiten wäre auf irgendetwas in der Luft oder im Wasser zurückzuführen und nicht auf die Quinby-Gene. Glücklicherweise erwies sich meine Angst als ebenso voreilig wie unbegründet.

Zur Besänftigung meiner besorgten Freunde, Verwandten und Nachbarn lege ich Wert auf die Feststellung, dass ich die Isle au Haut auch deshalb nur »Insel« nenne, weil sie repräsentativ für jedes Stück Erde ist, das von hart arbeitenden, unabhängigen Menschen bewohnt wird, von denen sich die meisten ihren Lebensunterhalt mit dem Hummerfang verdienen. Für den Fall, dass Sie sich bei der Lektüre dieses Buches in unsere Insel verlieben oder von Neugier auf das Küstenleben in Maine erfasst werden, versichere ich Ihnen, dass Besuche auf Mount Desert Island, Bailey Island oder Monhegan Sehnsüchte und Wissensdurst vollauf befriedigen. Dort legen die Menschen Wert auf Tourismus. Dort gibt es Hotels und Restaurants. Bei uns gibt es nichts.

Nun, das stimmt nicht ganz. Unsere Habenliste ist kürzer als unsere Mängelliste, und die Menschen, die hier leben, tun es wegen der Länge/Kürze *beider* Listen. Wir haben vermutlich das kleinste Postamt im ganzen Land und einen privaten Bootsdienst, der U.S.-Post zum Festland oder auf die Insel bringt. Zur Zeit gibt es siebenundvierzig Dauerinsulaner, und mit der Hälfte von ihnen bin ich auf die eine oder andere Weise verwandt. (Stammbäume im kleinbürgerlichen Maine nehmen sich häufig recht verschlungen aus. Die Genealogie der Greenlaws wird am treffendsten als Stamm*girlande* bezeichnet.) Wir haben einen General Store, eine Kirche, einen Leuchtturm, eine Einraumschule für die Klassen null bis acht, einen Rathaussaal, der gleichzeitig der Schule als Turnhalle dient, drei Stadträte sowie eine Fischfanggenossenschaft. Wir verfügen über eine Fläche von knapp zwanzig Quadratkilometern, von denen über die Hälfte zum Acadia National Park gehören, und über zwanzig Kilometer holpriger Straßen. Und es gibt Hummer.

Wir haben weder einen Kmart noch sonst einen Supermarkt. Wir haben kein Kino, keine Rollschuhbahn, keine Kaufpassage, keine Bowlingbahn. Die Bewohner müssen ohne Maniküre, Pediküre, Dauerwellen, Haartönungen, Gesichtsmasken, Massagen, Sauna, Chemische Reinigung und künstliche Bräune auskommen. Wir können weder fein essen gehen noch auf die Schnelle einen Hamburger verputzen. Es gibt kein Dairy Queen, kein Jiffy Lube oder Starbucks, keinen Zeitungskiosk. Wir haben keine Bank, nicht einmal ein ATM. Kein Kabelfernsehen, keinen Golfplatz, weder ein Museum noch eine Kunstgalerie… Nun, ich denke, Sie wissen Bescheid.

Für die meisten von uns beginnt die Hummersaion Anfang Mai und endet um den ersten Dezember. Einige Fischer fangen früher an und machen später Schluss oder umgekehrt, aber im Allgemeinen gehen wir sieben Monate auf Hummerjagd und fünf Monate nicht. Typisch für jede Hummersaison ist, dass sie sich von der vorangegangenen unterscheidet. Es gibt Abläufe, Methoden und Gewohnheiten, die seit Generationen beachtet werden, aber jede Saison hat ihre Besonderheiten, denn auf das kooperative Verhalten der Krustentiere ist kein Verlass. Dennoch scheint unter den Fischern das Erstaunen darüber unausrottbar zu sein, dass sich die Hummer in diesem Jahr ganz anders benehmen als im letzten. Und in jeder Saison sind die Fischer bemüht, genauso zu denken wie Hummer, um ihnen auf die Schliche zu kommen. Ein Hummerhirn ist (in Relation zur Körpermasse) kleiner und einfacher gestrickt als das nahezu aller anderen mit einer Art von Hirn ausgestatteten Lebewesen. Von daher sind manche Fischer für diese Einfühlungsversuche prädestiniert, andere weniger. Ich finde es keineswegs beschämend, nicht zu den besten Hummerfängern der Insel zu gehören.

Während die meisten Individuen für sich genommen zäh und widerstandsfähig sind, ist die Gemeinschaft eher labil. In nur zwei Jahren schrumpfte die Zahl der Dauerbewohner von siebzig auf siebenundvierzig. Das Überleben der Inselpopulation ist auf vielfältige Weise gefährdet, vor allem durch Erhöhungen des Bodenwerts und die damit einhergehenden höheren Grundstückssteuern sowie einen extremen Mangel an Verdienstmöglichkeiten. Für die meisten von uns ist die Insel mehr als ein Zuhause. Sie ist ein Refugium. Die Gemeinschaft der Inselbewohner scheint vom Hummer am Leben erhalten zu werden. Das Einkommen jeder ganzjährig auf der Insel wohnenden Familie hängt davon ab, ob viele oder nur wenige der Krustentiere in die Körbe gehen. Über die Tatsache hinaus, dass wir alle auf diesem Felseneiland leben, ist der Hummer das einzige Band, das uns zusammenhält. Zur Zeit erleben die Inselfischer die letzten Auswirkungen einer Hummerschwemme, die ihnen in den vergangenen Jahren gestattete, Zehntausende der Tiere zu fangen, immer begleitet von düsteren Prognosen der Biologen, damit hätte es ein baldiges und unwiderrufliches Ende. Unser winziges Stück Amerika hängt am Schicksal des Hummers wie am seidenen Faden.

Eine kleine Gemeinschaft macht es ihren Mitgliedern nicht leicht. Ältere Bewohner ziehen aufs Festland, wenn das isolierte Inselleben zu mühsam wird. Warum nehmen wir ihnen nicht einige ihrer Lasten ab? Eine kurzsichtige Politik bewirkt Spannungen und Enttäuschungen, sodass einzelne, mitunter sogar ganze Familien, eine einträglichere Existenz fern von der Insel suchen. Vom Menschen geschaffene Probleme sind typisch für das Leben auf einer Insel. Aber in unserer Vorstellung läuft alles auf den Hummer hinaus.

Hummer sind fassbar. Sie werden zu Sündenböcken, aber wahrscheinlich ist es weit zutreffender, dass wir jegliche Bedrohung unserer Fangmöglichkeiten zum Sündenbock machen. Da wir die Natur nicht beherrschen können, sehen wir in ihr eine bequeme Ausrede. Ein Orkan kann unser Ruin sein, Boote und Fanggeräte zerstören. Immer wieder in der Geschichte des Fischfangs wurden Seuchen und Infektionen für katastrophale Hummersterben verantwortlich gemacht. In letzter Zeit hat die Einleitung von Chemikalien und Insektiziden Bestände in größeren Meerestiefen vernichtet. Einer der Gründe für meine Rückkehr auf die Insel war mein Wunsch, vom Hummerfang leben zu können. Doch schon bald wurde mir mehr als deutlich bewusst, dass meinem Glück und einem gesicherten Auskommen das entgegenstand, was alle Inselbewohner als greifbare Gefahr betrachten: das Überfischen unserer Fanggründe durch Nichtinsulaner. Die Bedrohung durch Hummerfänger vom Festland war sehr real, und sie nahm mit jeder Saison exponentiell zu. Im Vergleich dazu wirkten die jüngsten Naturkatastrophen fast harmlos. Schon als ich in den Ring stieg, war klar, dass die Situation zu einem Krieg eskalieren würde.

Vorbereitungen

Zäher Dunst hüllte die Welt ein, zu warm, um zu Boden zu sinken, und zu kalt, um in höhere Luftschichten zu entweichen. »Erbsensuppe« würden alte Seebären diese nasse, klebrige Luft nennen. Nein, dachte ich, als ich mich auf den Weg zum Dock machte, das ist nicht der Nebel, der »auf kleinen Katzenpfoten« daherkommt wie bei Carl Sandburg. Dieser Nebel traf Stonington, Maine, mit der Wucht eines *Mack*-Truck. Während sich Zig-Tonner-Laster nur selten durch die schmalen Straßen quälen, ist der Nebel ein häufiger Besucher. Stonington ist der Hauptort auf Deer Isle, die durch ihre Brückenverbindung mit dem Festland für uns ihren Inselstatus verloren hat. Dort liegt außerhalb der Fangsaison mein Boot.

In Büchern und Filmen wird Nebel für gewöhnlich mit der Spannung des Ungewissen assoziiert, aber meine Pläne für diesen Nachmittag waren klar und eindeutig. Ich würde an Bord der *Mattie Belle* zur Insel zurückkehren, wie in jedem Frühling seit vier Jahren, seit ich die *Hannah Boden* aufgegeben und meine siebzehnjährige Jagd auf den Schwertfisch im Nordatlantik beendet hatte. Ich schleuderte zwei Müllsäcke mit

Kleidung über die Reling meines Zwölf-Meter-Duffy. Dumpf plumpsend landeten sie auf den Deckplanken. Waren es nicht dieselben Säcke mit denselben stinkenden Klamotten, mit denen ich von Bord der *Hannah Boden* gegangen war? Es kam mir vor, als hätte ich gestern erst beschlossen, auf die Insel und zu meinen Eltern zurückzukehren. Hatte ich mir nicht ein einfacheres Leben gewünscht? Das habe ich mit Sicherheit erreicht, dachte ich. Aber jetzt kamen mir Zweifel an der Weisheit meiner Zielsetzung. Seit ich die Hochseefischerei aufgegeben hatte, war ich nicht gerade vorangekommen. Mein wertvollster Besitz war, verglichen mit der massiven *Hannah Boden,* ein Spielzeug, und dazu eins, das ich mir mit der Bank teilte. Bis auf zwei Säcke mit Kleidungsstücken und ein paar Gerätschaften für den Fischfang besaß ich – absolut nichts. Ich hatte mich nicht mit »überflüssigem Kram« belastet, aber meine Absage an den Materialismus war eine situationsbedingte Tugend, keine aufrichtige Überzeugung.

Lebhaft erinnerte ich mich an die Empfindungen von Bedauern und Wehmut, mit denen ich vier Jahre zuvor in Gloucester am Dock stand und zusah, wie die *Hannah Boden* ohne mich auslief. Ich hatte mich entschieden, das hochmoderne 100-Foot-Boot zu verlassen, um mein eigenes Ding zu machen, und der Weg von Gloucester nach Stonington war mit reiflichen Überlegungen gepflastert. Jetzt, nach vier Fangzeiten auf der Insel, fühlte ich mich wieder wie beim allerersten Mal, als ich die Küste hinter mir ließ. Unerschütterlicher Optimismus, hoffnungsvolle Phantasien und die Aussicht auf Rekordfänge haben die Fischerin in mir schon immer beseelt. Wenn mir das Glück diesmal hold war, würde ich mir auf der Insel ein Stück Land kaufen. Dann wäre ich endlich voll in das Leben integriert, das ich ersehnt und sorgfältig geplant hatte.

Abgesehen vom Meer war die Insel der einzige Ort, auf dem ich mich zu Hause fühlte. Verständlicherweise. Boote und Inseln haben vieles gemein, und die Eigenschaften und Wesenszüge, die ein Leben auf See begünstigen und erleichtern, kommen mir auch als Inselbewohnerin zugute. Obwohl alle Versorgungsgüter, Post und Elektrizität – via Unterseekabel – vom Festland zu uns gelangen, verbindet uns keine Brücke mit Stonington. Die sieben Meilen Salzwasser zwischen der Insel und Deer Isle verstärken sogar die Unabhängigkeit und Selbständigkeit, die alle Insulaner und Fischer brauchen.

Landratten hegen mitunter recht romantische Vorstellungen vom Fischfang. Aber in der Realität machen der Spaß an der Freud, das Abenteuer, der Stolz auf die eigene Leistung, die Schönheiten der Natur lediglich ein Bruchteilchen des Ganzen aus. Zwar löst dieser winzige Teil Gefühle aus, die für die Anstrengungen, die Monotonie, die Erschöpfung und Frustration mehr als entschädigen – aber die Hauptsache bleibt Arbeit, harte Arbeit.

Für die Vorbereitung der *Mattie Belle* brauchte ich nur einen Tag, wenn auch einen sehr langen. Schon im ersten Morgenlicht befand ich mich unter dem Boot. Da der Schiffsboden zu tief hing, um unter ihm aufrecht stehen zu können, andererseits zu hoch, um ihn aus einer knienden Position zu erreichen, kauerte ich in einer höchst unbequemen Hocke, um dem Boot den alljährlichen Schutzanstrich zu verpassen. Das ist eine rechte Strapaze, aber die letzten Wischer mit der Farbrolle lassen das schnell vergessen und geben für die neue Saison ein sicheres Gefühl.

Antifoulingfarbe ist ein komisches Zeug. Nicht dünn und geschmeidig wie der Lack, den man für Deck und Bordwand benutzt, sondern dickflüssig und zäh wie Honig. Sie trocknet schnell und wird zu einer Schutzschicht, die alles abstößt, was sich auf ihr ansiedeln will. Antifouling hält das Unterwasserschiff frei von pflanzlichen und tierischen Organismen. Muscheln, Tang, Flechten und grünlicher Schleim schwärmen geradezu für ungeschützte Bootsrümpfe, und sie sind die sichtbarsten Anzeichen für Vernachlässigung. Häufig wird das Verhältnis von Fischer und Boot mit einer Ehe verglichen. Wie in jeder Partnerschaft können mangelnde Zuwendung und fehlende Aufmerksamkeit zum Scheitern der Beziehung führen. Die meisten Hummerfischer geben ihr Bestes mit dem, was ihnen zur Verfügung steht, manche mit schnittigen Hightechbooten, andere mit herausgeputzten Uraltkähnen, die dennoch willig ihren Dienst tun. Billy Barter fischt mit einem der ältesten der noch verbliebenen Holzboote in unserer Gegend. Seine *Islander* ist aber auch das schmuckste und am besten gepflegte Boot weit und breit. Ähnliches trifft auf seine Frau zu. Oh. Bernadine ist bei weitem nicht die älteste Frau auf der Insel, aber sie verwendet äußerste Sorgfalt auf ihr Erscheinungsbild. Sie tut etwas dafür, fit und modisch zu bleiben – nicht gerade leicht für jemanden, der auf einem Felsen wohnt. Bernadine kleidet sich stets mit einer frappierenden Mischung aus Eleganz und Pep. Wenn sie einen Raum betritt, sind ihr bewundernde Blicke genauso sicher wie der *Islander* beim Einlaufen in den Hafen.

Die Wechselbeziehung zwischen dem Boot und der Ehefrau eines Fischers ist ebenso komplex wie interessant. Ich will es an dieser Stelle dabei belassen, dass es Beispiele für Schlamperei gibt. Inwieweit das auf mich zutrifft? Nun, zunächst einmal bin ich ledig, und mein Boot trägt den Namen meiner Großmutter Mattie Belle Robinson Greenlaw, die schon lange nicht mehr unter uns weilt. Ich kann unsere Beziehung kaum als intim bezeichnen. Aber aus Respekt vor dem Boot und aus Selbstachtung halte ich die *Mattie Belle* gestrichen und relativ sauber.

Als ich schließlich unter dem Heck hervorkroch, streckte ich meinen Rücken und blickte zur Sonne, die ich seit fast drei Stunden nicht mehr zu Gesicht bekommen hatte. Anfang Mai wird die Sonne in Maine mehr gesehen als gespürt. Es liegt eine Ahnung in der Luft, dass das noch einen ganzen Monat so bleiben wird. Die Wetterfrösche hatten eine Warmfront angekündigt, was für Dunst und Nebel am Nachmittag sprach.

Während ich blaue Farbkleckse von meinen Händen wischte, bemerkte ich, wie vier Männer die Persenning von einem Segelboot zogen. Überall auf den kältestarren Bootsplanen glitzerte der Reif der letzten Nacht. Noch vor einem Monat hatte Billings' Yard aus der Vogelperspektive ausgesehen wie das Lager eines Pfadfindertreffens. Aber inzwischen zeugten Lücken in den Reihen zeltähnlicher Canvashüllen, die die Boote vor Wind und Wetter schützten, von der entschlossenen Aufbruchstimmung unter einigen der Hummerfänger.

Mein Liegeplatznachbar war einer der vielen, der sein Boot längst auf die kommende Fangsaison vorbereitet hatte. Die Hände vor der stolzgeschwellten Brust verschränkt, stand er an Deck zwischen den beiden Gurten des Hebekrans, die seinen Bootsrumpf umschlangen. »Schöner Pfusch, den Sie da angerichtet haben!«, schrie mir der Alte über den Motorenlärm hinweg zu.

»Ich bin nun mal keine gute Malerin. Und ganz besonders hasse ich es, den Unterboden zu streichen. Aber immerhin habe ich dem Hummergott meinen Tribut gezahlt«, erklärte ich lächelnd und streckte die Arme hoffnungsvoll in die Sonne.

»Tribut gezahlt? Sind Sie seit der letzten Saison im Verzug?«, wollte er wissen.

»Natürlich nicht. Ich zahle im Voraus für die Fänge, die ich in dieser Saison erwarte.«

»Sie zahlen für etwas, was Sie möglicherweise nie bekommen.«

»Ich werde … hoffe ich.« In der Erkenntnis, dass ich mich nicht gerade zuversichtlich anhörte, fügte ich schnell hinzu: »Bittet, so wird euch gegeben. Steht es so nicht schon in der Bibel?«

»Ja, in der Heiligen Schrift. Apostelgeschichte. Allerdings bezweifle ich, dass Johannes damit Hummer gemeint hat.« Und damit geriet er auf seinem Boot in Bewegung, das in den Gurten der Hebevorrichtung wie in einer Schaukel dem Wasser entgegenglitt. Für ihn hatte die Mühsal des Yard ein Ende.

Die *Mattie Belle* sollte »nach dem Lunch« zu Wasser gelassen werden. Ich musste mich beeilen, rechtzeitig vor dem großen Moment klar Schiff zu machen, und begab mich auf die Suche nach einer Leiter, um an Deck zu klettern. Bordleitern scheinen ein Eigenleben zu führen. Nahezu an jedem Boot lehnte eine wie auch immer geartete Leiter – nur an meinem nicht. Derartige Kletterhilfen gehören nicht den Eignern, sondern der Werft. Und Billings' verfügt über eine durchaus beachtliche Sammlung. Man ist stets versucht, sich die Leiter vom nächstliegenden Boot zu schnappen. Aber da keine Bordleiter der anderen gleicht, bliebe eine solche Entwendung nicht unentdeckt und ließe die ursprünglichen Nutzer zweifellos in einer beträchtlichen Patsche zurück.

Meinen Beobachtungen zufolge wird auf einer Boots-werft grundsätzlich nichts als unbrauchbar entsorgt. Alte Holzteile, zerbrochene Paletten und Kisten liegen überall herum, um irgendwann irgendeinem Nutzen zugeführt zu werden. Vierkanthölzer und Bretter unter-schiedlicher Breite und Länge werden überall gebraucht: in der Schweißerei, der Lackiererei, der Schreinerwerk-statt. Selbst der Arbeitsbereich der Dieselmechaniker verfügt über Stapel vergammelter, aber durchaus noch verwendbarer Teile. Diejenigen der morschen Bretter und Leisten, die wirklich zu nichts anderem mehr zu gebrauchen sind, werden einfach zusammengebunden und »Leiter« genannt.

In der südwestlichen Ecke des Yard lag ein solches wackliges Gebilde neben einem bootsförmigen Ab-druck im Kiessand. Die Leiter war zwar größer als die von mir benötigte, aber da es sich um die einzig verfüg-bare handelte, begann ich, sie in Richtung der *Mattie Belle* zu zerren. Die Sprossen bestanden aus Teilen von Besenstielen, Treibholz und undefinierbaren Leisten. »Na, das ist ja ein wahres Prachtexemplar!«, rief einer der Arbeiter, die am Picknicktisch ihre Kaffeepause machten, als ich vor der Lackiererei zwei Furchen in die Erde zog.

Dankbar für eine Atempause, blieb ich stehen, um ein paar Worte mit den Leuten zu wechseln, die ich seit November nicht mehr gesehen hatte. »Ich? Oder die Leiter?« Ich fuhr mir mit der Hand durch die Haare, die mit ihrer willkürlichen Mischung aus farbverklebten Strähnen, Knötchen und Locken nicht die geringste Ähnlichkeit mehr mit der Frisur aufwiesen, für die ich vor Wochen meinen Pferdeschwanz geopfert hatte. Mein Haar war zu einem Barometer geworden, das relative Luftfeuchtigkeit, den Taupunkt oder Dunstschwaden zuverlässig anzeigte. Nebel brachte Ringellöckchen hervor, die man durchaus schon für Dauerwellen halten konnte. Drückende Schwüle führte zu einem krausen Afrolook. Ich liebte schwungvolle, federnde Wellen, doch darauf durfte ich nur im Spätherbst hoffen. Die heutigen Wetterbedingungen hatten auf meinem Kopf ein wirres Durcheinander verursacht, wie mir plötzlich und unbehaglich bewusst wurde.

Ich mochte die Leute, die auf Billings' Diesel arbeiteten. Es gab eine ganzjährige Kernmannschaft, die mit der unauffälligen Kompetenz zu Werke ging, die vielen Menschen in Maine eigen ist. Die besonderen Talente einer Person können weit besser gewürdigt werden, wenn sie sich unerwartet zeigen und nicht durch großspuriges Gehabe und Prahlerei angekündigt werden. Die Männer in mittleren Jahren, die um den Picknicktisch hockten, besaßen die erfrischende Fähigkeit, durch die gute Ausführung verschiedenster Jobs zu überraschen und zu überzeugen, wobei sie darüber hinaus auch noch den Eindruck vermittelten, Spaß an ihrer Arbeit zu haben. Unter ihnen befanden sich Rigger, Maler, Bootsbauer, Mechaniker, Ausrüster und Fachleute für neueste Technik. Auf den ersten Blick hätte niemand vermutet, dass diese Gentlemen zu den besten ihrer Branche gehörten, aber so war es.

Nachdem die Ereignisse des Winters abgehakt waren, wandte sich das Gespräch Mutmaßungen und Prophezeiungen über die kommende Hummersaison zu. Alle Bewohner der Küstenregion von Maine, ob sie nun auf dem Festland oder auf einer der Inseln leben, haben ein geradezu existentielles Interesse an guten Fängen. Die Klientel von Billings' Diesel setzt sich aus Eignern von Fischfang- und Sportbooten zusammen. Viele der Fischfangboote gehen auf die Hummerjagd. Harland Billings, der Besitzer der Werft, kauft nebenbei Hummer auf und veräußert sie weiter und weiß von daher um die Bedeutung der Fangflotte. »Mein Schwager hat gestern in zweihundert Körben gerade mal siebzehn Hummer gefangen«, bemerkte jemand am Tisch und stieß damit auf einhellige Zustimmung, denn jeder konnte etwas dazu beitragen, dass sich das Frühjahr für die Fischer schlechter anließ als üblich, indem er auf deprimierend kleine Fänge verwies.

»Ich schätze, Sie haben keine Eile. Aber Ihnen entgeht ja auch nichts. Jedenfalls jetzt noch nicht«, äußerte jemand angesichts der Tatsache, dass ich der *Mattie Belle* noch keinen Zentimeter näher gekommen war. Zigaretten wurden ausgedrückt, Getränkedosen und Kunststoffbecher in eine Mülltonne geworfen, als hätte ein Signal die Männer wieder an die Arbeit gerufen. Eingedenk der mühseligen Pflichten, die noch vor mir lagen, bevor ich eine nennenswerte Hummerbeute vermelden konnte, schleppte ich die Leiter weiter. Allerdings in einer flotteren Gangart.

Ich lehnte die Leiter gegen mein Boot und machte mich vorsichtig an den Aufstieg. An Deck angekommen, befestigte ich die Leiter mittels einer Warpleine an einem Ringbolzen, mehr aus Sicherheitsgründen als aus Angst vor Leiterdieben.

Ein paar Stunden später und mit zwei blutig aufgeschürften Knöcheln war ich fast bereit für die Wasserung. Die beiden Zwölf-Volt-Batterien unter Deck hatte ich angeschlossen. Terminals und Geräte waren geschrubbt, alle Oberflächen mit destilliertem Wasser gewischt. Ich hatte den Zwei-Zoll-Schlauch im vorderen Schott mit dem durchlaufenden Rohr verklammert, das den Wärmetauscher des Motors mit Wasser versorgt. Sämtliche Antennen befanden sich wieder in ihrer vertikalen Position, nachdem sie den Winter in der Horizontalen verbracht hatten. Das Aufrichten der Antennen war der Grund zu lautem und anhaltendem Fluchen, weil ich den richtigen Schraubenschlüssel nicht finden konnte und mit einem nicht passenden, dafür aber leicht rostigen Werkzeug manipulieren musste. Ich hatte den Kühlwasserstand des Motors überprüft und inspizierte gerade den Ölmessstab, als ich hörte, dass sich der Hebekran näherte.

Bar, der Kranführer, warf mir einen fragenden Blick zu. Mit der hastigen Versicherung, ich wäre bereit, sobald er die *Mattie Belle* ins Wasser manövrieren wolle, überprüfte ich schnell erneut alle Schlauchzwingen. Der bärtige Mann im blau karierten Hemd montierte die Gurte um den Rumpf der *Mattie Belle* und kletterte wieder in sein Führerhaus.

Es war eine glatte, ruhige Fahrt, da Gummireifen jede Unebenheit des Bodens ausglichen. Fast unmerklich schwankte das Boot in den Halteschlaufen der Kranvorrichtung hin und her. Der kurze Weg zur Helling der Werft weckt in mir stets höchst angenehme Gefühle: stolze Genugtuung darüber, den ersten Schritt bei der Vorbereitung auf die Hummersaison bewältigt zu haben, Vorfreude auf die nächsten Aufgaben. Wenn der Motor beim ersten Drehen des Zündschlüssels anspringt, werde ich mich mit einem Seufzer der Erleichterung bis zum nächsten Winter verabschieden, dachte ich, um mit Geschichten von der ertragreichsten Saison seit Menschengedenken zurückzukehren. Es ist ein phantastischer Moment, bis ihn die Realität mit der Gewissheit harter und monotoner Arbeit verdrängt.

Ohne Anzeichen von Lecks im Wasser zu treiben entlockte mir das erste »Puh«. Den Batteriehebel umzulegen, ohne dass Funken sprühten, das zweite, und als der Motor genauso bereitwillig ansprang wie an jenem kalten Morgen vor etlichen Monaten, als ich die Insel verließ, enthob mich das aller Sorgen – zunächst.

Endlich befand ich mich mit meinen beiden Müllsäcken auf der *Mattie Belle*. Hinter mir lag ein langer Tag strapaziöser Vorbereitung, vor mir lagen die Monate der Hummersaison. Ich winkte Bar zum Abschied zu, formte mit den Lippen ein »Danke«, legte den Rückwärtsgang ein und glitt mit dem Boot aus den Kranschlaufen, die nun schlaff im Wasser lagen. Dann schaltete ich das Radargerät ein, das ich mit Sicherheit brauchen würde, um meinen Siebenmeilenweg durch den dichten Nebel zur Insel zu finden.

»Hey, Linda!«, hörte ich rufen, als ich die *Mattie Belle* wenden wollte. Trotz der schlechten Sichtverhältnisse erkannte ich drei meiner liebsten Werftarbeiter an Deck eines wundervollen Segelboots, das gerade zu Wasser gelassen werden sollte. Ich winkte ihnen lächelnd zu. Wie auf Kommando drehten mir die Männer den Rücken zu, ließen die Hosen fallen und entblößten drei schneeweiße Hinterteile. Wahrscheinlich hielten sie das für einen passenden Abschiedsgruß. Ich lachte noch, als ich Merchant's Island erreicht hatte, wo die Hummerbojen bereits so dicht im Wasser schwammen, dass ich achtgeben musste, ihre Leinen nicht mit meiner Schiffsschraube zu durchtrennen.

Den Anblick der vielfarbigen Bojen, die nach und nach aus dem Nebel auftauchten, empfand ich wie einen Schlag ins Gesicht, und ich machte mir bewusst, dass ich spät dran war, im Verzug gegenüber dem Hummergott. Ich bemerkte drei neue Bojenfarben und fragte mich, ob und was gegen weitere Konkurrenten unternommen würde. Könnte jetzt der Zeitpunkt gekommen sein, an dem meine Mitinsulaner Pläne zur Verhinderung der Überfischung unserer Gewässer durch Fremde in die Tat umsetzten? In den letzten vier Jahren war immer wieder davon die Rede gewesen.

Als Flake Island hinter mir zurückblieb, lag der Nebel wie ein dichtes Tuch auf der Welt. Mein erster Eindruck von der Insel war die Reihe der aus dem Dunst ragenden Hügelspitzen. Der Nebel machte träge und passiv, und er beeinträchtigte die Sinne – legte sich als Film über meine Augen, verstopfte mir die Ohren wie mit Watte. In den vier Jahren seit meiner Rückkehr hatte ich gelernt, dass Nebel wie jedes Wetter aufziehen und wieder verschwinden konnte, und zwar ohne jede Vorwarnung, was mir nicht möglich war.

Die Lobsterfishermen's Association

Wären da nicht die Mücken und Schnaken, könnte ich wirklich sagen, dass mir die Arbeit auf dem Lagerplatz gefällt, auf dem ich Reusen und Angelzeug aufbewahre. Es bereitet eine immense Befriedigung, Unmengen von Fangzubehör von einem Berg auf den anderen umzuschichten, von »reparaturbedürftig« zu »einsatzbereit«, und zuzusehen, wie die Berge schrumpfen, um schließlich ganz zu verschwinden, wenn das Zeug auf den Truck verladen und zur Bucht gebracht wird. Je leerer der Platz, desto höher die Vorfreude, denn jede Reuse, die das Land mit dem Meer vertauscht, muss sich einfach mit Hummern füllen. Die Arbeit lässt sich mit dem Hacken und Stapeln von Kaminholz vergleichen. Am Ende des Tages kann man die Resultate besichtigen, aber man hat kein Geld verdient. In dem Maß, in dem die Reserven des letzten Jahres abnehmen, steigt die Hoffnung auf die nächste Saison. »Ich muss meine Körbe ins Wasser bringen«, ist der Stoßseufzer aller Hummerfänger beim Reusenflicken und Bojenstreichen – mit eindeutiger Betonung auf »muss«.

Ein ahnungsloser Passant könnte mein Lager für eine Müllhalde oder einen Schrottplatz halten. Es gibt zwar weder üble Gerüche noch einen kläffenden Wachhund, dennoch ist es ein Ding der Unmöglichkeit, Berge von Fanggeräten so aufzubewahren, dass sie einen aufgeräumten, ordentlichen Anblick bieten. Meine wertvollsten Schätze – Angelruten und technisches Zubehör – fristen ihr Dasein innerhalb der schützenden Wände eines Schuppens, während weniger witterungsempfindliche Dinge überall auf dem Grundstück verstreut sind.

Mein erster Rundumblick in diesem Frühjahr weckte in mir ebenso viel Zufriedenheit wie Missbehagen. Bojen und Schwimmer hingen wie Weintrauben an den Bäumen. Blaue Persenning bedeckte Stapel von Taurollen. Mit braunen Fichtennadeln übersätes Segeltuch spannte sich derart eng um ein luftleeres Rettungsfloß, als wäre beides zusammengewachsen. Das Gummifloß hatte so lange kein Tageslicht mehr gesehen, dass es inzwischen mumifiziert sein musste. Zwei alte Ködertonnen aus Plastik lehnten an Baumstämmen. Sie waren mit allerhand Abfall gefüllt, der in Regenwasser schwamm. Ich wünschte, ich hätte die Tonnen nicht zu Müllbehältern degradiert und verhindert, dass der winterliche Regen den Inhalt zum Gären brachte. Und ich wünschte, ich wäre im letzten Herbst nicht ganz so fasziniert von der Tatsache gewesen, dass John Cousins sechs Hummerkörbe aufeinander stapeln konnte. Jetzt war John nicht da, und ich reichte höchstens an den jeweils vierten heran. Ich wünschte, ich hätte meine Reusenleinen ordentlich zusammengerollt und nicht aufs Geratewohl fallen gelassen. Ich wünschte, ich hätte meine Bojen gründlich gesäubert, bevor sie ins Winterquartier kamen. Aber vor allem wünschte ich, mit der Arbeit begonnen zu haben, bevor die Sonne Mücken und andere beißende und stechende Flugobjekte ins Freie lockte.

Die Insekten ignorierend, ging ich ans Werk, und schon bald gesellte sich mein Vater zu mir. Er und ich sind ein gutes Team. Eigentlich erstaunlich, dass mein Vater, der mich jahrelang gedrängt hat, mir einen »richtigen Job« zu suchen, anstatt mein Collegediplom auf See zu vergeuden, jetzt nach dem Ausscheiden aus seinem »richtigen Job« zusammen mit mir fischen geht. Ich bin sicher, dass es keiner von uns so geplant hat; es hat sich einfach ergeben. Dad brauchte nicht lange für die Feststellung, dass es vom Zustand der Fanggeräte abhängt, wem sie gehören. Befindet sich etwas in tadellosem Zustand, gehört es ihm, bedarf es der Reparatur, gehört es *uns*. Es bestand aber absolute Übereinstimmung zwischen uns, dass wir die Reusen so schnell wie möglich auslegen wollten. Um dieses Ziel zu erreichen, mussten sechshundert Körbe, dreihundert Bojen, dreihundert Schwimmer (kleine Glaskugeln) und jede Menge zusammengerollter Leinen sortiert, gesichtet und notfalls in Ordnung gebracht werden.

Von Anfang an war mir klar, dass ich im Heck meines Zwölf-Meter-Bootes einen Helfer benötigte. Auf Augenzeugen der Schnitzer, die mir beim Erlernen des Hummerfangens mit Sicherheit unterlaufen würden, konnte ich gern verzichten, aber ich brauchte Unterstützung. Am besten dafür geeignet wäre natürlich jemand, der noch weniger wusste als ich, der mir nicht ständig sagte, was ich auf meinem eigenen Boot zu tun hatte, der meine Anordnungen widerspruchslos befolgte, wie absurd sie auch ausfallen mochten. Jemand mit Besonnenheit und taktvoller Diskretion. Der Kandidat wäre natürlich ein Ruheständler, dessen Bindungen an die Insel vier Generationen zurückreichten. Mein Vater.

Dad begann damit, Bojen für einen Neuanstrich vorzubereiten, während ich Hummerreusen überholte. Für das Problem der zu hohen Korbstapel fand ich schnell eine Lösung. Ich griff nach dem vierten Korb in jedem Stoß, schrie »Achtung!« und sprang rechtzeitig zur Seite, bevor die Reusen auf die Erde polterten. Der erste Warnschrei ließ meinen Vater nur flüchtig eine Braue runzeln. Danach schabte er trotz des anhaltenden Getöses weiterhin ungerührt abgestorbene Pflanzenpartikel von den Bojen.

Hummerreusen sind rechtwinklige Behälter aus kunststoffüberzogenem Maschendraht. Ich verwende sowohl 90-Zentimeter- als auch 100-Zentimeter-Reusen. Die Angaben beziehen sich auf die Länge. Viele Hummerfischer ziehen 120-Zentimeter-Reusen vor, aber durch die zusätzlichen 20 Zentimeter sind sie für mich zu schwer und unhandlich und eine Belastung für meinen Rücken. (120-Zentimeter-Reusen werden auch *Chiropractic Specials* genannt – »Wirbelknacker«.) Ich bin mir nicht sicher, wie viel meine Drahtkörbe tatsächlich wiegen. Ich weiß nur, dass sie im Verlauf des Tages immer schwerer werden. Meine Reusen sind alle 40 Zentimeter hoch und 58 Zentimeter breit. Es sind *Three-Brickers*, denn in jeder befinden sich drei Ziegelsteine, die mit ihrem Gewicht dafür sorgen, dass die Reusen nach dem Auswerfen den richtigen und sicheren Halt finden und nicht bei Hochflut oder lausigem Wetter über den Meeresboden wandern.

Die Öffnungen meiner Reusen, durch die die Hummer eindringen und sich von der »Küche« ins »Wohnzimmer« (zwei voneinander getrennte Bereiche des Drahtkorbes) bewegen können, sind aus Garngeflecht oder Netzgewebe mit Maschen von unterschiedlicher Größe, konisch oder trichterförmig. Bei älteren Reusen bestehen die Öffnungen aus einem Nylongeflecht mit wesentlich größeren Maschen. Aber mit ihnen fischt man nicht so erfolgreich. Warum das so ist, entzieht sich meiner Kenntnis.

In jedem Frühjahr werden sämtliche Bestandteile der Reusen einer gründlichen Inspektion unterzogen und notfalls ausgebessert, weil sich das trotz der Mücken besser an Land erledigen lässt als an Bord eines Bootes. Befriedigt stellte ich fest, dass in den von mir an diesem Morgen überprüften Reusen die Ziegel sicher und fest saßen, die Maschennetze der Fangtrichter intakt waren, die Zugänge funktionsfähig. Ich ersetzte die biologisch abbaubaren Halteklammern der Fluchtklappen, versah die Drahtkörbe mit den aktuellen Kennmarken und warf einen kritischen Blick auf die Leinen. Langsam, aber sicher wuchs das geprüfte und überholte Zubehör zu einem Berg an.

Alle Hummerfangkörbe verfügen über Fluchtklappen aus Plastik, deren ovale Öffnungen groß genug sind, zu kleinen und untergewichtigen Tieren ein Entweichen zu ermöglichen. Meine Reusen haben zwei Ausweichklappen, eine am Zugang und eine im »Wohnzimmer«. Den Gesetzen des Staates Maine zufolge muss eine Fluchtklappe mit Klammern aus biologisch abbaubarem Material versehen sein, während die anderen mittels Stahlklammern befestigt sein können, die weniger oder gar keine Wartung erfordern. Diese Bestimmung soll die Überlebenschancen von Hummern in einer abgetriebenen oder vernachlässigten Reuse gewährleisten. Da sich die Bioklammern innerhalb einer Saison zersetzen und die Fluchtklappe aufspringen lassen, stellen vagabundierende oder verloren gegangene Reusen keine Gefahr für die gefangenen Tiere dar. Die abbaubaren Klammern müssen alljährlich ersetzt werden, andernfalls finden die Hummer offene Schlupflöcher, und der Fischer holt leere Reusen ein. Zunächst stellte ich mich beim Befestigen der Klammern reichlich unbeholfen an, wurde aber von Stunde zu Stunde geschickter. »Nimmst du heute Abend an der Versammlung teil?«, fragte ich meinen Vater und meinte damit das Monatstreffen der Lobsterfishermen's Association.

»Einer von uns sollte hingehen«, erwiderte er.

»Ich wohl kaum. Schließlich bin ich kein Mitglied.«

»Mit ein bisschen mehr Interesse an den Treffen würdest du es werden.«

»Ich denke nicht mal im Traum daran.« Ich wusste, wie sehr mein Vater die Zusammenkünfte verabscheute, und konnte mir ein Grinsen nicht verkneifen. Um in den Genuss der »Jahresprämie« zu kommen, musste man Mitglied sein. Um es zu werden, musste die Mehrheit der Mitglieder der Aufnahme in die Association zustimmen, und der Neuzugang übernahm die Verpflichtung, bei mindestens sechs Versammlungen jährlich anwesend zu sein. »Du teilst doch unsere Prämie mit mir, oder?«, erkundigte ich mich.

»*Meine* Prämie. Du bist kein Mitglied.«

Damit endete das Gespräch. Was mehr als nur einiges unerwähnt ließ, aber es lohnte nicht, das alles aufzuwärmen. Ich ließ im Geist meine anfängliche Beziehung zur Association Revue passieren und erinnerte mich deutlich an meinen Widerwillen, der ersten Einladung zu einem Treffen Folge zu leisten. Ich war nicht zurückgekehrt, um an etwas anderem teilzunehmen als an der Inselgemeinschaft. Ich wollte weder Ideen noch Mittel austauschen. Ich verspürte nicht das geringste Verlangen nach der Mitgliedschaft in einer Organisation, einer Vereinigung, einem Club oder Komitee. Aber ich wollte gemeinsam mit den Fischern auf Hummerfang gehen, und die Männer gehörten ausnahmslos der Association an.

Noch zu Beginn des Treffens und auf der Schwelle zu Billy Barters Werkstatt haderte ich mit mir. Ich kannte die meisten der am Straßenrand geparkten Autos und *alle* Stimmen, die aus der Werkstatt drangen. Ich stieß die Tür auf und wurde herzlich willkommen geheißen. Die von der Decke hängenden Bojen sahen aus wie rot-weiße Heliumballons und erfüllten den Raum mit dem Geruch frischer Farbe. Klappstühle aus Metall und aus Holz bildeten einen weiten Kreis. Auf den meisten hockten Fischer und warteten mit gefalteten Händen geduldig auf den Beginn.

Leicht beunruhigt fragte ich mich, welchen Empfang ich von den Fischern zu erwarten hätte, die traditionell in den Gewässern rund um die Insel arbeiteten. Ich hatte von Sabotage an Booten und Fanggeräten gehört, von persönlichen Übergriffen, denen sich ortsfremde Fangcrews überall an der Küste ausgesetzt sahen. Meine hart verdienten Ersparnisse waren für mein Boot, für Reusen, Leinen und Bojen draufgegangen. Wenn ich die verlor, bliebe mir nichts anderes übrig, als mein Vorhaben für gescheitert zu erklären und mein Heil wieder im küstenfernen Fischfang zu suchen. Wie würden die Inselfischer es mit dem Teilen halten? Entlang der gesamten Küste von Maine stellte der Hummerfang ein florierendes Gewerbe dar, dessen Grundlage erneuerbare Ressourcen waren, Hummerbestände, die sich geradezu als unverwüstlich erwiesen. Das war für meine Entscheidung ausschlaggebend, mich den vielen Neulingen in diesem Erwerbszweig anzuschließen. Und ich hoffte, dass die Einheimischen meinen Nachnamen als Anzahlung für eine Scheibe des Kuchens akzeptierten.

Den Informationen gemäß, die ich vor dem Treffen gesammelt hatte, war die Association eine Art Genossenschaft, ein Absatzmarkt für Hummer und ein Köderlieferant für die ihr angeschlossenen Fischer. Aus einschlägigen Erfahrungen war ich zu der Erkenntnis gelangt, dass jeder Zusammenschluss von Fischern ein Widerspruch in sich ist. Die Hunderte von Zusammenkünften mit Hochseefischern – von offiziellen Versammlungen bis zu Ad-hoc-Diskussionen in Coffeeshops –, denen ich im Laufe der Jahre beiwohnte, hatten einen gemeinsamen Nenner: Unvereinbarkeit. Da Fischer im Denken und Handeln notwendigerweise unabhängig sind, führen Diskussionen fast zwangsläufig zu Unstimmigkeiten, Unstimmigkeiten eskalieren zu erbitterten Auseinandersetzungen, und diese wiederum werden gelegentlich auf dem Parkplatz mit den Fäusten ausgetragen. Es ist buchstäblich unmöglich, zwei Fischer zu finden, die sich auf etwas anderes einigen könnten als auf die Feststellung, dass der Preis für ihren Fang zu niedrig und der für Diesel zu hoch ist.

Daher bestand für mich nicht der geringste Zweifel daran, dass das Treffen der Lobsterfishermen's Association der Isle au Haut zu einem absoluten Chaos ausufern würde, das zu nichts anderem führen konnte als zu hochroten Köpfen und wüsten Beschimpfungen.

Offenbar herrscht akuter Betreuungsnotstand, schoss es mir durch den Kopf, als ich mich umsah und auf den Beginn der Schreierei wartete. Warum sonst sollte jemand seinen Nachwuchs zu einem Treffen rüder, fluchender Fischer mitbringen? Ich entdeckte sechs kleine Kinder: Zwei hockten auf den Knien ihrer Väter, zwei saßen auf Stühlen und schlenkerten gelangweilt mit den Beinen, zwei weitere lagen mit Malbüchern bäuchlings auf dem Fußboden. Der zweite Eindruck war der eines

Nähkränzchens. Neben den Füßen von zwei älteren Frauen standen Handarbeitsbeutel, aus denen Stricknadeln ragten. Bislang ähnelte die Zusammenkunft nicht einmal entfernt den Versammlungen von Fischern, an denen ich teilgenommen hatte.

Meine Verblüffung nahm weiter zu, als Al Gordon den Raum betrat, sich für seine Verspätung entschuldigte, Platz nahm, ein Notebook aufklappte und das Protokoll des letzten Treffens zu verlesen begann. Das Protokoll! Mit offenem Mund wurde ich Zeuge, wie ein Antrag gestellt, über ihn abgestimmt und alles zu Protokoll genommen wurde. Das strikt demokratische Vorgehen nötigte mir Bewunderung ab. Wie auch die Tatsache, dass Al Gordon, einer der Bauunternehmer der Insel, Schriftführer der Fishermen's Association war. Er umklammerte seinen Stift mit den Fingerstummeln, die ihm nach etlichen Unfällen mit der Säge geblieben waren, und machte sich emsig Notizen. Dann verlas Belvia MacDonald den Kassenbericht. Es traf mich wie ein Schock, als ich die Formulierung *gentlemen fishermen* hörte, die ich bisher für eine Art Scherz gehalten hatte.

Zwei der Kinder schliefen ein, und Billy Barter schnarchte mit vor der Brust gefalteten Armen selig auf seinem Stuhl. Die Tagesordnung ging zur offenen Aussprache über, die einen Hauch ihrer höflichen Zurückhaltung verlor, als Dave Hiltz die unerwünschte Konkurrenz durch Fischer vom Festland zur Sprache brachte.

Dave und seine Frau Debra waren vor sechs Jahren aus Bar Harbor mit Unterstützung der Island Community Development Corporation auf die Insel gekommen. Die ICDC hat es sich zum Ziel gesetzt, die Zahl der dauerhaften Inselbewohner zu erhöhen, indem sie annehmbaren Zuzüglern erschwingliche Häuser und Grundstücke vermittelt. Befürworter des ICDC-Programms versprechen sich sowohl eine Verstärkung der Fangflotte als auch genügend Nachwuchs für die Schule, um Unterricht für alle Jahrgangsstufen gewährleisten zu können. Mit ihrer Arbeitsenergie und ihrer Tochter Abigail wurden Dave und Debra zu Bereicherungen für die Insel; sie hatten sich gut an das isolierte Leben angepasst, während andere Zuzügler die Winter bei weitem zu lang fanden. Dave war mir auf Anhieb sympathisch. Wir beide lieben Boote und den Fischfang und sprechen nur selten über etwas anderes. Er ist ein gut aussehender dunkelhaariger Mann Anfang dreißig, der notfalls alles stehen und liegen lassen würde, um einem anderen behilflich zu sein. Bei seinem Umzug auf die Insel hat er eine Menge investiert und sich unmissverständlich darüber geäußert, was seiner Ansicht nach zum Schutz unserer Fanggründe getan werden muss. Jetzt berichtete er ziemlich erregt von »großen neuen Booten«, deren Crews Hummerkörbe in unseren Gewässern ausgelegt hätten. Während Dave sprach, ließ ich Jack MacDonald nicht aus den Augen.

Zum ersten Mal sah ich Jack mit einem Bart und fand, dass er damit aussah wie Abe Lincoln. Er war der Vater von Danny und Nita, und ich kannte ihn, wie die meisten Teenager die Eltern ihrer Freunde kennen – flüchtig bis gar nicht. Aber meine geringen Kenntnisse über den Hummerfang sagten mir, dass Jack MacDonald bei meinem Übergang von der Hochsee- zur Küstenfischerei eine große Hilfe sein konnte. Jack stand der Association vor, war eine wichtige Stütze der Gemeinde, der er seit Jahren als Stadtrat diente. Jetzt hörte er aufmerksam zu, wie die Versammlung ihren geballten Unmut über inselfremde Fischer äußerte.

Es herrschte zwar allgemeine Übereinstimmung, dass etwas gegen das Problem der Überfischung unternommen werden musste, aber es gab zwei unterschiedliche Lösungsempfehlungen. Die erste schlug einen »Fanggeräte-Krieg« vor, bei dem man einfach die Bojen aller Fangkörbe kappte, die Ortsfremde in unserem Gebiet auslegten. Aber natürlich müsste jeder Fischer, der auch nur einen Funken von Ehre im Leib hatte, derartige Maßnahmen damit vergelten, dass er wiederum die Bojenleinen anderer Hummerfänger durchtrennte. Das würde zu weiteren Formen von Vernichtung führen, die mit Ausnahme der Fangkorbhersteller allen schadeten. Darüber hinaus war es gesetzlich verboten, die Ausrüstung konkurrierender Fischer zu zerstören, wie einer der Anwesenden betonte. Und da so etwas mit Entzug der Lizenz und sogar Gefängnis geahndet wurde, könnte man bei derlei Sabotageakten mit ihm nicht rechnen.

Das andere Lager plädierte dafür, durch eine Gesetzesinitiative die Schaffung einer Schutzzone in der Region zu erwirken, in der die Inselbewohner traditionell fischten. Das würde strengere Bestimmungen bedeuten als im Rest der Gewässer vor Maine, eine Schonung der Hummerbestände und unter Umständen sogar einen Zuwachs der Inselbevölkerung. Ähnliche Regelungen gab es bereits um die Inseln Monhegan und Swan's, und zwar zur Zufriedenheit der dort ansässigen Hummerfischer, wie man hörte. Die Kehrseite wären die Zeit und der bürokratische Aufwand einer gesetzlichen Lösung, während die Auswirkungen eines »Fanggeräte-Kriegs« sofort spürbar würden.

Schnell und einmütig entschied man sich für eine Gesetzesinitiative, und es gab für mich keinen Zweifel, dass es den Anwesenden aufrichtig um den Schutz des

Hummers und das Wohlergehen der Inselgemeinschaft ging. Aber mir war auch bewusst, dass Außenstehende unser Vorgehen als Versuch betrachten würden, unseren Anspruch auf die Bestände zu sichern, um sie selbst eigennützig zu dezimieren. Obwohl Jack wiederholt vor dem umständlichen und zeitraubenden Verfahren warnte, sprachen sich alle Mitglieder der Association für die zweite Lösung aus. Es wurde beschlossen, dass Jack ein paar Erkundigungen über die notwendigen Prozeduren einholen sollte, bevor wir uns vor Ablauf eines Monats wieder zusammensetzten. Die Dringlichkeit der Sache lag auf der Hand.

Während meiner ersten beiden Hummersaisons nahm ich an den monatlichen Zusammenkünften sowie an einer Reihe zusätzlicher Treffen teil, bei denen es ausnahmslos darum ging, Jack und ein paar andere in ihrem Bemühen um eine Gesetzesinitiative zugunsten einer Schutzzone um unsere Insel per Akklamation zu bekräftigen. In diesen beiden Jahren hob sich nie auch nur eine einzelne Hand zum Widerspruch. Ich fragte mich, warum Jack es offenbar für nötig hielt, jedes Mal die Gegenfrage zu stellen. Glaubte er, jemand hätte es sich anders überlegt oder kalte Füße bekommen? Aber wer würde den Kampf um eine lieb gewordene Lebensart ohne Not aufgeben? Die Antwort darauf sollte ich später erfahren.

Irgendwann verzichtete ich auf meine Teilnahme an den Versammlungen und ließ mich von meinem Vater vertreten. Er würde mich schon über alle Belange der Association auf dem Laufenden halten, so auch über die Ergebnisse des heutigen Treffens.

Die Menge der einsatzbereiten Drahtkörbe konnte ich an den Etiketten ablesen. In einer Tasche meiner Zimmermannsschürze steckten Fluchtklappenklammern und eine Zange, in der zweiten ein Messer und in der größten die Plastiketiketten, die den Bestimmungen des Staates Maine zufolge an jedem Hummerkorb befestigt werden müssen. Die Etiketten sehen ein bisschen aus wie die Namensschildchen, mit denen in Krankenhäusern Patienten identifiziert werden. Man erhält sie bei der alljährlichen Erneuerung seiner Lizenz. Auf den Schildchen ist die Konzessionsnummer des jeweiligen Hummerfischers vermerkt (in meinem Fall 936), das Gebiet, in dem er arbeitet (Zone C), die aktuelle Jahreszahl und ein entsprechender Farbcode. Jeder Hummerfischer kann bis zu achthundert Etiketten zum Preis von 20 Cent pro Stück erstehen. Der Staat Maine und die Fischer hoffen, dass die Limitierung der Etiketten ein Überfischen der Gewässer verhindert.

»Hör mal, Dad, gehören die alten Etiketten in den Kunststoffabfall oder den Hausmüll?«, fragte ich, ein neues Recyclingdesaster befürchtend.

»Lass sie einfach in den Körben, und kümmere dich nicht weiter darum. Ich werde die ersten fünfzig sauberen Bojen im Schuppen streichen. Die Mücken sind ziemlich aufdringlich...«

»*Aufdringlich*? Mich bringen sie um.« Mein Vater schleppte die gereinigten und mit Sandpapier abgeriebenen Bojen durch die Schuppentür, die er blitzschnell hinter sich schloss. Fünfzig Bojen reichten für einhundert Fangkörbe. Ich musste mich sputen. Der Etikettenzahl zufolge hatte ich gerade mal vierzig Körbe überholt und mit einer Überprüfung der auf einem Haufen liegenden Leinen noch nicht einmal begonnen. Da mir der Sinn nach einem vor Mücken geschützten Arbeitsplatz stand, zerrte ich das Seilgewirr in den Schuppen.

Ich musste mich vergewissern, dass die Leinen, die die Fangkörbe miteinander und mit den Bojen verbin-

den, die richtige Länge haben und sauber zusammengerollt sind. Das ist insofern umständlich, als die Seile im
Verlauf einer Saison nicht selten zerfetzt werden (oft
durch Schiffsschrauben) und es für gewöhnlich einfacher
ist, sie erst einmal wieder zu verknoten und alles Weitere auf das nächste Jahr zu verschieben.

Grundsätzlich ist der Hauptfangkorb durch eine Leine
mit einer (etwa zwanzig Meter langen) Schleppfalle ver-
bunden und durch ein zweites Seil an eine Boje gekop-
pelt. Logischerweise sollten die beiden Fangvorrichtun-
gen auf dem Meeresboden liegen, während die Boje an
der Oberfläche treibt. Daher muss die Leinenlänge der
Wassertiefe entsprechen, da sie sonst die Boje unter
Wasser ziehen würden, was zum Verlust der gesamten
Fangvorrichtung führen müsste.

Ich vermaß, knüpperte und knotete, während mein
Vater Boje um Boje mit einem orangefarbenen Anstrich
versah. Die farbnassen Bojen hängte er an die Dachbalken, damit sie über Nacht trockneten. Morgen würden
die Streifen hinzukommen, und schließlich eine Schutzschicht Filter Ray gegen allzu schnelles Ausbleichen
durch die Sonne. Wenn die ersten fünfzig Bojen einsatzbereit waren, hätte ich auch hundert Fangkörbe mit den
entsprechenden Leinen fertig.

Meiner Maine State Lobster License zufolge haben
meine Bojen orange, gelb und weiß zu sein. Ich benutze
Day-Glo im Farbton Blaze Orange. Er leuchtet wirklich, und die Bojen sind bei Nebel besser zu orten als die
mit anderen Farbtönen gestrichenen. Die beiden weißen
und gelben Streifen bestehen aus Klebe- oder Isolier-
band und werden an ihrem »Treffpunkt« durch einen
galvanisierten Nagel an Ort und Stelle gehalten. Als
meine Mutter und Auntie Grace mir bei der Vorbereitung der Bojen halfen, waren auch die Streifen gemalt.

Allerdings stellten sie sehr schnell fest, dass Bojenstreichen eine ziemlich monotone Angelegenheit ist. Als ich es ein zweites Mal mit der Methode Tom Sawyer versuchte, funktionierte sie nicht mehr.

Ich überprüfte und knotete unermüdlich meine Leinen, während mein Vater weiterhin Bojen orangefarben anstrich. Plötzlich hörte ich aus Franks und Ritas Haus lautes Geschrei. Dass sich das Ehepaar stritt, war nichts Neues, und Dad hob nicht einmal den Kopf. Diesmal hörte es sich an, als hätte Frank Rita ausgesperrt.

Am Ende des Tages hingen fünfzig Bojen von den Dachbalken, und vierzig Fangkörbe warteten mit perfekt abgemessenen Leinen darauf, ausgeworfen zu werden. Wir brannten darauf, unsere Hummerfallen ins Wasser zu bringen, aber noch war einiges zu tun. Unsere Unterhaltung drehte sich um unsere Vorfreude auf erfolgreiche Fänge und um meine Hoffnung, dass meine letzten ersparten Dollars nicht aufgebraucht wären, bevor wir die Früchte unserer Arbeit ernten konnten. Und irgendwann gelang es Rita, ihren Mann dazu zu bewegen, sie wieder ins Haus zu lassen.

Rita

Vor einiger Zeit hatte ich mir aus einer Laune heraus die Karten legen lassen, bereute das aber schnell. Ich empfand schon immer eine gesunde Skepsis gegenüber allem, was auch nur annähernd mystisch war, und nahm dem Kartenleger gegenüber in der Überzeugung Platz, dass es sich um nichts anderes als Humbug handelte, wenn auch um einen großen Spaß. Zunächst war es auch so. Die großformatigen Tarotkarten malten in puncto Liebe und Reichtum ein geradezu rosiges Bild meiner Zukunft. Alles stellte sich einfach perfekt dar, und ich nahm mir gerade vor, das Honorar des Mannes durch ein großzügiges Trinkgeld für seine Fähigkeiten aufzubessern, als er unvermittelt sein Auge – das andere war durch einen milchigen Film verschleiert – von den Karten hob und auf mein Gesicht richtete. Mit unüberhörbarem Tadel in der Stimme teilte er mir mit, dass ich »häufig Menschen auf einen Sockel hebe, der ihnen nicht zusteht« und dass »andere permanente Gutmütigkeit für Dummheit halten«. Es missfiel mir, als Trottel bezeichnet zu werden, und ich fragte mich, welche Kombination der Karten auf so etwas hinwies. Ich verließ den Tisch in der festen Überzeugung, entscheidende

Charaktermängel zu haben. Zum damaligen Zeitpunkt kannte ich niemanden, der mir echt zuwider gewesen wäre, und ich hielt die Karten und ihren Deuter für ungemein hellsichtig. Aus irgendeinem unerklärlichen Grund bereitete es mir Sorgen, dass ich keine aufrichtige Abneigung gegen Menschen empfand, weder als Individuum noch als Gruppe, und ich beschloss, dagegen etwas zu unternehmen.

Als ich Rita kennen lernte, war mir nicht bewusst, dass sie alle Chancen hatte, der erste von mir verabscheute Mensch zu werden, obwohl sie durchaus dazu fähig schien, etliche andere Inselbewohner bis aufs Blut zu reizen. Zu meinem ersten Zusammentreffen mit Rita (sie wird zwar lieber Wilma genannt, aber die meisten weigern sich, ihr diesen Wunsch zu erfüllen) kam es, als ich mit meiner Mutter einen Spaziergang nach Moore's Harbor unternahm. Es war einer dieser idyllischen, aber leider seltenen Sommertage, an denen einfach alles stimmt: die Temperatur, der klarblaue Himmel, die Luft wie Samt und Seide. Zufrieden mit uns und der Welt liefen Mom und ich dahin. Hinter einer Straßenbiegung hob ich den Blick vom Pflaster, das sorgfältiger Prüfung bedarf, wenn man sich nicht den Knöchel brechen will, und sah eine exzentrisch gekleidete ältere Frau auf uns zukommen, die ein Fahrrad schob.

»Na großartig, da ist Rita«, murmelte meine Mutter in einem Ton, der das Gegenteil andeutete.

»Wer ist Rita?«, fragte ich.

»Später«, flüsterte Mom hastig. »Hi, Rita.«

Dem Rad fehlten zwar Handgriffe und Klingel, aber es verfügte über den am Lenker verhakten obligatorischen Korb voller Krimskrams unter einem leicht lädierten grünen Müllsack. Wüsste ich nicht, dass es so etwas auf der Insel nicht gibt, hätte ich vermutet, dass sich

45

Rita auf dem Weg von oder zu einem Obdachlosenasyl befand. Es fehlte nur die Supermarktkarre. Aber sie hatte ein Rad, und dass sie es schob, wertete ich als weiteres Indiz dafür, dass irgendetwas mit ihr nicht ganz stimmte. Eindeutig auf Unterhaltung aus, blieb die Frau stehen. Beim Lächeln entblößte sie rosafarbenes Zahnfleisch. Sie hatte schwarze Knopfaugen und ein durch Zahnlosigkeit vorstehendes Kinn. »Hi, Martha. Wen haben Sie da bei sich?«, fragte sie, als stünde ich nicht direkt neben ihr.

»Meine Tochter Linda. Sag ›hi‹ zu Rita, Linda.«

»Hi, Rita.«

Anstatt mich zivilisiert zu begrüßen, musterte mich die Frau schweigend. Und das so intensiv, dass mich Unbehagen beschlich und ich mich unwillkürlich fragte, was sie über mich dachte. Schließlich hob sie die Hand, deutete mit dem Zeigefinger auf mein Kinn und sagte: »Sie haben da einen Pickel.« Eine Unverschämtheit, dachte ich. Es war mir gelungen, das Ding vorübergehend zu vergessen, aber sie musste es mir wieder in Erinnerung rufen. Auch meine Mutter unterzog mein Kinn einer Inspektion und schien auf eine Reaktion zu warten. Sollte ich mich etwa bei der Frau bedanken? Während ich nach einer passenden Antwort suchte, drehte Rita ihr Rad in unsere Richtung und erklärte: »Zu Hause habe ich etwas gegen Pickel.« Zielbewusst schritt Rita voran. Mom und mir gut zwei Schritte voraus, stimmte sie ein Klagelied über eine Tinte an, die sie jedes Mal seekrank werden ließ, wenn sie auf dem Postboot einen Brief schreiben wollte. Ich hätte ihr raten können, an Bord auf das Briefschreiben zu verzichten, aber sie gab mir keine Chance. Sie redete ohne Punkt und Komma. Ich blickte meine Mutter an und verdrehte die Augen, doch die zuckte nur lächelnd mit den Schultern.

Vor dem Haus, in dem Rita mit ihrem Exmann Frank wohnte, blieben wir stehen. Der gutmütige Frank muss etwas Furchtbares getan haben, um es mit einer Frau wie Rita zu büßen, wisperte meine Mutter mir hastig zu, während Rita hineinging, um mir ihr Pickelmittel zu holen. Offenbar hatte Frank ein »Sabbatjahr« abseits der Insel verbracht und war mit Rita im Schlepptau zurückgekehrt. Die beiden heirateten, ließen sich aber sofort wieder scheiden, als sie feststellten, dass die Behörden zwei Einzelpersonen großzügiger unterstützten als ein Ehepaar. Die Verbindung war ohnehin keine besonders glückliche, wie dem häufigen Vor-die-Tür-Setzen des einen Partners durch den anderen entnommen werden konnte. Diese Maßnahme führte stets zu heftigem Hämmern des/der Ausgesperrten gegen die Tür sowie zu lautem Gezeter vor dem und im Haus. Meine Mutter fügte hinzu, dass Rita erwartete, für ihre Gefälligkeit bezahlt zu werden, und dass ein Dollar angemessen sei.

»Du machst Witze. Ich soll diese Irre für etwas bezahlen, was ich gar nicht will?«

»Gib ihr einfach einen Buck, und wir sind sie los.«

»Ich fasse es nicht …« Ich angelte einen zerknüllten Dollarschein aus der Tasche, während Rita in ihren Gummistiefeln zu uns zurückgewatschelt kam. Sie überreichte mir eine kleine Dose mit irgendeiner Salbe, schnappte sich den Dollar und schlurfte zum Haus zurück, auf dessen Schwelle sich Frank eine Pfeife ansteckte.

»Hi, Martha. Hi, Linda.« Er winkte uns leutselig zu, aber meine Mutter packte meinen Arm und zog mich die Straße hinunter.

»Was ist mit seinen Haaren passiert?«, fragte ich, sobald wir außer Hörweite waren.

»Frank rasiert sich den Schädel selbst, aber nicht unbedingt erfolgreich.«

»Es sieht irgendwie gestückelt aus, als würde er immer wieder unterbrochen.«

»Rita muss den armen Mann in den Wahnsinn treiben«, seufzte meine Mutter voller Mitleid mit Frank.

Ich lachte. »Nun ja, einer von beiden macht den anderen garantiert verrückt ...«

»Ich nehme an, dass du die Salbe nicht anwendest«, sagte Mom schmunzelnd.

»Nein. Auf keinen Fall schmiere ich mir diesen Mist ins Gesicht.«

»Warum denn nicht? Du hast da tatsächlich einen Pickel am Kinn, und Ritas Teint ist absolut makellos.«

Meine nächsten beiden Begegnungen mit Rita weckten in mir weitere Zweifel an Ritas Geisteszustand, aber auch an den guten Manieren einiger meiner Verwandten. Als ich mit meiner Cousine Diane auf ihrer Veranda saß, tauchte Rita von der Straße her auf. Sie hatte kaum mehr als drei Schritte auf uns zugetan, als meine Cousine den Mund öffnete. »Verdammt, Rita! Hauen Sie ab!«, schrie sie. Unbeeindruckt rückte die Frau näher an meine Cousine heran, die inzwischen sprungbereit auf der Kante ihres Plastikstuhls saß. »Was wollen Sie?«, knurrte Diane heiser.

»Ihre Ohrringe gefallen mir, Diane. Sie gefallen mir sogar sehr«, nuschelte Rita aus den Falten des breiten Schals hervor, mit dem sie sich von den Schultern aufwärts verhüllt hatte. Ich war sicher, nicht richtig gehört zu haben, bis Diane das Kompliment mit der frostigen Bemerkung bedachte, dass Rita weder die Ohrringe noch irgendetwas bekommen würde und dass es besser für sie wäre, das Grundstück unverzüglich zu verlassen.

Daraufhin wollte Rita wissen, ob sie zuvor noch schnell telefonieren dürfe. Dianes Antwort war mit Unflätigkeiten gespickt, die *mir*, wenn überhaupt, nur auf einem Fischerboot über die Lippen kommen. Die Schimpfworte aus dem Mund meiner Cousine schienen Rita zu treffen wie Pfeile, denn sie zuckte jedes Mal erschreckt zusammen. Ich rechnete fest mit einem gequälten »Autsch«, als Diane endlich innehielt, um Luft zu schnappen. Doch Rita schlurfte nur stumm davon, blieb jedoch noch einmal kurz stehen, um höflich zu fragen, ob Diane ihr vielleicht mit einer Rolle Garn aushelfen könne. »Ich denke gar nicht daran«, lautete erwartungsgemäß die Antwort.

Diane sah Rita nach, wie sie hinter den Bäumen ihrer Einfahrt verschwand, und stellte fest: »Nicht schlecht. Sie geht zu Lucinda.« Die Aussicht, dass Rita nunmehr Dianes Nachbarin heimsuchen würde, mit der meine Cousine eine herzliche Abneigung verband, schien sie zu erheitern. Ich fand das Benehmen meiner Cousine unglaublich grausam, und Rita tat mir fast schon Leid. Offenbar spürte Diane mein Missbehagen, denn sie beeilte sich mit einer Erklärung, die ich als Warnung auffasste. »Bei aller Verrücktheit ist Rita durchtrieben und schlau wie ein Fuchs. Sie wird deine Schwäche sofort erkennen und für sich ausnutzen, dein Bemühen, zu jedermann nett zu sein.« War auch Diane Hellseherin? Unwillkürlich sah ich mich nach Tarotkarten um.

Zu Beginn des Herbstes wünschte ich, mehr auf Diane und meine Eltern gehört zu haben. (Meine Mutter hatte mir mehr als einmal geraten, morgens nach dem Aufwachen vor dem Spiegel die Worte »Nein, Rita« zu üben.) Tag für Tag tauchte Rita vor unserer Tür auf, um zu telefonieren oder sich irgendetwas zu leihen, was sie mit Ausnahme einer Unterhose niemals zurückgab. Ich erwog bereits die Möglichkeit, dass es Rita gelungen war, mich um den kleinen Finger zu wickeln oder auch mich um den Verstand zu bringen, als ich eines Abends nach der Rückkehr von einer Party und bei einem Blick durchs Fenster feststellte, dass Rita im Wohnzimmer saß und fernsah. (Meine Eltern waren zu dieser Zeit nicht auf der Insel.) Ich war auf eine Auseinandersetzung mit ihr keineswegs erpicht und wollte mir den bisher so angenehmen Abend nicht vermiesen lassen. So lief ich zum Haus meiner Cousine, schlich die Treppe hinauf ins Gästezimmer und ließ Rita ungestört in unserem Haus verweilen, wo sie zweifellos etliche Telefongespräche tätigte. Ich war bereits so weit, lieber Ritas Telefonrechnung zu bezahlen, als mir ihr absurdes Geschwätz anhören zu müssen.

Der Tropfen, der das Fass zum Überlaufen brachte, war ein Ereignis, das ich lieber verschweigen würde, aber erwähnen muss, weil es bezeichnend für das ist, was Rita bei durchaus normalen Leuten anrichten kann. Als ich das Haus meiner Eltern eines Tages durch die Glasschiebetür betrat, die von der Terrasse ins Wohnzimmer führt, hörte ich meinen Vater »In Deckung!« schreien. Er und meine Mutter warfen sich mit der Geschwindigkeit von Menschen zu Boden, die in einem Kriegsgebiet leben. Hastig winkte mir mein Vater zu, ihrem Beispiel zu folgen, was ich auch tat. Wie ein erfahrener Frontkämpfer zwischen feindlichen Linien robbte mein Vater zu einem Fenster, von dem aus man den Plankenweg zwischen unserer Einfahrt und der Hintertür überblicken konnte. Er spähte hinaus, zog den Kopf aber schnell wieder ein und bedeckte ihn schützend mit den Händen. »Hast du die Tür abgeschlossen?«, erkundigte er sich in rauem Flüsterton bei seiner Frau.

»Dazu blieb keine Zeit«, lautete die ebenso leise Antwort meiner Mutter, die sich inzwischen hinter der Couch verkrochen hatte. Bäuchlings rutschte auch ich zu einem Fenster, lugte neugierig hinaus und sah – Rita. Sie bückte sich, um einen Blue-Willow-Teller mit Gurkenschalen aufzuheben, den meine Mutter für die Rehe hinausgestellt hatte. Rita kippte die Schalen vom Teller, steckte ihn in ihre geräumige Schultertasche und sah sich nach weiterer Beute um.

»Jetzt bewegt sie sich auf deine Kettensäge zu, Dad.«

»Sie nimmt nur das, was in ihre Tasche passt.«

»Nun, sie hat eine hübsche, große Tasche!«

Hinter der Couch kicherte es unterdrückt, was allgemeines Lachen auslöste, bis wir drei befürchteten, von Rita entdeckt zu werden, die weiterhin suchend durch den Garten schlenderte. Sie verschwand schließlich mit nichts anderem als dem Porzellanteller und einer kleinen Gartenschaufel. Meine Mutter kroch aus ihrem Versteck hervor, mein Vater und ich richteten uns zu voller Größe auf, und ich wischte mir den Staub von den Jeans. »Ich kann nicht fassen, dass ihr euch in eurem eigenen Haus versteckt, um euch nicht mit Rita auseinander setzen zu müssen.«

»Sich mit ihr auseinander zu setzen heißt zwangsläufig, grausam zu sein. Wir ziehen Ausweichen vor.« Da wusste ich, woher ich die von einigen Mitmenschen bemängelte Neigung hatte. Aus den Genen.

Die Fähigkeiten des Kartenlegers bleiben mir weiterhin ein Rätsel. Wie sich erweist, verfügt auch Rita über hellseherische Talente (was mein Unbehagen in ihrer Gesellschaft nur noch verstärkt). Ich weiß von etlichen Vorkommnissen, bei denen ihre Äußerungen zunächst schulterzuckend als wirres Geplapper abgetan, später aber als »Wahrheit der reinen Torin« bewertet wurden.

Zum ersten Beweis für Ritas prophetische Gabe kam es eines schönen Tages am Dock, und zwar vor einem größeren Auditorium. Sie erhob laut die Stimme und richtete einen anklagenden Finger auf eine unserer aufrechten Bürgerinnen. Rita schien entschlossen, die Frau als »üble Versucherin« und »Verführerin« zu entlarven, und ließ sich sogar zu der Feststellung hinreißen: »Sie mag vielleicht unschuldig aussehen, schläft aber dennoch mit den Männern anderer Frauen.« Der Beschuldigten war das alles natürlich hochnotpeinlich, dennoch gelang es ihr, sich ein Lachen abzuringen und die Beschuldigungen Ritas Verrücktheit zuzuschreiben.

Ein paar Monate später wurde unsere aufrechte (verheiratete) Mitbürgerin von ihrer besten Freundin – und Frau des männlichen Parts – nächtens und in flagranti auf dem Tisch in unserer kleinen Ortsbibliothek ertappt. Nicht wenige zeigten sich von Ritas prophetischen Talenten ungemein beeindruckt. Was mir an meinen Inselmitbewohnern besonders gefällt, ist die Tatsache, dass keiner von ihnen auf den Gedanken zu kommen scheint, dass es sich bei Rita weniger um eine begabte Hellseherin handelt als vielmehr um eine ganz gewöhnliche Spannerin.

Aufbruch

Da wir täglich bei Hochwasser nur etwa dreißig Körbe ausbringen konnten, würden drei Tage vergehen, bis die ersten hundert im Wasser waren. Ich wünschte, mir stünde ein Dock zur Verfügung, auf dem ich meine Fanggeräte lagern und überholen könnte, denn das würde mir einige Arbeit ersparen. Anstatt die Fangkörbe auf meinen Truck laden und am Hafen wieder abladen zu müssen, könnte ich sie vom Dock direkt ins Boot bringen. Aber ich hatte nun einmal kein Dock.

Dad und ich hievten vierundzwanzig Fangkörbe, Leinen und Bojen auf die Ladefläche meines 83er Dodge Ram und fuhren zum Hafen. Als ich vom Fahrersitz aus auf die Motorhaube blickte, bedauerte ich, nicht schon vor Jahren Filter Ray auf die Karosserie aufgebracht zu haben, denn inzwischen war das ursprüngliche Kastanienbraun des Wagens zu einem unansehnlichen Rosa mutiert. Die einzige frische Farbe, die der Truck seit seiner Fertigstellung gesehen hatte, stammte von den Geschossen, die während der Farbkugelschlacht im vergangenen Sommer auf ihn abgegeben wurden, als der Truck zum »Kampfwagen« meines Teams wurde, den man aus allen Richtungen mit Farbbällen, abgefeuert aus halbautomatischen Waffen, eindeckte. Es war ein Riesenspaß, bis es die ersten Verletzten gab. Nun ja, damit hatten wir uns im letzten Jahr vergnügt. In diesem Sommer werden wir uns etwas Neues einfallen lassen, dachte ich, während wir uns langsam in Richtung Ort und Anlegestelle bewegten.

Schalldämpfer und Auspuff hatten längst den Geist aufgegeben, und der Motor röhrte so laut, dass jede Unterhaltung unmöglich war. Ich fuhr rückwärts auf den Kai und drehte erleichtert den Zündschlüssel um. Wir hoben die Hummerkörbe vom Truck und reihten sie am Kairand auf. In der Nähe wartete die gestapelte Ausrüstung eines anderen Fischers auf den Höchststand der Flut, da die Boote dann leichter beladen werden konnten.

»Wenn du noch einmal zurückfahren könntest, Dad, um weitere Körbe und ein paar Köderbehälter zu holen, kümmere ich mich inzwischen um das Boot«, sagte ich, als der letzte Fangkorb von der Ladefläche polterte. Die Flut stieg noch, aber für die neunzig Zentimeter Tiefgang der *Mattie Belle* reichte der jetzige Wasserstand.

Dad fuhr mit aufheulendem Motor davon, und ich marschierte zur schwimmenden Dingi-Anlegestelle. Als ich die Fangleine löste und in das Fünf-Meter-Skiff kletterte, fiel mir die Leere um mich herum auf. Aber schon bald würden Segel- und Motoryachtskipper, die weiter draußen ankerten und in ihren motorgetriebenen Beibooten an Land kamen, hier großes Gedränge verursachen. Während die Truckgeräusche in der Ferne verklangen, gab ich mich der Vorfreude hin, dass ich die ersten Fangkörbe bald im Wasser hätte und viele gute Dinge mit Sicherheit folgen müssten. Meine Lieblingssommergäste würden eintreffen, die Blaubeeren in Fülle reifen und die Fischer knietief in Hummern waten. Bei der Vorstellung von Dinnerpartys, mit der Hummer-kasserolle meiner Mutter und Blaubeerpie, lief mir das Wasser im Mund zusammen. Mit einem kräftigen Zug an der Leine setzte ich den Außenborder des Skiffs in Gang, das mich zur *Mattie Belle* bringen würde. Eigentlich erstaunlich, wie viel Glück ich mit diesem Motor habe, dachte ich. Obwohl er eine Menge mitmachen muss, läuft er noch wie eine Biene. Der bislang schwersten Prüfung hatten ihn im letzten August die Clemmer-Zwillinge unterzogen. Schon bald würden Nathaniel und Tyler wie alljährlich auf der Insel auftauchen, um in den zwei Ferienwochen, die ihre Familien hier verbringen, das Unterste zuoberst zu kehren. In diesem Jahr mussten die beiden Rangen wohl ihren dreizehnten Geburtstag feiern. Während ich auf die *Mattie Belle* zutuckerte, machte ich mir klar, dass ich in diesem August lernen musste, »Nein« zu den Zwillingen zu sagen. Im Gegensatz zu Rita konnte man ihnen nicht ausweichen.

Es begann mit einem Softballspiel. In den Monaten Juli und August wird auf der Wiese hinter dem Haus der Kennedys allabendlich Softball gespielt. Als Kind habe ich nie eine Begegnung verpasst und war felsenfest überzeugt, dass es entweder Danny MacDonald oder Rob Dewitt gelingen würde, beim Abschlagen des Balls die Wetterfahne auf dem Kirchturm zu treffen. Oft bestand eine Mannschaft aus bis zu zwanzig Mitgliedern, meistens Kinder im Alter von drei bis sechzehn, aber auch einige Erwachsene, um den Schein ernsthaften Sports zu wahren. Als ich eines schönen Abends Ende August die Rolle einer Alibierwachsenen übernahm, fand ich mich mit den Clemmer-Zwillingen im linken Feld wieder.

Bis auf die Tatsache, dass der Stillere von beiden eine Brille trägt, gleichen sich die Jungen äußerlich wie ein Ei dem anderen. Der brillenlose Clemmer ist alles andere als schüchtern. »Ich bin nicht besonders gut im Softball. Wollen wir nicht lieber fischen gehen?«, erkundigte sich der kessere Clemmer, als wir geduldig zusahen, wie unser achtjähriger Werfer den Ball in alle Richtungen schleuderte, nur nicht auf das Mal.

»Nein. Ich möchte lieber Softball spielen. Wann beginnt eigentlich die Schule wieder?«, wechselte ich das Thema.

»Ich gehe nicht zur Schule. Was hast du eigentlich für einen Außenborder?«

»Einen guten. Aber du musst eine Schule besuchen. Das ist Gesetz. Hat man dich etwa rausgeworfen, oder was?«

»Nein. Ich werde zu Hause unterrichtet. Können wir nicht mit deinem Skiff fahren?«

»Jetzt nicht. Wir spielen Softball. Machst du bei Bernadines Talentshow mit?«

»Nein. Aber meine Eltern und mein Bruder führen etwas auf. Und wie wäre es mit Fischen?«

»Nicht jetzt. Warum beteiligst du dich nicht an der Vorführung deiner Familie?«

»Weil ich kein Talent habe. Aber hör mal, das ist doch stinklangweilig. Jetzt probiert er es zum siebenundfünfzigsten Mal. Lass uns etwas anderes machen«, bettelte der nichtschüchterne Clemmer.

»Großer Gott! Bist du begriffsstutzig? Wir spielen Softball! Du willst nicht Ball spielen, du gehst nicht zur Schule, du hast kein Talent. Entschuldige, aber ich finde, du bist ein kleiner Idiot.«

Wir mussten lachen, weil der Ball unseres dritten Werfers am Kopf eines Zuschauers landete. »Wir erhalten doch nie eine Chance zum Werfen«, maulte der unscheue Zwilling. »Wie viele Outs haben wir denn schon?«

»Kein einziges.« Etwa zur Halbzeit des Innings hatte unser Mittelfeldspieler genügend Blaubeeren für einen Cobbler gepflückt, und der geschwätzige Zwilling hatte mich breitgeschlagen. Ich erklärte mich bereit, ihn am folgenden Nachmittag in meinem Skiff mitzunehmen, unter der Voraussetzung, dass seine Eltern ihre Erlaubnis dazu gaben. Wir vereinbarten, uns um vier Uhr am Dock zu treffen, und er versprach, eine Schwimmweste mitzubringen.

Punkt vier tauchte er mit seinem bebrillten schüchternen Bruder, elterlicher Zustimmung und Rettungswesten auf.

»Könnt ihr auch schwimmen?«, fragte ich.

»Aber natürlich! Wir sind keine Idioten«, bekam ich zur Antwort. »Darf ich ans Steuer?« Noch bevor wir vom Schwimmdeck ablegen konnten, hatte er mich mit seiner ständigen Fragerei – »Warum darf ich nicht ans Steuer? *Wann* darf ich steuern? Zeigst du mir, wie man lenkt? Kann ich den Motor anlassen?« – da, wo er mich haben wollte. Ich knickte ein. Den Mittelsitz neben seinem stillen Bruder einnehmend, riss die Plaudertasche an der Startleine, und los ging's. Geschickt und sicher steuerte der Junge das Skiff zwischen den anderen Booten hindurch. Er war ein Naturtalent. Es schien mir nur fair zu sein, dass der andere Zwilling auch einmal an die Reihe kam. Höchst widerstrebend überließ Plaudertasche seinem Bruder, der sich gleichfalls als fähiger Skiffskipper erwies, das Steuer. Während der stille Zwilling das Boot umsichtig auf Point Lookout zusteuerte, bombardierte mich sein Bruder erneut mit Fragen. »Leihst du mir dein Skiff? Warum denn nicht? Ich kaufe Benzin.

Kann ich dein Skiff mieten? Ich habe sieben Dollar. Wann kann ich allein mit dem Skiff ausfahren?«

Als wir zum Schwimmdock zurückkehrten, war ich so fertig, dass ich mich bereit erklärte, den Jungen (irgendwann) mein Skiff zu überlassen – nach Zustimmung ihrer Eltern, meiner Erlaubnis und mit Schwimmwesten. Immerhin hatte ich in ihrem Alter auch Boote gesteuert. Aber ich stellte eindeutig klar, dass sie sich des Skiffs nie ohne meine Erlaubnis bemächtigen durften, da ich es möglicherweise selbst brauchte. Am nächsten Morgen um sieben klingelte das Telephon. »Können wir mit dem Skiff eine kleine Fahrt unternehmen?« Mir entging keineswegs, dass es jetzt *das* Skiff hieß, woraus in kürzester Zeit *unser* Skiff werden würde. Um mir stundenlange Proteste zu ersparen, stimmte ich zu und erließ die folgenden Regeln:

1. Unter allen Umständen und zu jeder Zeit sind Rettungswesten zu tragen.
2. Der Motor darf im Leerlauf nicht auf Hochtouren gebracht werden.
3. Um zehn Uhr hat das Boot wieder am Dock zu liegen.
4. Das Skiff darf sich nur im Gebiet nördlich vom Leuchtturm und südlich von Point Lookout bewegen.
5. Im Tank muss sich stets Benzin befinden.
6. Ich möchte durch einen Anruf über die Rückkehr des Bootes informiert werden.

Ich hatte tausend Dinge zu tun. Es war Sonntag, und im Staat Maine ist es gesetzlich verboten, an den Sonntagen zwischen Memorial Day und Labor Day Hummerkörbe einzuholen. Daher bieten die Feiertage eine gute

Gelegenheit, liegen gebliebene Dinge aufzuarbeiten. Ich warf gerade einen ersten Blick auf den Stapel Rechnungen auf meinem Schreibtisch, als es verhalten an die Hintertür klopfte. Ich eilte die Wendeltreppe hinab, öffnete die Tür und sah mich zwei langen zwölfjährigen Gesichtern gegenüber. Es war noch nicht einmal halb neun. Der Schüchterne hatte die Hände in seine Taschen gestopft und starrte betreten auf seine Füße. Der Schwatzhafte nicht. »Was ist passiert?«, fragte ich voll banger Vorahnungen.

»Der Motor ist einfach vom Heck deines Skiffs geflogen. Er liegt jetzt auf dem Meeresboden.« (Ich war wieder Soloeigner.) Die beiden traurigen Gesichter sahen sich einer höchst gereizten Miene gegenüber. »Das überrascht mich. Ihr habt ihn doch nicht etwa im Leerlauf auf Hochtouren gebracht, oder?«

»Nun, wir wollten gerade langsamer werden.«

»Ich wette, ihr seid blitzschnell langsamer geworden, weil der Motor sich selbständig gemacht hat. Kommt. Wir wollen sehen, was sich machen lässt.« Aus eigenen Unfällen mit Außenbordmotoren gewitzt, fuhr ich die Jungen zum Dock, ließ mir von ihnen die Position des über Bord gegangenen Außenborders zeigen und machte mich auf die Suche nach Dave Hiltz. Je schneller der Motor aus dem Wasser geborgen wurde, desto größer die Chance, ihn wiederzubeleben. Es war nicht das erste Mal, dass ich Dave bat, nach einem Außenbordmotor zu tauchen oder etwas für mich zu reparieren. Wenn ich Dave traf, begrüßte er mich nicht mit einem »Hello«, sondern fragte: »Was ist kaputt?«

»Soll ich ihn dir noch am Heck festmachen, Linda?«, fragte Dave, als er den erfolgreich geborgenen Motor in seiner Werkstatt mit Hilfe von Gerätschaften wieder in Gang brachte, während ihn der Schwätzer wie ein

59

Luchs beobachtete und sich nach den Gründen für jeden seiner Handgriffe erkundigte. »Gehen ihm eigentlich jemals die Fragen aus?«, fragte Dave grinsend. Ich dankte ihm überschwänglich für seine Hilfe und kletterte mit meinen jungen Gefährten in den Truck.

Bevor die Clemmer-Zwillinge fragen konnten, ob sie meinen Truck steuern durften, sagte ich: »Ich bin nicht wütend auf euch. Ich bin sicher, dass es ein Unglücksfall war. Der Motor läuft wieder, also ist kein Schaden entstanden. Aber habt ihr heute vielleicht etwas gelernt?«

»Ja.« Die Augen des Schwätzers funkelten erstmals wieder, seit er an meine Tür geklopft hatte. »Ich weiß jetzt, wie man Außenbordmotoren repariert. Das Ganze ist wie ein Sturz vom Pferd. Wenn der Motor runterfliegt, muss ich ihn sofort wieder aufs Heck setzen, oder?«

»Nicht unbedingt«, entgegnete ich.

Während das Skiff sanft gegen die Seite der *Mattie Belle* stieß. dachte ich an die drohende Rückkehr der Clemmer-Zwillinge. Ihr Erscheinen war so unabwendbar wie das von Schnaken und Mücken. Ich wusste, dass ich ihnen wieder mein Boot überlassen würde. Und ich wusste auch, dass ich erneut auf die Bergungsdienste meines Freundes Dave Hiltz zurückgreifen musste.

Ich machte die *Mattie Belle* am Dock fest, als Dad mit einer halben Truckladung Fangkörbe und einer Anzahl kleiner Drahtbehälter zurückkam, die, mit Ködern gefüllt, in etwa die Größe einer Grapefruit hatten. Mein Vater begann damit, Fangkörbe auf die Decksbrüstung des Bootes hinabzulassen. Ich griff danach und stapelte sie im Heck der *Mattie Belle*, bis wir achtunddreißig Körbe an Bord hatten, eine angenehme Ladung. Zwei Bündel von jeweils zehn Bojen wurden mir zugereicht,

und ich verstaute sie vor der hinteren Wand des Ruder-
hauses, wo ich sie bequem erreichen konnte. Nachdem
Dad den Truck ordentlich geparkt hatte, brachte er die
Köderbehälter an Bord. Wir machten die Heckleine los
und schipperten nach Moxie.

Unsere letzte Aufgabe bestand darin, Köder an Bord
zu nehmen: Salzhering, den die Lobsterfishermen's
Association auf der winzigen Nachbarinsel Moxie la-
gert. Moxie wird erst bei mittlerem Wasserstand oder
mehr zur Insel, sonst verbindet sie eine Sandbank mit
Kimball Island. Moxie ist gerade groß genug für das
Köderlager, einen Abort, dessen Benutzung nur im
äußersten Notfall ratsam ist, und einen baufälligen
Schuppen, in dem *lobster bands* aufbewahrt werden
(robuste Gummibänder, die Hummerscheren zusam-
menhalten).

Die Flut ließ von der Pierleiter gerade einmal drei
Sprossen übrig. Während ich sie hinaufstieg, warf Dad
zum Transport der Köder eine leere Fischkiste an Land.
Von der Holztür des Lagerhauses blätterte die Lack-
farbe in Fladen ab, und eine Botschaft auf ihr verriet die
Seelenlage eines Menschen, der zum Zeitpunkt der
Inschrift mit sich und der Welt im Clinch gelegen hatte.
Ein gegen die Tür gelehnter Hummerkorb hielt sie zu.

Befriedigt stellte ich fest, dass drei der vier Fiberglas-
behälter randvoll mit Salzheringen waren. Schwärme
dicker, schwarzer Fliegen summten und brummten wie
ein elektrischer Ventilator. Fischsaft und Salz klebten
am Griff der Forke, und als ich ihn packte, brannten die
Riss- und Schnittwunden, die ich mir beim Überholen
der Fangkörbe zugezogen hatte, wie Feuer.

Ich stieß die Forkenzinken in den Köderbehälter nahe
der Tür und schaufelte Ladung für Ladung blausilbri-
ger Heringe in meine grüne Plastikkiste, bis sie voll war.

An einem rostigen Nagel in der Wand hing ein kleines Klemmbrett mit einem vergilbten Stück Papier, daneben ein Bleistiftstummel an einer Schnur. Die Lobstermen's Association vertraute beim Köderverkauf auf das Prinzip Ehrlichkeit. Ich malte das Datum, meinen Namen und »1 Kiste« in die entsprechenden Spalten, schleppte meine Last aus dem Schuppen und schob den Hummerkorb wieder gegen die Tür.

Die Köder waren frisch, was jeder zu schätzen weiß, der schon einmal mit vergammelten, halb verrotteten Heringen zu tun hatte. In jeder Saison kommt irgendwann der Punkt, an dem wir dankbar sind, überhaupt Köder zu bekommen. Sie werden von einem Fischer, der auch Fanggenossenschaften in Stonington beliefert, per Boot vom Festland auf die Insel gebracht. Zunehmend wurde uns Insulanern bewusst, dass wir die letzten in der Kundenkette sind. Wir bekommen nur dann Köder, wenn sonst niemand mehr welche will, und müssen uns häufig genug mit Resten zufrieden geben, die vom Bootsboden gekratzt werden.

Ich richtete den Bug der *Mattie Belle* auf die Fahrrinne, deren Beginn zwei von der U.S. Coast Guard gewartete Bojen markieren. Während das Boot zwischen beiden hindurchglitt, stopfte Dad Heringe in die Köderbehälter. Ich fuhr langsam, gab dem Dieselmotor Zeit, sich auf seine normale Betriebstemperatur von achtzig Grad zu erwärmen. Auf der Höhe von Flake Island zeigte das Motorthermometer an, dass er »warm genug« war. Ich schob den Gashebel vorwärts, bis der Tachometerstand 1600 Umdrehungen pro Minute erreicht hatte und die Erschütterungen mein Radar auf seiner Stützplatte leicht erbeben ließen. In der rechten oberen Ecke des Plotter gaben Zahlen einen Kurs von 290 Grad bei einer Geschwindigkeit von zwölf Knoten an.

Die *Mattie Belle* macht bis zu 23 Knoten, aber die verlange ich ihr selten ab – hauptsächlich wegen der Benzinkosten. Motorenergie ist nichts anderes als Treibstoff und Luft. Je mehr davon man durch einen Motor zwingen kann, desto mehr Energie und Geschwindigkeit. Nun, möglicherweise ist es doch nicht ganz so simpel. Verschiedene Variablen wie Gewicht der Ladung, Größe und Neigung der Schiffsschraube sowie Form und Länge des Rumpfes üben ebenfalls einen Einfluss aus. Andrew Gove stand lange in dem Ruf, das schnellste Hummerboot in Maine zu besitzen. Mit fast 50 Meilen die Stunde ließ er jeden Konkurrenten blass aussehen. Andrews Haus ist voller Preise und Trophäen, die er bei diversen Rennen seiner Bootsklasse gewonnen hat. Es heißt, dass sein Boot an allem vorbeikommt, mit Ausnahme einer Benzinpumpe. Nach ihrem Stapellauf 1986 war die *Mattie Belle* eins der schnellsten Boote weit und breit, aber seit einigen Jahren ist es üblich geworden, Hummerfangboote mit immer leistungsstärkeren Motoren auszustatten. Die *Mattie Belle* ist durchaus keine lahme Ente, aber ich bin überzeugt, dass Gove mit seinem Boot rückwärts schneller vorankommt als ich mit meinem vorwärts.

Das zwischen Öldruckmesser und Motorthermometer montierte Amperemeter zeigte durch einen geringfügigen Ausschlag nach rechts an, dass der Stromgenerator die Batterien bis auf knapp vierzehn Volt auflud. Die Systeme auf der *Mattie Belle* benötigen Gleichstrom und eine Spannung von zwölf Volt. Böse Überraschungen haben mich gelehrt, die Instrumente immer im Auge zu behalten und nicht auf akustische Signale zu vertrauen. Salzwasser lässt nichts unangetastet. Als ich mich einmal auf den Alarm des Öldruckmessers verließ, blieb der prompt aus, was zu einer Explosion führte,

einem Motorbrand sowie einer gepfefferten Reparatur-
rechnung. Ein anderes Mal übersah ich das Amperemeter, als sich der Treibriemen vom Generator gelöst
hatte, wodurch den Batterien der Saft ausging. Fehler
sind teuer. Fehler sind aber auch gut, weil wir daraus
lernen. Es soll Menschen geben, die Fehler nur einmal
begehen – ich wiederhole die meisten.

Ich steuerte die *Mattie Belle* auf einen Punkt süd-
westlich von Merchant's Island zu. Es wäre eine Wohl-
tat, die erste Ladung Fangkörbe auf dem Meeresgrund
zu haben, wo sie sich bestimmt schnell mit Hummern
füllen würden. Danach kam der Rest an die Reihe,
und dann begann das Einholen der Krustentiere. Ich
träumte bereits von unserem ersten »Erntetag« und
stellte mir vor, genügend Hummer an Land zu bringen,
um Treibstoff und Köder bezahlen zu können. Seit dem
Winter hatte ich keinen Blick auf mein Bootskonto
geworfen und konnte nur hoffen, dass es nicht in die
roten Zahlen abrutschte, während wir auf die Hummer
warteten.

Aber alle finanziellen Sorgen schwanden, als wir
uns unserem Zielgebiet näherten und das Echolot zehn
Faden oder achtzehn Meter Wasser unter dem Kiel
anzeigte. Die erste Ladung war für Tiefen zwischen
neun und achtzehn Meter vorbereitet. Perfekt. Ich
drosselte den Motor und manövrierte das Boot so in
die Strömung, dass wir Steuerbord voran durchs Wasser glitten. Von dieser Seite aus wollten wir die Körbe
auslegen, und ich könnte rechtzeitig sehen, wenn
wir auf andere Bojen und Leinen zutrieben, und verhindern, dass die Schiffsschraube Schäden anrichtete.
In einem dicht mit Fangkörben besetzten Gebiet ist
es nahezu eine Kunst, das Kappen von Leinen zu vermeiden.

Vor der Südküste von Merchant's Island in östlicher Richtung driftend, ließen wir Hummerkorb nach Hummerkorb ins Wasser gleiten. Der Stapel wurde klein und kleiner, bis schließlich auch der letzte Drahtkorb von Bord war. Während ich unseren Heimathafen ansteuerte, spritzte Dad mit dem Wasserschlauch Tannennadeln und Erdbrocken vom Deck, die die Fanggeräte dort hinterlassen hatten. Die mit Dad verbrachten Stunden empfand ich als extrem angenehm. Früher waren wir nahezu unzertrennlich gewesen. Bis ich aufs College ging, hatte ich lieber mit Dad Bootfahrten unternommen, war mit ihm jagen oder fischen gegangen, als meine Zeit mit Freundinnen zu verbringen. Mit Freude stellte ich fest, dass sich manche Dinge nicht verändert hatten.

Der Rücken tat mir weh, aber ich hütete mich, meinem einundsiebzigjährigen Vater gegenüber ein Wort der Klage laut werden zu lassen, schließlich hatte er weit mehr als ich gehoben und geschleppt. Wir konnten damit rechnen, dass unsere Rücken noch weit heftiger schmerzten, wenn alle Fangkörbe ausgeworfen waren, aber die Vorfreude auf eine weitere ertragreiche Hummersaison würde uns Mühsal und Beschwerden, Mückenstiche, Sonnenbrände und sogar die Clemmer-Zwillige überstehen lassen. Wenn wir abends heimkehrten, würde meine Mutter wie immer ein herrliches Abendessen auftischen und uns mit ebenso amüsanten wie dramatischen Geschichten über Gott und die Welt unterhalten. Wir würden essen und trinken, scherzen und lachen, bis die Nacht herabfiel und nur der rote Lichtstrahl des Robinson Point Lighthouse die Finsternis durchbrach.

Das Lighthouse Committee

Wider bessere Einsicht wurde ich Gründungsmitglied des Island Lighthouse Committee. Seinerzeit betrachtete ich diesen Schritt als Möglichkeit, staatsbürgerliche Pflichten zu übernehmen, ohne mich in die Niederungen der Politik zu begeben. Selbst die banalsten Tagesordnungspunkte auf Sitzungen der lokalen Behörden (Schule, ICDC, Gemeinderat) können zu erbittertem Streit führen. Gemeinderatsversammlungen zeichnen sich durch verbale Attacken und Beschimpfungen der einen Partei auf die andere aus. Einige finden das offenbar spannend und unterhaltsam. Die Mehrheit leidet unter dem eklatanten Mangel an höflichem Anstand. Trotz lautstarker Bekundungen, dass endlich etwas unternommen werden müsse, um die Gemeinde zu versöhnen, wird die Kluft immer breiter und tiefer. Insulaner haben nur dann eine Chance, vor Mitternacht wieder zu Hause zu sein, wenn sie sich rechtzeitig vergewissern, dass Ted Hoskins auf der Insel weilt.

Ted Hoskins verfügt über viele Eigenschaften, vor allem aber ist er Pfarrer der Congregational Church, des einzigen offiziellen Gotteshauses auf unserem Felseneiland. Ted hat etwas an sich, was ihn von uns anderen unterscheidet, ihn jedoch gleichzeitig zu einem integralen Bestandteil der Gemeinde macht. Meiner Überzeugung nach ist das weniger seiner Tätigkeit als Geistlicher zuzuschreiben als vielmehr seiner Persönlichkeit, die sich jeder Beschreibung entzieht. Für mich macht ihn das auf geheimnisvolle Weise interessant. Als ich kürzlich zwei Freundinnen gestand, dass ich ein bisschen für Ted Hoskins schwärme, riefen beide wie aus der Pistole geschossen: »Ich auch!« Da ich annehme, dass nur wenige Inselbewohner – gleich welchen Alters – keine besonderen Gefühle für Ted hegen, ist »schwärmen« vielleicht nicht das richtige Wort.

Wenn ich mir Gott vor mein inneres Auge rufe, sehe ich Ted Hoskins ohne seine Brille. (Wozu braucht Gott Augengläser?) Ted geht gern auf Fischfang, und das gefällt mir ganz besonders an ihm. Es ist überaus angenehm, mit jemandem etwas gemein zu haben, den ich als Mittler zwischen mir und Dingen betrachten kann, die ich nicht verstehe. Mit schneeweißen Haaren und Bart macht der hochgewachsene Ted in jeder Gesellschaft eine imposante Figur. Seine Stimme ist die zweite Sache, die ich an ihm liebe, und ich habe irgendwann offen eingestanden, dass sie mich dazu verlocken könnte, einen seiner Gottesdienste zu besuchen. Sein sonorer, sanft plätschernder Tonfall ist selbst in einer ganz normalen Unterhaltung derart faszinierend, dass ich eine Predigt von ihm, auch wenn ihre Botschaft nicht mit meinen Überzeugungen übereinstimmt, durchaus genießen könnte, wie ein Konzert. Nur wegen der Stimme des Pfarrers an einem Gottesdienst teilzunehmen war für mich jedoch bisher nicht motivierend genug, den langen, mühseligen Weg anzutreten. Der Aufstieg zur Kirche, deren Turmspitze man über die Bäume hinweg schon aus der Ferne sehen kann, hat etwas von einer

Wallfahrt. Daher sehe ich Ted nie auf der Kanzel, sondern eher über den Motor eines Autos oder eines Bootes gebeugt, wenn es etwas zu reparieren gibt. Und natürlich bin ich stets erleichtert, ihn auf Gemeindeversammlungen zu erblicken, bei denen er nahezu ausnahmslos als Schlichter fungiert.

In Teds Anwesenheit halten die Leute ihre Zungen im Zaum und befleißigen sich eines höflichen, zweckorientierten Benehmens, was die Dinge entschieden voranbringt. Ich habe an Versammlungen ohne Ted teilgenommen, die schon beim ersten Tagesordnungspunkt stecken blieben wie ein Auto im Straßengraben. Einige Insassen steigen aus, um den Wagen anzuschieben, während andere stur im Fahrzeug sitzen bleiben. Zunehmend nervös und frustriert, tritt der Fahrer immer wieder aufs Gaspedal, wodurch er den Wagen nur tiefer in den Graben manövriert. Schließlich kehrt er Auto und Passagieren den Rücken und läuft zu Fuß nach Hause. Weder Anschieber noch Sitzenbleiber sind an einer Bergung interessiert, daher bleibt das Auto, wo es ist. Der zum Fußgänger degradierte Fahrer reagiert erst wütend, dann beleidigt, und schließlich macht er nicht den Straßengraben verantwortlich, sondern jene, die mitfahren wollten, sich dann aber vor dem Schieben drückten. Hässliche Briefe werden geschrieben, und die Leute zeigen einander die kalte Schulter. Die gottgefälligste Rolle, die Ted auf der Insel spielt, ist die eines Besänftigers und Vermittlers. In seiner Anwesenheit landen weniger Autos im Straßengraben.

Nie hätte ich geglaubt, dass zwischen dem Lighthouse Committee und den Stadtvätern vermittelt werden müsste, hielt ich die Kommission doch für eine, die sich des Zuspruchs der gesamten Inselbevölkerung gewiss sein konnte. Nicht einmal im Traum ahnte ich kommende Kontroversen voraus, als ich mich bereit erklärte, dem neu gegründeten Ausschuss beizutreten. Vielleicht hätte ich Wayne Barters Beispiel folgen sollen, der nach nur einem Treffen wieder austrat, denn Wayne meidet Konflikte genauso beflissen wie ich. In meiner Naivität ging ich davon aus, dass allgemein anerkannt würde, wie viel Gutes das Lighthouse Committee für die Gemeinde bewirken kann. Ich nahm an, die Gründung würde ausnahmslos begrüßt. Als man mir die Funktion einer Art Kontaktfrau zwischen Committee und Gemeinde anbot, hätten bei mir alle Alarmglocken schrillen müssen. Es wäre für mich besser gewesen, erst einmal »Warum?« zu fragen, anstatt sofort zuzustimmen. Aber Sie wissen ja: Nachher ist man immer schlauer.

Der Alptraum begann, als ich eines schönen Tages auf dem Heimweg vor Billy und Bernadine Barters Haus in den Abflussgraben ausweichen musste, weil mir Jeff Burkes alter Jeep Wagoneer den Weg versperrte. Um sich jeden überflüssigen Schritt beim Transport schmutziger oder sauberer Wäsche zu ersparen, hatte Jeff den Jeep so nahe wie möglich an Bernadines Eingangstür geparkt. Während der Sommermonate übernimmt Bernadine, die immer etwas findet, womit sie sich beschäftigen kann, Waschaufträge, und ihr einziger Kunde ist das Keeper's House Inn, die einzige Pension auf der Insel. Ursprünglich war das Keeper's House das Heim der Holbrooks, der Familie, die 1907 als Leuchtturmwärter eingestellt wurde.

Bananenkisten voller sauberer Bettwäsche, Tischdecken und Handtücher waren auf dem Kofferträger des Jeep gestapelt und warteten darauf, von Jeff zu seiner Frau Judi gebracht zu werden. Jeff und Judi gehört die schicke Unterkunft am Robinson's Point. Nach dem

Hummerfang ist das Keeper's House Inn die wichtigste Verdienstquelle auf der Insel. Die Burkes bieten Jobs als Köchinnen/Köche, Tellerwäscher, Kellner und Zimmermädchen. Trotz der ansehnlichen Zimmerpreise ist das Inn stets auf Monate hinaus ausgebucht. Jeff und Judi bezeichnen ihre Gäste gern als Leuchtturm-*aficionados*, aber ich ziehe »Freaks« oder »Fanatiker« vor. Die echten Freaks sind leicht zu erkennen, fast immer weiblich, und sie tragen durch Kleidung, Handtaschen und Schmuck ihre Leidenschaft zur Schau. Jede Frau mit Ohrringen in Form von Leuchttürmen und einer Leuchtturmtasche *muss* Gast im Keeper's House sein. Die Männer sind weniger auffällig, und wenn sie nicht von Frauen begleitet werden, deren Blazer Abbildungen von jedem Leuchtturm an der Ostküste schmücken, können sie ihrer Obsession für Leuchttürme unentdeckt nachgehen.

Im Jahr 2002 kostete ein einziger Tag im Keeper's House zwischen 250 und 300 Dollar. Der Preis umfasst drei Mahlzeiten, von denen zwei im Inn serviert werden. Nach dem Frühstück erhalten die Gäste ein Lunchpaket und die höfliche Aufforderung, bis zum Dinner das Weite zu suchen. Einige haben das wörtlich genommen und blieben nach einer Wanderung oder Radtour auf mysteriöse Weise verschollen. Als ich hinter dem Jeep aus dem Graben auf die Zufahrt trat, erinnerte ich mich, dass Jeff bei unserem letzten Zusammentreffen gerade fieberhaft nach zwei *aficionados* fahndete, die zum Abendessen nicht aufgetaucht waren.

»Hi, Linda«, rief Jeff mir zu und schloss die Haustür der Barters' hinter sich.

»Hi. Prächtiger Tag«, lächelte ich und lief weiter die Straße entlang, die irgendwann am Haus meiner Eltern endet.

»Geradezu wundervoll. Aber sag mal, hast du vielleicht eine Minute Zeit? Ich würde zu gern etwas mit dir
besprechen.« Ich hatte die Minute und lernte in ihr Jeffs
Qualitäten als Verkäufer kennen. Der Mann ist echt
gut. Er weiß ganz genau, was er sagen muss. Mit wenigen wohl gesetzten, werbenden Worten begeisterte er
mich zur Teilnahme am neuen Lighthouse Committee.
An seiner Stimme lag es nicht – er ist nicht Ted Hoskins.
Jeffs Stimme fehlt es an Ausdruck und Modulation, und
er hört sich meist eigenartig winselnd an. Aber der
Inhalt ist so überzeugend, dass der Vortrag zur Neben-
sache wird. Der Hintergrund von Jeffs Verkaufsge-
spräch, das in mir den Eindruck erweckte, ein Vorzugs-
angebot zu erhalten, war ein neues Gesetz, das die
Bundesregierung ermächtigte, das Eigentumsrecht an
fünfunddreißig Leuchttürmen in Maine von der Coast
Guard auf »qualifizierte Persönlichkeiten« zu übertragen. Wegen gekürzter Bundesmittel für Wartung und
Unterhalt befanden sich viele Leuchttürme in einem
eher beklagenswerten Zustand. Aufgrund der Maine
Lights Bill kam dem Maine Lighthouse Selection Committee zusammen mit dem Island Institute die Aufgabe
zu, geeignete Besitzer in spe für fünfunddreißig Leuchttürme zu suchen und zu überprüfen. Um Eigentümer
werden zu können, mussten die Bewerber die Fähigkeit
nachweisen, »ihren« Turm zu reparieren und zu unterhalten. Es wurde zwar nicht ausgesprochen, stand aber
zu befürchten, dass Leuchttürme, die niemand wollte,
möglicherweise abgerissen werden mussten. Nach erfolgreicher Überprüfung sollte der Zuschlag in genau
bestimmter Reihenfolge erteilt werden: an Bundesbe-
hörden, staatliche Einrichtungen, lokale Behörden, gemeinnützige Organisationen, Bildungseinrichtungen und
solche mit sozialer Zielsetzung.

Als selbständiger Gemeinde kam der Insel ein Mittelplatz in der Prioritätenhackordnung zu, und sie würde wahrscheinlich neuer Besitzer von Robinson Point Lighthouse, das auch auf der Liste stand. Jeff und ich schlossen aus, dass irgendjemand sonst Interesse anmelden würde. Und weder Gemeindeverwaltung noch Bewohner konnten riskieren, dass dieses historische Wahrzeichen und stolze Erbe unserer Vergangenheit dem Verfall preisgegeben oder gar abgerissen würde. Jeff vermutete, dass mich die Bindungen meiner Familie an den Leuchtturm zur Mitgliedschaft bewegen könnten. Er hatte Recht.

Im Jahr 1906 verkaufte mein Urgroßvater Charles Robinson zwei Acres Land an der Spitze von Robinson Point an die US-Regierung, damit dort ein Leuchtturm errichtet werden konnte. Nach dreizehn Jahren hatte der Bauantrag des Staates Maine endlich den Congress passiert. Robinson Point war das letzte Bauvorhaben von vielen im Auftrag der U.S. Coast Guard und umfasste einen 14,8 Meter hohen Turm, ein Leuchtturmwärterhaus im viktorianischen Stil, einen Holzschuppen, ein winziges Gebäude zur Lagerung von Öl und einen Abort.

Am Heiligen Abend 1907 entzündete die achtjährige Esther Holbrook erstmals das Feuer in der Leuchtkammer. In den folgenden siebenundzwanzig Jahren führte es zahllose Fischerboote und Schiffe sicher durch die Passage und in den Hafen der Insel. Zwei Generationen von Leuchtturmwärtern sorgten für gefahrlose Fahrt, bis die Finanznot der Weltwirtschaftskrise die US-Regierung zwang, die Etatmittel für Leuchttürme zu kürzen. Für die Wartung des inzwischen auf automatischen Betrieb umgestellten Leuchtturms durch die

Coast Guard gab es zwar weiterhin Zuschüsse, aber nicht mehr für den Unterhalt des Wärterhauses und der anderen Gebäude, die nun nicht mehr gebraucht und 1935 zusammen mit acht weiteren ähnlichen Anlagen an der Küste von Maine meistbietend versteigert wurden. Mit Unterstützung der Senatorin Margaret Chase Smith konnten meine Großeltern mit Ausnahme des Turms alles zurückkaufen.

Das Leuchtturmwärterhaus wurde das Sommerdomizil meiner Familie. Dort verbrachten wir unsere freie Zeit, dorthin sehnten wir uns, wenn wir in der Schule hocken mussten. Nicht viele Menschen können behaupten, in einem Leuchtturmwärterhaus gewohnt zu haben. Für meine Geschwister und mich hatte das Gebäude einen ganz besonderen Zauber. Wir schliefen in Zimmern, deren Wände alle vier Sekunden vom roten Schein des Leuchtfeuers gestreichelt wurden. Das Haus schien ein Eigenleben zu haben und uns zu beschützen, wie auch alle, die vor uns darin gewohnt hatten. Nie zuvor und nie wieder habe ich mich irgendwo so wohl gefühlt. Es gibt Leute, die behaupten, im Keeper's House spuke es. Ich finde eher, dass es *lebt*.

Drei Generationen Robinson und ihre Nachkommen, hauptsächlich Greenlaws und Bowens, nutzten das Haus in den folgenden fünfzig Jahren bis 1986. Gemeinsamer Besitz führt zwangsläufig zu Konflikten. Die fünf Kinder von Aubrey und Mattie Belle Robinson Greenlaw teilten sich Eigentum und Steuerlast, aber die Nutzung war eine andere Sache: Meine unmittelbare Familie hatte stets den Löwenanteil. Infolge eines »demokratischen Mehrheitsbeschlusses« verkauften die Kinder von Mattie und Aub an Familienfremde, weil sie diese Lösung für die fairste hielten. Der einzige Widerspruch kam von Onkel George, der die Entscheidung auch sechzehn Jahre später noch immer nicht verwunden hat.

Nun unterhielt ich mich mit dem jetzigen Besitzer, der das Keeper's House zu einem florierenden Unternehmen gemacht hatte. Ich habe das Privileg, den Turm aus der Ferne leuchten zu sehen, und meine Erinnerungen. Der Turm ist vom Haus meiner Eltern aus nicht zu übersehen, und mitunter träumte ich davon, ihn irgendwann in der Zukunft auch aus den Fenstern eines eigenen Hauses zu erblicken. Vergangenheit, Gegenwart und Zukunft beeinflussten meine spontane Entscheidung, einer Kommission beizutreten, deren Ziel es war, den Leuchtturm zu erwerben, zu reparieren und für die Nachwelt zu erhalten.

Nachdem ich meine Teilnahme an einem Treffen um sieben Uhr abends zugesagt hatte, ließ ich Jeff mit seinen Bananenkisten voll sauberer Wäsche zurück. Ich war überzeugt, etwas Gutes zu tun, und brannte darauf, meiner Mutter die Neuigkeit mitzuteilen. Als ich durch die Küchentür stürzte, traf ich sie über ein Buch gebeugt an. Meine Mutter macht alles, was sie tut, mit Hingabe und kann beim Lesen geradezu in Verzückung geraten. Sie lacht laut auf, seufzt und bricht sogar in Tränen aus. Ruhig und still bei einem Buch zu entspannen ist ihre Sache nicht. Ständig stampft sie mit dem Fuß auf oder schüttelt den Kopf. Sie blättert nicht einfach um, sondern zerrt so heftig an den Seiten, dass sie sie fast aus der Bindung reißt.

Ich weiß zwar nicht, ob Lesen süchtig macht, aber wenn Mom der Stoff ausgeht, wird sie so nervös, dass man von akuten Entzugserscheinungen sprechen kann. Als ich ihr vor Jahren mitteilte, dass in zwei Bädern das

Toilettenpapier ausgegangen war und sich im dritten nur noch wenige Blatt auf der Rolle befanden, beschied sie mich knapp mit: »Am Freitag gehe ich Bücher kaufen, dann bringe ich neues mit.« Mit zunehmendem Alter wird es immer schlimmer. Inzwischen informiert sie meinen Vater (und jeden, der ihr zuhört) schon Tage im Voraus über eine bevorstehende Bücherknappheit: »Ich habe nur noch zwei Bücher, Jim. Ich muss gleich morgen früh mit dem ersten Boot los, ich dachte, ich hätte da noch ein Buch. Hast du es vielleicht gesehen?« Prompt greift sie zum finalen Mittel und verschlingt die letzten Seiten, die sie sich eigentlich für die halbstündige Fahrt auf der Fähre aufgehoben hat. Wäre sie keine so lausige Autofahrerin, würde meine Mutter zu den Schwachsinnigen zählen, die gleichzeitig steuern und lesen. Ich will mich wirklich nicht beklagen, aber ich glaube, ich wurde von einer Buchsüchtigen aufgezogen.

Meine Mutter bekam ihre vier Kinder in so großem Zeitabstand, dass ein wunder Po bei einem und die erste Menstruation bei einem anderen auf denselben Tag fielen. Moms Theorien über Kindererziehung und deren Durchführung sorgten dafür, dass es bei uns zu Hause nie langweilig wurde. Meine Mutter neigte nicht zu übermäßiger Strenge und sah uns eine Menge nach. Als ich ein Baby war, erklärte Moms Mutter (sie ruhe in Frieden) ihrer Tochter, dass es bestimmte Kinder gibt, die nun einmal keinen Klaps vertragen, und zu ihnen gehörte ich. Was für ein Glück! Doch einige Dinge ließ meine Mutter ihren Kindern unter keinen Umständen durchgehen. Kaugummikauen war ebenso tabu, wie mit dem Fuß aufzustampfen oder jemandem zu sagen, er solle den Mund halten. (»Scheiße« und »verdammt« standen jedoch nicht auf dem Index, und *frig* – kopulieren – zeichnete sich durch nahezu inflatorischen Gebrauch aus: *friggin', frigger, royal frig*. Ich hatte sogar ein T-Shirt mit der Aufschrift »*Friggate is not a dirty word in Bath, Maine.*«)

Bezeichnend für den Erziehungsstil meiner Mutter war ihre ausgesprochen geringe Toleranz für Wehleidigkeit.

Mom verfolgte die strikte Regel, Klagen und Beschwerden erst zur Kenntnis zu nehmen, nachdem sie die »Praxis« für geöffnet erklärt hatte, was für gewöhnlich Punkt vier Uhr nachmittags erfolgte. Jedes vorfristige Jammern führte lediglich zu einem scharfen »Die Praxis ist geschlossen« oder »Die Ärztin ist nicht da«. Um vier Uhr warteten wir geduldig darauf, bei der »Ärztin« an der Reihe zu sein, die von Midol bis Aspirin für Kinder alles verabreichte. Vier Uhr war auch der Zeitpunkt für aufbauende Gespräche, Beratung und Trost. Niemand auf der Welt konnte und kann einem besser das Rückgrat stärken als meine Mutter. Selbst wenn ich keine körperlichen Zipperlein hatte, suchte ich die »Praxis« auf und genoss das Alleinsein mit Mom. Es verging kein Tag, an dem sie mir nicht das Gefühl vermittelte, in dieser oder jener Hinsicht etwas Besonderes zu sein. Bis zur Öffnung der Praxis konnte man verbluten oder sich das Herz aus der Brust heulen, aber wenn man bis vier Uhr überlebte, gab es nichts, was Mutter nicht heilte.

»Oh, ich finde es wundervoll, dass du dich auch noch für etwas anderes interessierst als für den Hummerfang. Wer gehört dem Komitee sonst noch an?« Erfreut blickte Mom von ihrem Buch auf.

»Nun, Jeff Burke ist offenbar der Kopf des Ganzen. Und dann erwähnte er noch Dave Hiltz, Dave Quinby, Elaine Bridges und Wayne Barter.«

»Jeff Burke leitet das Lighthouse Committee?«
»So ist es. Warum siehst du mich so komisch an?«
»Jeff Burke an der Spitze eines Ausschusses, der unserer Gemeinde den Leuchtturm sichern will?«
»Ja.«
»Jeff Burke?«
»Ja, Mom. Jeff Burke. Der Eigentümer des Keeper's House. Du kennst ihn doch, oder?«, machte ich mich lustig.
»Sehr genau.«
Damit begann mein erster Streit mit meiner Mutter, und ich erkannte, dass unser Verhältnis nach meiner siebzehnjährigen Abwesenheit neu definiert werden musste. Mit neunzehn Jahren hatte ich mein Elternhaus verlassen, um auf Schwertfischfang zu gehen. Jetzt, mit Ende dreißig, war ich ins Nest zurückgekehrt. Ein Kind braucht eine Mutter. Vermutlich habe ich auch als Erwachsene noch immer das Bedürfnis, bemuttert zu werden, aber die Beziehungen zwischen Frauen sind kompliziert und verwirrend. Und für mich bestand da erheblicher Nachholbedarf. Während meiner Zeit auf See hatte ich wenig oder gar keinen Kontakt zu Frauen. Meine Vorgesetzten, Crewkameraden und Fischerfreunde waren alle Männer. Als ich auf die Insel zurückkehrte, wurden meine Eltern meine besten Freunde. Und wie eine beste Freundin sagte mir meine Mutter oft Dinge, die ich nicht hören wollte. Und für gewöhnlich behielt sie damit Recht.

Im Laufe der Zeit wurden die Probleme, die Jeff Burkes Vorsitz mit sich brachte, für nahezu jeden ersichtlich. Meine Mutter erkannte den Konflikt, bevor wir zu unserem ersten Treffen zusammenkamen. Ich fand, dass sie Gespenster sah, und habe ihr das wahrscheinlich auch unverblümt gesagt. Bis jetzt habe ich mit keinem Wort eingeräumt, dass sie Recht hatte, und sie ersparte mir ein: »Ich hab es dir ja gleich gesagt.«

»Nur, damit ich es richtig verstehe, Linda … Der Menschenfreund Jeff will der Gemeinde also ganz uneigennützig den Besitz am Leuchtturm sichern?«

»Ja. Es wird ein gewaltiges Stück Arbeit. Du solltest nur einmal den Wust an Bewerbungsformularen sehen. Wir werden vermutlich hunderttausend Dollar für die Restaurierung des Turms zusammenbringen müssen.«

»Und Jeff ist bereit, so viel Zeit und Mühe für die Gemeinde aufzuwenden?«

»Nun, jemand muss es tun. Warum also nicht Jeff?«

»Hunderttausend Dollar für ein schmückendes Beiwerk? Womit will man im Leuchtturmwärterhaus Geld verdienen, wenn es nichts mehr zu warten gibt?«

»Großer Gott, Mom …«

Bemerkenswerterweise begann unsere Unterhaltung an diesem Tag um vier Uhr nachmittags und endete wie viele folgende Gespräche mit einem ersten Scotch mit Wasser. Meine Mutter war dafür, dass die Gemeinde den Leuchtturm erwerben, restaurieren und unterhalten sollte. Ihr Problem bestand in Jeff. »Ich mag Jeff, bezweifle aber stark, dass er in diesem Fall uneigennützig handelt.«

Viele der älteren Inselbewohner, darunter auch meine Familie, betrachten die Burkes als Hippies und Unruhestifter. Jeff und Judi sind sozial und politisch engagiert genug, um in den Hungergebieten dieser Erde tätige Hilfe zu leisten und gegen jeden Missstand zu demonstrieren, der zur Zeit gerade die Gemüter erhitzt. Sobald ich Jeff mit einem Stapel Unterlagen auf mich zukommen sehe, weiß ich, dass er mir meine Unterschrift für irgendeine Petition abschwatzen wird. Und deren Inhalt

78

kann von der Forderung nach mehr Bewegungsfreiheit für Wellensittiche bis zur weltweiten Ächtung von Atomwaffen nahezu alles betreffen. Wenn Jeff das Leuchtturmprojekt zu seiner Sache machte, sollte mir eigentlich nicht bange sein, selbst wenn er dabei nicht unbedingt nur altruistische Motive verfolgte.

Organisation und Durchführung der Komiteesitzungen, die Formulierung der Bewerbung, die Vorbereitung auf die Gemeinderatsdebatten und das Sammeln der nötigen Gelder wären ein hübsches Stück Arbeit. Ich bezweifelte, dass jemand diese Last freiwillig schulterte, ohne sich insgeheim gewisse persönliche Vorteile zu versprechen. Andere sahen das offenbar anders. Während Mom und ich lang und breit über Motive, Pfiffigkeit und Philantropie diskutierten, kam das Lighthouse Committee unter Jeffs Federführung so richtig in Schwung.

Die erste und vorrangige Aufgabe bestand darin, die Bewohner der Insel über die Maine Lights Bill zu informieren und um ihre Unterstützung zu werben, damit sich unsere *selectmen* mit einer Mehrheit der Gemeinde im Rücken um das Besitzrecht am Leuchtturm bemühen konnten. Auf der ersten auf Antrag des Lighthouse Committee einberufenen Gemeinderatssitzung wurde dieses Mandat mit der überwältigenden Mehrheit von zweiundvierzig zu zwei Stimmen erteilt. Die Befürchtung, für das Projekt würden Grundsteuern und andere Mittel aus dem Gemeindesäckel in Anspruch genommen, entkräftete man schnell mit der Zusage, dass die Finanzierung ausschließlich durch private Spenden erfolge. Die Gemeinde dürfe mit der Restaurierung und dem Unterhalt des Leuchtturms am Robinson Point nicht zusätzlich belastet werden: »Die Grundsteuern sind schon hoch genug.« Wohl wahr. Alle Komiteemitglieder zeigten sich überaus zuversichtlich, dass die nötigen Mittel problemlos aufgebracht werden könnten.

Wenn es um Geld geht, neigen Menschen dazu, ausgesprochen empfindlich und abwesend zu reagieren. Ich stellte von Anfang an klar, dass ich weder geeignet noch bereit war, an irgendjemanden mit der Bitte um Spenden heranzutreten. Einige der besser gestellten Sommergäste, die Projekte und Vorhaben wie zum Beispiel Schulausflüge mit schöner Regelmäßigkeit finanziell unterstützten, plädierten dafür, dass Jeff sich mit einem namhaften Betrag an den Unkosten beteiligen solle. Mehrmals wurde mir gegenüber, als Verbindungsfrau zwischen Committee und Gemeinde, die Meinung geäußert, dass sich die Burkes als vermutlich einzige Nutznießer des Projekts, »ihr Nest mit eigenem Geld polstern sollten«. Die Burkes zeigten sich bereit, ihre Gäste um Beiträge zu bitten, aber die Bereitstellung eines Anteils ihrer Einkünfte, wie von einigen Skeptikern vorgeschlagen, wurde von ihnen abgelehnt.

Bevor man aber überhaupt Gelder sammeln konnte, mussten uns die Auswahlgremien als würdige Hüter des Leuchtturms akzeptieren. Um Termine einzuhalten, etwa den Stichtag für die Abgabe von Bewerbungen für das Maine Lights Program, würden Stadträte und Komiteemitglieder zügig und eng zusammenarbeiten müssen. Problem? Jeff Burke und der erste Stadtrat Matthew Skolnikoff sind einander spinnefeind. Die beiden machen kein Hehl aus ihrer gegenseitigen Abneigung, und ihre Feindschaft hat Tradition. Beide sind intelligent und äußern sich schriftlich ebenso eloquent wie gerne. Jetzt überschütteten sie die Inselbewohner geradezu mit Briefen in hitziger Rede und Gegenrede. Manche der Schreiben gaben vor, lediglich besorgte Bürger informieren und beruhigen zu wollen. Etliche der kämpferischen

Ergüsse erschienen sogar in unserer Lokalzeitung. Keiner der Kontrahenten ging so weit, den anderen offen zu beschimpfen, aber der schwelende Hass war in jeder Zeile ersichtlich.

Die Saat des Unfriedens wurde vor geraumer Zeit gesät, als Matthew Skolnikoffs Anstellung im Keeper's House abrupt endete. Mir ist nicht bekannt, ob er kündigte oder entlassen wurde, aber das Saatkorn wuchs zu etwas heran, was das Leuchtturmprojekt unübersehbar belastete. Schließlich gelang es jemandem, Jeff zu überreden, sich im Komitee zurückzunehmen, da sonst buchstäblich nichts in Gang käme. Nun nahm Jeff als »betroffenes Gemeindemitglied« an den Treffen teil. Oh, er erledigte noch immer neunzig Prozent der anfallenden Arbeit und leitete die Versammlungen, aber mit den Stadträten verhandelte jetzt ein anderer. Eine gute Lösung. Das Keeper's House war ausreichend vertreten, und Elaine Bridges wurde unsere (Aushängeschild-) Vorsitzende. Elaine arbeitete in der Pension als Köchin wie auch Dave Hiltz' Frau Lisa Turner, die zum Lighthouse Committee stieß, als dieses frischen Enthusiasmus und neue Ideen brauchte. Dave Quinby bezieht zwar kein Einkommen vom Keeper's House, bezeichnet aber Jeff als seinen besten Freund.

Bevor Jeff den Vorsitz offiziell abgab, rekrutierte er etliche freiwillige Spendensammler. Hätte er von unseren allabendlichen »Sprechstunden« gewusst, wäre er nie bei uns erschienen, um meine Mutter um ihre Mithilfe zu bitten. Bedauerlicherweise wurde ich zur verlegenen Zeugin einer betont höflichen Unterhaltung, in der Mom Jeff ein paar sehr direkte Fragen nach seinen Motiven stellte. Sie gab Jeff auf nette Weise zu verstehen, dass ihm nicht jeder auf der Insel uneingeschränkt vertraute. Am liebsten wäre ich im Erdboden versunken. Er verstünde sehr gut, dass manche den Eindruck gewinnen könnten, er handele aus Eigeninteresse, räumte Jeff ein, aber das sei keineswegs der Fall. »Meine Absichten sind absolut ehrenwert«, fügte Jeff hinzu, was mehr wie ein Versuch der Selbstverteidigung klang als wie ein Aufruf zur Beteiligung an einer guten Sache. Meine Mutter begleitete ihn zur Tür, wünschte ihm einen guten Tag und versprach, über ihren Einsatz als Spendensammlerin nachzudenken. Aber ich wusste, dass ihr nichts ferner lag.

Einige Inselbewohner zeigten sich zunehmend irritiert, als weitere Gemeindetreffen einberufen wurden, um das Mandat unserer *selectmen* erneut durch die Wahl zu bestätigen oder zu verwerfen. »Haben wir darüber nicht längst abgestimmt?«, hallte es durch den Versammlungssaal. Ein Phänomen lokaler Politik besteht darin, dass die Überstimmten nie bereit sind, sich mit ihrer Niederlage abzufinden. Es mag der Eindruck entstehen, dass über eine bestimmte Frage drei- oder viermal entschieden wird, aber gewitzte Antragsteller können auf spitzfindige Unterschiede in der Formulierung verweisen, die es gerechtfertigt erscheinen lassen, den im Grunde unveränderten Punkt in der Hoffnung erneut zu präsentieren, dass die Leute ihre Meinung inzwischen geändert haben. Manchmal werden neue Abstimmungen durchaus berechtigt mit Formfehlern begründet. Manchmal wird erklärt, neue Informationen und Erkenntnisse machten sie notwendig. In den meisten Fällen werden sie einfach auf die Tagesordnung gesetzt.

Die Leute wurden der Debatten über den Leuchtturm allmählich überdrüssig. Viele wollten einfach nicht wieder und wieder abstimmen. Die meisten hatten die Grabenkämpfe zwischen Jeff und Matthew gründlich satt.

Auf der Insel ist es nie leicht, ein Thema zu beenden. Es muss durch etwas anderes ersetzt werden, sonst gehen die Diskussionen endlos weiter, auch wenn nicht viel Neues dazu gesagt werden kann. Jemand würde bald irgendetwas Absurdes oder Groteskes anstellen müssen, über das wir uns die Münder zerreißen konnten. Die Leuchtturmkontroverse hatte ihren Reiz verloren. Ich sehnte mich nach Gesprächen, die sich endlich um anderes drehten. Nach Ablenkung.

Meine Gebete wurden erhört, als Suzanne auf der Insel erschien. Im Handumdrehen machte sie sich zum Tagesgespräch und gab uns Komiteemitgliedern eine Atempause. Sie ist eine gute alte Freundin von Victor Richards, einem unserer bemerkenswertesten Hummerfänger. Der ehemalige Pilot von Schädlingsbekämpfungsflugzeugen in der Landwirtschaft, heute fünfundsechzig Jahre alt, hat eine einmalige Gewohnheit in Sachen Tabakkonsum. Er *isst* Zigaretten. Er steckt sie sich nicht an, um sie zu rauchen, sondern er kaut sie kurz und klein. In seinem Job ist er viel herumgekommen, auch nach Alabama, wo er sich mit Suzanne anfreundete.

Victors Hobbys sind Frauen und Harley-Davidsons. Daher erregt jede Frau, die eine Harley fährt, Vics uneingeschränktes Interesse. Mit langen roten Haaren und Südstaatenakzent ist Suzanne der Inbegriff einer Bikerbraut, obwohl ich mich nicht erinnern kann, Tätowierungen an ihr bemerkt zu haben. So etwas wie sie war den Insualern noch nicht unter die Augen gekommen. Die Frau hat eindeutig etwas von einer Exhibitionistin. Brühwarm wurde mir berichtet, dass sie auf ihrer Fahrt zur Insel Cal Lawson, den Skipper des Postbootes, mit dem Anblick ihrer nackten Brüste beglückt und am Kai etliche der Fischer überschwänglich abgeschmatzt habe. Ich vermute, dass einiges davon aufgrund des Schocks übertrieben wurde. Das soll nicht heißen, dass die Einheimischen prüde sind. Aber wir Maine-Mädchen halten uns nun einmal meistens bedeckt – vielleicht liegt es am Wetter. Und wenn ein Fischer die Ausdrucksweise eines Menschen als »unschicklich« bezeichnet, dann ist sie es auch.

Ich lernte Suzanne auf Victors zweitem »Damenabend« kennen, ein Ereignis, das er sich einiges kosten lässt, um Frauen in sein Haus zu locken und mit Alkohol gefügig zu machen. Die erste dieser Partys war ein Riesenerfolg: sieben weibliche Gäste und Victor – gute Chancen für Vic. Wir hoben die Gläser, amüsierten uns blendend und sahen uns russische Versandbräute auf Video an, da Victor ernsthaft einen Flug in die Exsowjetunion erwog, um sich eine Partnerin auszusuchen und auf unsere Insel zu bringen. Während wir die Mädchen nach einem Zehnpunktesystem bewerteten, versuchte ich Vic vor Augen zu führen, dass diese Mädchen das Leben auf der Insel möglicherweise so toll gar nicht fänden. Ich konnte mir gut vorstellen, dass jede der achtzehnjährigen Schönheiten nach zehn Minuten an der Seite eines nörgelnden Rentners mit Tabakfusseln zwischen den Zähnen wünschte, sie wäre wieder zu Hause. »Ich glaube, diese Mädchen träumen davon, in New York oder Los Angeles zu leben, Vic. Wenn du eine hierher bringst, könnte sie unter Umständen bitter enttäuscht sein.«

»Enttäuscht? Von mir? Nie im Leben!«

»Nein, nicht von dir. Natürlich nicht. Was rede ich denn da? Aber die da sieht doch gut aus. Natascha bekommt von mir glatt neun Punkte.«

Suzannes Ankunft ersparte Vic sowohl den Flug nach Russland als auch die Rubel für eine Frau. Bei seiner zweiten Party, an der ich nicht teilnehmen konnte, würde es keine Brautschau per Video geben. Ich wollte den Abend und die Nacht mit meinem zehnjährigen Neffen Drew und seinem Freund Trent in Tante Gracies Haus verbringen. Die Jungs waren wild auf Junkfood und Horrorfilme. Als das Telefon fünf Minuten nach Beginn des Films und mitten in einer Szene klingelte, in der ein Teenager mit einem Fleischermesser traktiert wurde, machte mich die Unterbrechung geradezu glücklich.

Sie brauchte sich nicht vorzustellen, obwohl ich ihr noch nicht begegnet war. Ihr Akzent und die Musik im Hintergrund sagten mir, dass Suzanne von Victors Party aus anrief. Sie würde mich zu gern kennen lernen, erklärte sie, und ich solle doch vorbeikommen und mit ihnen feiern. Meinen Einwand, ich würde die Nacht mit zwei zehnjährigen Jungen verbringen, quittierte sie mit einer ausgesprochen unanständigen Bemerkung. Ein weiterer Grund, nicht zu Vic zu gehen, dachte ich, dankte ihr für den Anruf und wollte den Hörer auflegen. Ich hätte wissen müssen, dass ich so schnell nicht davonkam. Suzanne drohte damit, mich »abzuschleppen«, wenn ich nicht innerhalb der nächsten fünf Minuten bei ihnen auftauchte. Als sie beiläufig anmerkte, sie trüge nichts weiter als ein Paar Cowboystiefel, bekam ich es mit der Angst zu tun, sie könnte ebenso nackt wie betrunken vor meiner Tür randalieren (ein realer Horror, keine filmische Fiktion), die rund zweihundert Meter von Vics Haus entfernt war. Ich ließ die Jungs vor dem Fernseher zurück und versprach, in fünfzehn Minuten wieder da zu sein.

Merle Haggard räsonierte über eine der elenderen Phasen seines Lebens, als ich Vics Haus betrat. Trotz der die Küche durchwabernden Rauchschwaden konnte ich klar erkennen, dass alle züchtig bekleidet waren.

Suzanne hatte geblufft, was mich erleichtert aufatmen ließ. Am Küchentisch saß meine Cousine Diane und blätterte in einer *Down East*. Merle gelang es mühelos, die Gespräche im Nebenzimmer zu übertönen, wo sich Vic mit einem halben Dutzend Frauen zu amüsieren schien. »Hey, was sitzt du hier so allein herum?«, fragte ich meine Cousine.

»Oh, hinter den Grund wirst du bald genug kommen.« Grinsend hob sie ein Glas Coke mit Rum an die Lippen und zeigte Zähne, die weißer wirkten als Zähne gemeinhin waren.

Ich zuckte mit den Schultern und holte mir ein Bier aus Vics Kühlschrank. Auf der Schwelle zwischen Küche und Partybereich begrüßte mich eine sehr attraktive Rothaarige, die Alabama-Suzanne sein musste. »Nun, das wurde aber auch Zeit«, schrie sie mir entgegen.

»Vielen Dank für die Einladung.« Ich lächelte Victor an, der vor Stolz auf seine Freundin fast platzte.

Als ich meine Aufmerksamkeit wieder Suzanne zuwandte, packte sie mit beiden Händen ihr T-Shirt, schob es hoch und entblößte Brüste, die so schneeweiß waren wie die Zähne meiner Cousine. »Das sind echte Alabama-Titten!«

Ich weiß nicht, was über mich kam. Ich wartete, bis Suzanne ihr Hemd wieder hinuntergezogen hatte. Ich griff mir in den Halsausschnitt, zog mein T-Shirt ein wenig vom Körper ab und begutachtete meine eigenen Brüste. Nach einer gründlichen Inspektion ließ ich den Stoff wieder zurückschnellen und meinte kopfschüttelnd: »Wenn das das Beste ist, was Alabama zu bieten hat, sollten Sie es besser verhüllt lassen.« Diane lachte schallend. Später erfuhr ich, dass sie nach der Konfrontation mit Suzannes Brüsten ziemlich genau das Gleiche gesagt und getan hatte. (Ich glaube, Greenlaw-Frauen sind schwer zu erschüttern.) Ich verabschiedete mich von den Gästen und kehrte unter Mitnahme der Bierdose zu den Jungs zurück.

Verglichen mit den weiteren Ereignissen nach meinem Abgang, war die Brüsteschau geradezu harmlos. Am nächsten Tag verbreiteten sich vertrauliche Informationen über das schockierende Geschehen wie ein Lauffeuer über die Insel. Und wie alle Geschichten wurden sie bei jedem Getuschel weiter ausgemalt.

Victors Party bot ausreichend Gesprächsstoff für die nächsten zwei Wochen. Kein Mensch redete mehr über den Leuchtturm. Es war herrlich. Die Verhandlungen des Lighthouse Committee mit den Stadträten verliefen in dieser Zeit völlig problemlos, das Projekt kam gut voran. Die Bewerbung wurde formuliert und rechtzeitig verschickt, und soweit uns bekannt war, hatte niemand sonst Interesse an unserem Turm. Jeff war es gelungen, die begeisterte Unterstützung einiger ungemein fähiger Inselbewohner – Sommergäste wie Dauerbewohner – zu gewinnen. Wir hatten die Reparatur- und Restaurierungsarbeiten ausgeschrieben und bereits einige Angebote erhalten. Als Spendenziel peilten wir mindestens 75 000 Dollar an. Das Gehechel über Suzannes Heldentaten hielt an.

Ein Brief wurde entworfen und an Hunderte potentieller Spender verschickt. Aber die Insel verharrte im Bann von Alabama-Suzanne. Kredite wurden beantragt und gewährt. Doch worüber sprach man? Über Suzanne. Steuerlich absetzbare Spenden begannen zu fließen. Das Leuchtturmkonto wuchs schneller, als selbst die größten Optimisten gehofft hatten. Irgendwie war es, als hätte ein Zauberkünstler seine Hände im Spiel. Während alle auf Suzanne blickten und weitere Kapriolen erwarteten, brachte das Komitee ein paar wirklich gute Dinge zustande. Niemand schien sich auch nur im Geringsten um uns zu kümmern. Aber ewig konnte es so nicht weitergehen. Irgenwann würde jemand eine Eselei begehen, die die allgemeine Aufmerksamkeit von Suzanne wieder auf uns richtete. Nie hätte ich geglaubt, dass es ausgerechnet ein Komiteemitglied sein würde, das Anlass zu ganz neuen Gerüchten gab. Schon bald wandte sich der Klatsch und Tratsch der Insel wieder dem Leuchtturmprojekt zu.

Zu Suzannes Ehre darf nicht verschwiegen werden, dass sie nach Vics Party keinen Tropfen Alkohol zu trinken schien und Tag für Tag fleißig auf Vics Hummerboot arbeitete. Sie zeigte sich in der Öffentlichkeit züchtig bekleidet, und jeder, der sie kennen lernte, fand sie sympathisch. Aber sie stand weiterhin im Klatschrampenlicht, bis Elaine Bridges, unsere Aushängeschild-Vorsitzende, die Bühne betrat und dafür sorgte, dass die Erfolge der letzten Wochen ein jähes Ende fanden.

Ein paar Fischer lehnten an der Ladefläche von Dave Hiltz' Pickup. Es war später Nachmittag, und nach einem langen, anstrengenden Tag beim Hummerfang zeigten die Männer Anzeichen von Erschöpfung. Dave war mit seinem Truck zum Ende der Pier gefahren, um seinen Teil an der Sammelbestellung an Obst und Gemüse durch die Genossenschaft in Empfang zu nehmen. (Dave wirkte erleichtert, dass ich offenbar nicht vorhatte, ihn um eine Gefälligkeit zu bitten.) Es ist schon verblüffend, wie Männer, deren Wortschatz sich für gewöhnlich in einem »Hello« im Vorbeigehen erschöpft, stundenlang schwatzen können, sobald sie sich um einen Truck versammeln. Ein Truck ist für Fischer so etwas wie ein runder Tisch. Das Geplänkel über Gemüsekisten hinweg war so knackig wie ihr Inhalt, eine lustvolle Unterhaltung unter Männern, die mit ihrer Müdigkeit nicht unzufrieden sind. Da die Hummer noch nicht aus ihren Verstecken gekrochen waren, konnte über Fangerfolge noch nicht einmal ansatzweise geredet werden, und die Konversation beschränkte sich auf wiederholte Fragen, ob sich »die verdammten Dinger wohl jemals blicken« ließen. Ich wusste, dass ich meinen müden Körper zu meinem eigenen Truck schleppen sollte, aber es war ungemein behaglich, mich an Daves Wagen zu lehnen. Offenbar ging es den anderen ähnlich. Sehnsüchtig wurde über heiße Duschen, wohlschmeckendes Abendessen und eine Mütze Schlaf gesprochen, aber niemand rührte sich.

Plötzlich kam Judi Burke mit dem Jeep Wagoneer herangefahren, dessen Kofferbrücke vorn ein Miniaturleuchtturm ziert. Es ist immer ein kleines Wunder, Judi während der Touristensaison zu Gesicht zu bekommen, sie schafft es nur höchst selten, ihren Pflichten als Pensionswirtin zu entkommen. Zwischen dem ersten Mai und Halloween sehe ich Judi höchstens ein- bis zweimal monatlich im Ort. Die Erfahrung von Jahren hat mich gelehrt, dass Judis Äußeres die jahreszeitlich bedingten Veränderungen auf der Insel widerspiegelt. Gäbe es keinen Kalender, könnte ich an ihrem Gesicht ablesen, ob es April ist oder November. An diesem Nachmittag war es Mitte Juli, aber Judis Miene zeigte Ende Oktober. Obwohl ihre Begrüßung freundlich genug ausfiel, konnte ich sehen, dass irgendetwas nicht stimmte. Normalerweise erlahmen Judis Energien erst dann, wenn die kürzer werdenden Tage nachlassendes Gästeinteresse für ein Bett im Keeper's House ankündigen. Als Judi darum bat, mit Dave und mir unter sechs Augen zu sprechen, wusste ich, dass ich Besorgnis fälschlicherweise für Erschöpfung gehalten hatte. Judi war nicht müde, sondern tief beunruhigt.

Dave und mir wurde mitgeteilt, dass gewisse Probleme mit dem Leuchtturm eine Krisensitzung des Komitees erforderlich machten, die am Abend bei den Burkes stattfinden sollte. Wir dankten Judi für die Mitteilung, und sie fuhr wieder davon. Obwohl sie kein Wort zu Art und Umfang der »Probleme« geäußert hatte, beschlich Dave und mich das akute Gefühl, dass es heute Abend um Schadensbegrenzung gehen würde.

Kopfschüttelnd kletterte Dave hinter das Steuer seines Pickup. »Ich weiß zwar nicht, was das zu bedeuten hat, aber mit Sicherheit nichts Gutes.«

Und so war es. Um sieben Uhr saßen sich die Mitglieder des Lighthouse Committee unbehaglich gegenüber, in einer so angespannten Atmosphäre, wie ich sie noch nicht erlebt hatte. Ich wippte unruhig mit dem Fuß, Dave Quinby rutschte nervös auf seinem Stuhl herum, und unsere Vorsitzende Elaine Bridges schluchzte. Auch ich kämpfte unwillkürlich mit den Tränen. Ich bin sicher, dass alle Anwesenden mit ihren Nerven am Ende waren, als Judi, die zusammen mit Jeff vergebens versucht hatte, die verzweifelte junge Frau zu trösten, erklärte: »Elaine möchte etwas sagen.«

Ich war erleichtert, dass endlich jemand das bedrückende Schweigen gebrochen hatte, und wartete nun darauf, dass sich Elaine genügend in den Griff bekam, um zu sprechen. Ich fragte mich, wie viele im Raum wussten, wie schwer das war, nachdem man eine kleine Ewigkeit lang geweint hatte. Worte sprudeln hervor, zwei oder drei auf einmal, dann bleibt einem die nächste Silbe in der Kehle stecken und verursacht eine Art Schluckauf, der alles nur noch schlimmer macht, weil der Weinende am ganzen Körper zu zittern beginnt. Elaine weinte nicht vor Zorn, aus Trauer oder weil sie Schmerzen hatte. Sie schluchzte vor Scham.

Ich verstand nur bruchstückhaft, dass sich Elaine für etwas entschuldigte, für irgendeinen Fehler, den sie begangen hatte. Dann wurde sie wieder von krampfhaftem Schluchzen überwältigt. Dave Quinby versuchte, sie mit Worten zu beruhigen, die unser aller Empfindung ausdrückten. Wir wären alle gute Freunde, erklärte er, aber um ihr helfen zu können, müssten wir zunächst den Grund für ihre Verzweiflung erfahren. Das erwies sich als die richtige Strategie, und Elaine schüttete uns ihr Herz aus.

Wir erfuhren, dass sich Elaine zur Bezahlung privater Rechnungen Geld aus dem Leuchtturmfundus »geliehen« hatte. Da die Buchführung des Gemeindeetats zur jährlichen Überprüfung anstand, würde der »Fehler«, der aus drei oder vier Griffen in die Kasse bestand, wahrscheinlich sehr bald entdeckt. Als Vorsitzende, Sekretärin und Kassenwartin des Komitees hatte Elaine alleinigen Zugang zu dem Konto, auf dem die Spenden zugunsten des Leuchtturmprojekts zusammengekommen waren. Sie hatte eine Reihe von Schecks über relativ kleine Summen auf ihren Namen und den ihres Mannes ausgestellt, der zufällig dem Gemeinderat angehörte.

Es dauerte nicht lange, bis der »Skandal« die Runde machte. Am nächsten Tag wurden Eingaben gemacht, Sitzungen einberufen, Mitgefühle ausgedrückt und mahnende Zeigefinger gehoben. Nicht wenige Inselbewohner vertraten die Ansicht, dass das Komitee an Elaines Vorgehen nicht ganz unschuldig war. »In keinem Komitee sollte nur eine Unterschrift auf einem Scheck ausreichend sein. Wie habt ihr euch das nur vorgestellt?« Ich dachte, dass ich nie zuvor einem Komitee angehört hatte und mich nie wieder einem anschließen würde. Ich dachte, dass man mich für die Handlungen anderer nicht verantwortlich machen konnte. Ich dachte, wie wunderbar das undemokratische Verfahren auf einem Fischerboot doch ist. Der Kapitän trifft die Anordnungen, und die Crew führt sie aus. Es gibt weder Komitees noch Vorstände oder Abstimmungen. Was getan werden muss, wird getan.

Das »geborgte« Geld wurde ersetzt, aber in der Gemeinde taten sich tiefe Widersprüche auf. Es wurde gefragt, ob die Gemeinde nicht Anzeige erstatten sollte, und natürlich diskutierten Mom und ich das Thema bis zum Überdruss. Schließlich verzichtete die Gemeinde auf juristische Schritte, und ich nehme an, dass Ted Hoskins viel zur Beruhigung der Gemüter beitrug, die Blut sehen wollten. Elaine legte den Vorsitz unseres Komitees nieder und musste zur Wiedergutmachung etliche Stunden gemeinnütziger Arbeit leisten. An ihrer Stelle wäre ich lieber ins Gefängnis gegangen, als die Fassade des General Store neu zu streichen. Die Strafe erinnerte mich unbehaglich an *Der scharlachrote Buchstabe*. Dave Hiltz wurde unser neuer Vorsitzender, und künftig benötigten alle Schecks zwei Unterschriften.

Das Gerede über Elaines »Fehler« verstummte relativ schnell, aber der Schaden war nicht zu übersehen. Das Lighthouse Committee war wieder Dreh- und Angelpunkt des öffentlichen Bewusstseins. Grundsätzlich stieß alles, was wir machten, auf Widerspruch. Morgens fürchtete ich mich vor dem Aufstehen, weil ich wusste, dass garantiert jemand mit Fragen, Kritik oder einer besseren Idee auf mich zukommen würde. Ich hatte das Gefühl, ständig die Beschlüsse und Entscheidungen des Komitees rechtfertigen zu müssen. Meiner

Überzeugung nach mischten sich entschieden zu viele in alles ein.

Jetzt ging es um Fragen wie die: Wer sollte Zugang zum Leuchtturm erhalten? Wer den Schlüssel verwahren? Da den Burkes das den Turm umgebende Land gehörte, musste zwischen ihnen und der Gemeinde eine Grunddienstbarkeit vereinbart werden. Ergänzungsartikel und Verbesserungsanträge wurden so oft erwogen und wieder verworfen, dass ich irgendwann zu zählen aufhörte. Irgendwann meldete sich jemand mit dem Vorschlag, eine gemeinnützige Organisation zu gründen, in deren Besitz der Turm übergehen sollte. Das löste eine weitere Flut von Treffen und Sitzungen aus. »Haben wir darüber nicht schon letztes Mal abgestimmt?«

Die Auseinandersetzungen und Schwierigkeiten schienen kein Ende zu nehmen, und dazu kamen die erbitterten Debatten, die ich täglich mit meiner Mutter führte. Aber schließlich wurde der Inselgemeinde das Besitzrecht am Leuchtturm zugesprochen, und jetzt sind wir alle stolze Besitzer und Hüter unseres bedeutendsten historischen Wahrzeichens. Für die Restaurierung war mehr als genug Geld zusammengekommen, und sie konnte überaus erfolgreich abgeschlossen werden. Ich werde wohl nie begreifen, warum das alles so ungemein kompliziert sein musste. Ich kann nicht sagen, dass ich an meiner Mitgliedschaft im Komitee große Freude gehabt hätte. Nie wieder, schwor ich mir. Manche von uns sind für die Übernahme öffentlicher Pflichten einfach nicht geschaffen.

Wasserwechsel

Durch Geduld habe ich mich noch nie sonderlich ausgezeichnet, und das Warten auf das alljährliche Erscheinen der Hummer stellte mich auf eine harte Probe. Inzwischen hatten Dad und ich fünfhundert Fangkörbe ausgeworfen, und jeden Tag, wenn wir ausfuhren, um sie auf ihren Inhalt zu überprüfen, sagten wir uns beide voller Optimismus: Heute müssen doch endlich die ersten Tiere in die Fallen gehen. Jeden Tag aufs Neue.

»Im letzten Jahr hatte ich um diese Zeit schon tausend Pfund gefangen«, stellte Payson Barter gelassen fest, als er an der Pier in ein kleines Holzdingi kletterte. Bisher hatte ich nicht gewagt, meinen Rückstand in dieser Saison genau zu berechnen, doch es war klar, dass die Hummer keine Rücksicht auf einen gewissen Termindruck beim Bezahlen der Rechnungen nahmen. Kommen sie in diesem Jahr ungewöhnlich spät oder gar nicht, war die Frage, die schwer auf allen lastete, auch wenn sie niemand laut stellte. Payson schob die Ruder in die Dollen und steuerte mit dem Dingi auf sein Hummerboot zu, die *Perseverance*. »Wenn sie kommen, dann vermutlich in Mengen ... und wahrscheinlich über Nacht.«

»Hoffentlich war das *heute* Nacht«, murmelte mein Vater, als wir uns im Skiff auf den Weg zur *Mattie Belle* machten. In den letzten beiden Tagen hatten wir eine Hand voll Shedder, Babykrebse, gefangen, und die lang erwartete Ankunft der neu gepanzerten Hummer nährte die Hoffnung, dass sie die Vorhut wahrer Schwärme darstellten.

Aber alles, was den ersten Hummern in den nächsten Tagen und Wochen folgte, waren Fangleinen von Nomadenfischern, wie Jack MacDonald sie nennt. Beim Auftauchen der ersten Shedder in der Bay verlagern diese »Nomaden« ihre Fanggeräte in andere, küstenfernere Meerbereiche, aus denen die Shedder kommen. Sie verzichten darauf, sich während der gesamten Saison auf ein bestimmtes Gebiet zu beschränken, und zeigen weder Loyalität noch Verständnis für Hummerfänger, die sich althergebrachten und bewährten Traditionen verpflichtet fühlen. Die Fangstrategien haben sich geändert, und moderne Fischer folgen den Hummern. Inselfischer haben sich nicht geändert. Selbst die jüngsten unter ihnen warten darauf, dass die Hummer in den Bereichen auftauchen, in denen schon Generationen vor ihnen gefischt haben. Auch wenn die Methode des nomadisierenden Hummerfangs völlig legal ist, könnten und würden Inselfischer sie nie übernehmen, da uns das der Respekt vor altehrwürdigen Bräuchen verbietet. Die jährlich steigende Zahl von Nomadenfischern, die zusammen mit den Hummern erscheinen, auf die wir geduldig gewartet haben, war einer der Hauptgründe, der die Association bewog, eine Schutzzone für Inselfischer anzustreben. Eine derartige Zone würde Eindringlinge von unseren traditionellen Fischgründen fern halten und uns gestatten, den Hummer weiterhin auf die gleiche Weise zu fangen wie unsere Vorfahren.

Der Juli neigte sich dem Ende zu. In früheren Jahren hatte Anfang Juli die »Hummerschwemme« eingesetzt, mit zweieinhalb bis drei Pfund Hummer pro Fangkorb. Jedes Mal, wenn wir den Liegeplatz verließen, konnten wir sicher sein, mit fünf- und sechshundert Pfund zurückzukehren. In diesem Jahr war es anders, doch trotz des enttäuschenden Beginns hofften und beteten wir, dass die Saison noch einigermaßen ertragreich würde. Mit einer gehörigen Portion Galgenhumor bezeichnet man das Heraufholen leerer Fangkörbe häufig als »Wasserwechsel«, und zusammen mit Dad musste ich häufig Wasser wechseln …

Tag für Tag leere Fangkörbe aus dem Wasser zu ziehen kann ganz schön deprimieren. Sobald uns der Optimismus einiger Hummerfänger ansteckte, wurden wir durch einen anderen wieder entmutigt, der mit resignierter Stimme über Funk erklärte, er ertrage es einfach nicht mehr und kehre an Land zurück, um es morgen oder übermorgen erneut zu versuchen. Momente wie diese machten uns bewusst, dass Archie Hutchinson in diesem Jahr in unseren Reihen fehlte. Denn wäre Archie gesund genug gewesen, sein Bein über die Reling der *Mary Elizabeth* zu schwingen, hätte er den niedergeschlagenen Fischer aufgemuntert und ihm geraten, nicht aufzugeben. »Kopf hoch und durch!« war das Motto, an dem er sein Leben ausrichtete und das er anderen zur Nachahmung empfahl. Als er im Frühjahr seine pinkfarbenen Bojen nicht auslegte, wusste ich, dass er ernstlich krank sein musste.

Obwohl Archie in Stonington lebte und nicht auf der Insel, war er in unserem Kreis ebenso wohlgelitten wie etliche Fischer vom Festland, was die Einrichtung einer Schutzzone ein bisschen problematisch machte. Wie konnte ein Neuling wie ich annehmen, mehr Rechte als

Männer zu haben, die bereits in unseren Gewässern fischten, als ich noch gar nicht auf der Welt war? »Geburtsrecht«, hatte Jack MacDonald knapp und bündig auf meine entsprechende Frage geantwortet. Meine Wurzeln lagen auf der Insel, und inzwischen lebte ich auch wieder auf ihr. Angesichts der bislang so mageren Saison hätte ich mein »Geburtsrecht« auf den Hummerfang gern an jeden abgetreten, der dumm genug war, es anzunehmen.

In letzter Zeit fühlte ich mich zunehmend versucht, vorschnell aufzugeben und an Land zurückzukehren, wurde jedoch von meinem Vater beschämt, der mich mit Sätzen wie: »Lass uns noch den Köder ausbringen, viel ist es nicht mehr« oder: »Ich würde noch ein paar Körbe heraufholen, wenn du nichts dagegen hast« zum Weitermachen überredete. Aber je emsiger wir arbeiteten, desto größer wurde meine Abneigung. Ich begann mich sogar schon zu fragen, ob der Hummerfang wirklich mein Ding ist. Die Köder stanken. Im Boot stand schlammiges Wasser. Und ich näherte mich dem absoluten Bankrott, während ich vergebens darauf wartete, dass die ungezieferähnlichen Viecher endlich aus den Felsspalten hervorkrochen. Was war nur aus meinem Leben geworden? Ich fing an, dem Höhepunkt meines Tages entgegenzufiebern: dem Mittagessen.

Meine Existenz wurde zu einer Art Hummelflug. Unermüdlich flogen wir unsere Kreise und verharrten gerade lange genug über einer orangefarbenen (Bojen-)Blüte, um einen Fangkorb mit frischem Hering zu bestäuben. Endlose Spiralen stumpfsinniger, monotoner Arbeit, während der Rest der Welt – Himmel, Wasser, Bäume, Boote – in entgegengesetzter Richtung vorbeiwirbelte und mir das Gefühl vermittelte, ständig gegen den Strom zu schwimmen. Immer die gleichen Handgriffe, wieder und wieder. Ich angele mit dem Bootshaken nach einer orangefarbenen Boje. Mit der linken Hand umfasse ich die Leine unter der Boje, während meine rechte den Bootshaken neben das Dollbord fallen lässt. Ich ziehe die Leine mit der Hand genügend weit aus dem Wasser, um sie über die Rolle zwischen die Lamellen des hydraulischen Holers einzuführen, der vor mir an die Schottwand montiert ist.

Mit der linken Hand öffne ich den Messinghahn der Pumpe am Instrumentenbrett, die den Holermotor mit Hydrauliköl versorgt. Die Lamellen drehen sich entgegen dem Uhrzeigersinn. Zwischen ihnen eingezwängt, wird die Leine aus dem Wasser gezogen und rollt sich auf den Deckplanken zusammen. Dann werfe ich die Boje auf das Dollbord neben der Hausung. Das Gewicht der Körbe strafft die Leine, bis sie im Holer ächzt und stöhnt. Wenn der Knoten zwischen Reusenwarp und Treibseil über die Rolle läuft, schalte ich den Holer langsamer und beobachte, wie die ersten Reusen aus dem Wasser kommen. Meistens sind sie leer.

Jedes Mal greift mein Vater an mir vorbei nach dem Fangkorb und zieht ihn gerade so weit hoch, dass ich den Knoten von der Rolle befreien kann. Ich nenne den Arbeitsgang des Einholens einer Reuse, des Lösens der Leine von der Rolle und der Ablage des Fangkorbs auf dem Dollbord »Reusen über die Reling löschen«. Beim Offshore-Fischen mit einem weit größeren Boot setzten wir für Hummer Kurrleinen mit jeweils vierzig Fangkörben ein sowie mit bis zu hundert Reusen für Krebse. Ein Mitglied der fünfköpfigen Crew tat den ganzen Tag nichts anderes als Reusenlöschen. Der Mann klagte ständig über Rückenschmerzen. Jetzt weiß ich, warum.

Dad lässt den Fangkorb über die Reling laufen, während ich weiterhin Seil einhole und so innehalte, dass es in seiner Klampe von der Rolle hängt. Ich lösche das Schleppseil über die Reling, lasse es kurz vor der Hauptreuse fallen. Jetzt liegt die Leine in einem lockeren Haufen an Deck. Dad wendet sich der Hauptreuse zu, während ich mich um das Tau kümmere. Immer das Gleiche, wieder und wieder.

Als wir an diesem Tag in Robinson Cove Körbe einholten und sie im seichten Wasser wieder aussetzten, suchte ich den Grund nach Felsen ab und musste das Boot einmal zurücksetzen, um nicht aufzulaufen. Ich hob den Kopf und sah das Land, auf dem meine Familie früher gewohnt hat. Das Gehöft der Robinsons gab es längst nicht mehr, nur die alte Brunnenpumpe hatte überlebt. Der Schwengel befand sich in horizontaler Stellung, als wäre jemand beim Pumpen gestört worden, und zeigte zu einem kleinen Feld, auf dem früher die Scheune gestanden hat. Unkraut und Buschwerk überwucherte die zu ihr führende Sandstraße, und ich vermutete, dass sie nicht mehr benutzt worden war, seit wir meine Großmutter zum zweiten Mal beerdigt hatten.

Gram starb in einem Pflegeheim auf dem Festland. Es stand außer Frage, dass sie neben ihren Eltern auf der Anhöhe über der Bucht ruhen würde, wo sie geboren und aufgewachsen war. Da es auf der Insel weder einen Bestatter noch einen Leichenwagen gibt, war es schon immer die traurige Pflicht der Hinterbliebenen, einen geliebten Angehörigen zur letzten Ruhe zu betten, was mitunter zu einem Familienausflug geriet. Ich erinnere mich, dass ich während der ganzen Fahrt von Stonington zur Insel die Kiste im Heck von Dads Boot anstarrte. In der Kiste lag ein Sarg, und in dem Sarg lag Gram, die – zwei oder drei Monate lang, glaube ich –

geduldig darauf gewartet hatte, dass der Erdboden taute.

Die Kiste wurde vom Boot auf einen Pick-up gehoben, und Gram trat inmitten mehrerer Enkelkinder die holperige Fahrt zum Friedhof an. Ich bin mir ganz sicher, dass ich nie zuvor mit meiner Großmutter auf einer Truckladefläche gefahren bin. Vor dem Grab angekommen, begrüßten uns Onkel und ältere Cousins, die sich rund um die frisch ausgehobene Grube auf ihre Schaufeln stützten. Mit Hilfe von Seilen wurde die Kiste in das Erdloch gelassen, und wir wechselten uns beim Schaufeln ab. Schließlich verschwanden die beiden Behältnisse mit Gram unter den Erdbrocken, und die Grube schloss sich. Ein bescheidener Grabstein wurde aufgestellt, und ich fragte mich beunruhigt, ob der auch auf der richtigen Seite stand. Vielleicht war der »Kopfstein« in diesem Fall ein »Fußstein«. Auf der Kiste hatte nichts darauf schließen lassen, was oben und was unten war. Und nun war es zu spät, Kiste und Sarg zu öffnen, um uns zu vergewissern. »Nun, immerhin besteht eine fünfzigprozentige Chance, dass sie nicht falsch liegt, das genügt mir«, äußerte ein Mitglied meiner Familie.

»Was sollte es ihr schon ausmachen?«, fügte jemand hinzu. »Sie ist seit zwei Monaten tot! Selbst wenn sie verkehrt herum liegt, wird ihr das weit weniger Sorgen machen als die Tatsache, dass Gramp wieder heiratet.« Das dachten wir alle, überhörten die Feststellung aber ebenso geflissentlich wie die Bemerkung eines anderen Verwandten: »Mit dreiundachtzig ... Gram wird sich im Grabe umdrehen.«

Mein Großvater heiratete tatsächlich wieder, im folgenden Sommer. Und Gram drehte sich nicht nur im Grab um, sondern kam komplett aus der Erde. Nie werde ich den Ausdruck auf Gramps Gesicht vergessen oder die Gefühle, die mich beschlichen, als ich etwa ein Jahr nach der Bestattung zum Friedhof lief, um mich mit eigenen Augen zu überzeugen. Die Kiste stand da, als hätte sie nie in der Erde gelegen. Nirgendwo gab es Anzeichen für eine Grube oder dafür, dass gebuddelt worden wäre. Die Kiste sah völlig intakt aus, und die Erde darunter war unangetastet.

Schon bald kursierten drei mögliche Theorien für Grams Auferstehen: Gramps neue Frau, Grabräuber auf der Suche nach Familienschätzen oder ganz natürlicher Frosthub. Ich habe immer tiefere Gründe vermutet, Groll über den Verkauf ererbten Landes möglicherweise. Doch was auch immer Gram aus der Erde geholt hatte: Nachdem sie zum zweiten Mal bestattet worden war, tauchte sie nie wieder auf.

Ich muss die Gräber besuchen, dachte ich, als ich die nächsten Fangkörbe aus der Bucht holte. Am Memorial Day vor zwei Jahren bin ich dort gewesen, als meine Mutter Dad und mich zum ersten und letzten Mal gebeten hatte, die Gräber zu schmücken. Wenn ich mich recht erinnere, hatten wir Basilikum mit den dafür vorgesehenen Pflanzen verwechselt und Mom diese als Würzkräuter zurückgelassen. Um ihre Gräber kümmern sich die Inselbewohner noch immer aufs sorgfältigste, während die Betreuung in der letzten Lebensphase abseits der Insel und durch professionelle Begleiter erfolgt. Die Menschen sterben auch nicht mehr auf der Insel. Sobald jemand das Alter erreicht, in dem die Feier des nächsten Geburtstags fraglich erscheint, wird er oder sie von der Insel gebracht, um anderswo versorgt zu werden. Vermutlich kommt es den Überlebenden ganz gelegen, ihre Verstorbenen den Händen von Fachleuten zu überlassen. Ich fragte mich, wann das letzte Mal ein

Inselbewohner zu Hause sterben durfte. Wann wir einen der Unseren zu Grabe getragen haben.

Derartige Gedanken gehen einem durch den Kopf, wenn man »das Wasser wechselt«. Vor mir auf dem Setzbord lag der nächste Fangkorb aus der Bucht. Ich klappte die Reuse auf, löste die Schnur des Köderbehälters von der Plastikklampe, öffnete ihn und schüttete den alten Köder ins Wasser. Sofort stießen Möwen herab und schnappten gierig nach den Fischresten. Ich warf den leeren Ködersack in den dafür vorgesehenen Behälter und holte einen mit frischem Hering aus dem Eimer, den Dad stets gut gefüllt hielt. Dann schlang ich das Zugband des Ködersacks um die Klampe, sodass er genau zwischen den beiden Zugängen zur »Küche« der Reuse hing. Ich beäugte die Hummer, die im »Wohnzimmer« mit den Schwänzen zuckten. Sonderlich groß waren sie nicht, dennoch nahm ich mir vor, sie zu messen.

Während ich zur Tat schritt, stopfte Dad Salzhering in leere Ködersäcke. Ich hielt den Messingmessstab an einen Hummer, aber er reichte weit über den Panzer hinaus: zu klein. Ich warf ihn wieder ins Wasser, überprüfte die anderen Tiere, musste aber alle bis auf eins seinem natürlichen Element zurückgeben. »Hey!«, jubelte ich. »Ein *keeper*! Und noch verdammt weichschalig. Vielleicht machen sie sich endlich auf den Weg.«

Sobald der Panzer eines Hummers mehr als acht Zentimeter misst, ist er ein *keeper*. Alle anderen sind *shorts* oder *snappers* und müssen wieder ins Wasser geworfen werden. Fischer, bei denen zu kleine Hummer gefunden werden, riskieren Strafen oder gar den Verlust ihrer Fanglizenz. »Übergroße« Exemplare mit Panzern von mehr als dreizehn Zentimeter Länge dürfen ebenso wenig behalten werden wie Laich tragende oder mit einem V gekennzeichnete Hummer. Durch einen V-förmigen Schnitt in die zweite Schwanzfinne bewahren Fischer Laich tragende Weibchen davor, in die Verkaufstonne zu wandern. Diese *notchers* dürfen auch nach der Eiablage nicht verkauft werden. Maine ist der einzige Staat, in dem es verboten ist, diese *notchers* selbst nach der Eiablage zu verkaufen, und das Gesetz hat sich für den Erhalt des Hummerbestands als höchst wirksam erwiesen.

Jetzt lagen zwei mit frischen Ködern ausgestattete Fangkörbe an Bord der *Mattie Belle* und warteten darauf, ausgeworfen zu werden. Das Wasser war mit Bojen förmlich übersät, und ich musste aufpassen, ihnen nicht zu nahe zu kommen und meine Körbe auf die eines anderen Fischers zu setzen. Als ich eine relativ freie Fläche entdeckte, nickte ich meinem Vater zu, und er ließ die Reusen nacheinander über die Reling ins Meer gleiten. Während die Leine an Steuerbord über die Reling lief, »bandagierte« mein Vater die Scheren des *keeper* und warf ihn in die Tonne an Backbord. Der Hummer klatschte ins Salzwasser und sank langsam zu Boden. Ich steuerte die *Mattie Belle* um Robinson Point herum und an der Westküste der Insel entlang nach Süden.

Hummerscheren werden von Gummibändern umschlossen, damit sie keine Artgenossen oder sonst jemanden verletzen, der ihnen zu nahe kommt. Dazu benutzt man ein zangenähnliches Werkzeug. Ein Gummiband wird über die Zangenbacken geschoben. Durch ein Zusammendrücken der Griffschenkel dehnen die Zangenbacken das Gummiband auf die erforderliche Weite. Sobald das Gummiband an Ort und Stelle ist, wird der Griff losgelassen, und das Gummiband schließt sich fest um die Hummerschere. Die Kraft einer Hummerschere zeigt sich beim Schließen, nicht beim Öffnen. Es werden der Panzerhärte entsprechende Gummibänder hergestellt, da zu robustes Material noch weiche Schalen beschädigen könnte. Es gibt Gummibänder in den verschiedensten Farben, die Gründe dafür entziehen sich meiner Kenntnis. Früher wurden Hummerscheren »gepflockt«. In das Greifgelenk getriebene kleine Holzkeile verursachten ein festes Schließen der Scheren.

Den Rest des Vormittags verbrachten wir damit, Korb um Korb einzuholen, immer über die Steuerbordseite, bis ich das dringende Bedürfnis hatte, meine Tätigkeit nach backbord zu verlagern, um keinen Rechtsdrall zu bekommen. Eine Reuse nach der anderen wurde überprüft, mit frischen Ködern versehen und wieder ausgesetzt, aber nur gelegentlich landete ein *Keeper* in der Tonne. Mein Rücken schmerzte, und ich hatte Hunger. Es schien einfach nicht Mittag werden zu wollen, aber als die Uhr am GPS endlich 12.00 anzeigte, stellte ich den Schalthebel entschlossen auf Leerlauf und erklärte die Zeit für ein Sandwich für gekommen.

Ich trat an die Backbordreling, um mir mit dem Wasserschlauch Schlamm von Händen und Ölhosen zu spritzen. Dann warf ich einen geradezu verwegenen Blick in die Tonne. Zwischen den Hummern leuchtete der blaue Kunststoffboden zu mir herauf. »Mist«, entfuhr es mir nicht gerade leise. Um alles noch schlimmer zu machen, hatte ich heute früh unseren Lunch zusammengepackt. Normalerweise sorgte meine Mutter für unser Mittagessen, aber heute hatte sie verschlafen. Es ist mir peinlich, dass meine Mutter mir auch noch als fast Vierzigjähriger jeden Morgen ein Lunchpaket bereitet, daher rede ich nicht gern darüber. Verschlafen … Meine Mutter zeigte in der Tat Anzeichen von Alter. Sie schien mehr Schlaf zu benötigen als früher, oder die Lunch-zubereitung förderte den Alterungsprozess. Mom hatte schon immer ein Talent dafür, Dinge in die richtige Perspektive zu rücken. Ich nahm mir vor, meiner Mutter zu sagen, wie sehr ich sie schätzte und liebte. Vielleicht würde sie dann morgen wieder für unseren Lunch sorgen.

Während mein Vater seine Handschuhe von Köderresten und Schleim säuberte, griff ich in die kleine Kühlbox. »Wie wäre es mit einer Dose Sardinen, Dad?«

»Nein, danke. Gibt es denn keine Sandwiches?«

»Nun, nicht unbedingt ...«

»Und was hast du da drin?«

»Sardinen und Cracker mit Erdnussbutter.« Mit leicht gerunzelter Stirn leistete mir mein Vater Gesellschaft beim Verzehren des ausgesprochen dürftigen Mahls. Nebeneinander hockten wir auf dem Dollbord, seine Füße fanden Halt auf den Deckplanken, meine baumelten rund fünfzehn Zentimeter darüber. Wir knabberten Cracker in einer Farbe, die sich nur geringfügig von der meiner Bojen unterschied, und spülten sie mit warmem Mineralwasser hinunter. Die Sardinen übten auch auf mich keinen großen Reiz aus, und die Dose blieb ungeöffnet in der Kühlbox.

In der Nähe holte ein Inseljunge von einem Skiff aus Hummerkörbe ein, und ich sah ihm fasziniert zu. Hand über Hand zog er die Leine hoch, bis eine Reuse an die Oberfläche kam, und zerrte sie dann über das Dollbord. Sobald er mit der Highschool fertig war, würde er auf ein größeres Boot wechseln wie sein Vater und Großvater vor ihm. Es waren Jungen wie dieser Jason, die die Insel am Leben erhielten. Er würde heiraten und Kinder bekommen, die irgendwann in seine Fußstapfen traten. Jetzt holte Jason in der strahlenden Sonne Leinen ein, eine schmale Gestalt in einem schwarzen Skiff. Der Anblick war die perfekte Untermalung für einen friedlichen Lunch. Es blieb ruhig und friedlich, bis hinter der kleinen Halbinsel Trial Point an der Zufahrt zu Moore's Harbor das Dröhnen eines Dieselmotors erklang und schwarze Rauchwolken gen Himmel stiegen. Neugierig warteten Dad und ich auf das Auftauchen des Verursachers von Lärm und Auspuffgasen. Ein weißer Bug, ein hoch beladenes Mittelschiff und schließlich ein breites Heck schoben sich hinter der Landzunge hervor. Das Boot, größer und wuchtiger als das jedes Inselbewohners, hatte einen Berg neuer Hummerkörbe an Bord, der zusehends kleiner wurde, weil die beiden Männer an Deck die Reusen flink und in geringer Entfernung vom Ufer auswarfen.

»Wieder so ein Fabrikschiff«, bemerkte mein Vater abfällig. Je größer ein Boot, desto mehr Hände an Bord. Arbeitskräfte sind ein weiterer Vorteil des Fischfangs vom Festland aus, dachte ich. Viele Inselbewohner fischten nur deshalb allein, weil niemand bei ihnen um Arbeit nachsuchte. Wenn ein Vater keinen Sohn ohne Boot hatte oder eine Tochter keinen hilfsbereiten Vater im Ruhestand wie in meinem Fall, blieb kaum eine andere Wahl, als allein auszufahren. Natürlich beschränkte das die Zahl der ausgesetzten Reusen und damit auch die der gefangenen Hummer. Hin und wieder tauchten Fremde mit dem Wunsch auf, am Heck eines Bootes zu arbeiten. Doch sie blieben nie lange, weil die Nachteile des Insellebens die Vorteile bei weitem überwogen, und die Arbeit erwies sich als schwerer, schmutziger und weniger romantisch, als sie es sich vorgestellt hatten. Im letzten Jahr hatte ich meine eigenen Erfahrungen mit Arbeitswilligen vom Festland gemacht und gelernt, nicht zu viel zu erwarten.

Der einsame Jason in seinem kleinen Skiff vor dem Rumpf eines sehr viel größeren Fangschiffs vom Festland machte den Kontrast zwischen den beiden Welten mehr als deutlich. Plötzlich verlor unser Lunch viel von seiner Idylle. Als alle Fangkörbe ausgeworfen waren, dampfte das große Boot davon, ohne dass einer der drei Männer an Bord auch nur einen Blick in unsere Richtung geworfen hätte. Rücksichtslos brachten die von ihm verursachten Wellen das Skiff heftig ins Schaukeln. Nur mit Mühe konnte Jason das Gleichgewicht bewahren.

Der fabelhafte Fabio

Als das große Boot verschwunden war und Jason seine Arbeit wieder aufnahm, dachte ich mit gemischten Gefühlen an meine kurze Karriere als Captain eines »Fabrikschiffes«, oder besser gesagt: als Captain eines Hummerfangbootes mit einer zweiköpfigen Heckcrew. Im vergangenen Jahr hatte ich mich dazu entschlossen, an einem wundervollen Sommertag, als die Hummer in Scharen in die Körbe krochen.

Ich erreichte den Hafen genau zu der Zeit, als das letzte Postboot ablegte. Schwärme von Menschen wimmelten herum. Nun ja, »Schwärme« mag leicht übertrieben sein, aber schließlich ist alles eine Frage der Relation. Jedenfalls herrschte das rege Leben und Treiben von rund zwanzig Menschen. Autos und Trucks verstopften Zufahrtsstraße und Parkplatz. Mein Blick fiel auf einen außerordentlich gut aussehenden jungen Mann, der lässig an der Hafenbrüstung lehnte und eine Zigarette rauchte. Eigentlich ist Rauchen nicht unbedingt sexy, aber von ihm ging eine gewisse Anziehungskraft aus. Ich habe attraktive Menschen schon immer bewundert, doch dieser Bursche war etwas ganz Besonderes. Er wirkte cool und entspannt, während alle um ihn herum mit Gepäckstücken und Lebensmittelkartons herumwieselten. Als ich auf meinem Weg zum Truck an ihm vorbeikam, überraschte er mich mit der Frage: »Sie sind doch Linda, oder?« Wir schüttelten einander die Hände. Er stellte sich als Freund eines Freundes vor und erklärte, er würde gern bis zum Herbst auf der Insel bleiben und suche dringend einen Job. Kleidung und Haarschnitt wiesen ihn als Fremden aus, und ich fragte mich, inwieweit er sich mit der Arbeit auf einem Hummerfangboot auskannte. Er war redegewandt und höflich, und ich erfuhr, dass er das College besucht hatte und sich von seiner Anstellung in Portland einen längeren Urlaub genehmigte. Ich bedauerte, keinen zweiten Heckmann zu benötigen, und wünschte ihm viel Glück bei der Jobsuche. Aber er beharrte höflich darauf, es unbedingt mit dem Hummerfang versuchen zu wollen, und zeigte sich bereit, auch unentgeltlich zu arbeiten, wenn ich ihm die Ehre und die Möglichkeit gäbe. Er *bettelte*. Jetzt wusste ich, dass er noch nie einen Fuß an Bord eines Fangbootes gesetzt hatte. Er würde auf dem Grundstück des gemeinsamen Freundes in einem Zelt wohnen, fügte er hinzu, und hätte nur wenige Bedürfnisse. Er war mir sympathisch. Ich heuerte ihn an und stellte klar, dass er neben meinem Vater und mir zu schuften hätte, einem alten Mann und einer ziemlich schwachen Frau (mit »schwach« meinte ich faul), die beide von Rückenschmerzen geplagt wurden. Ich ließ keinerlei Zweifel an meiner Erwartung, dass ein strammer junger Mann wie er den Löwenanteil der schweren Arbeit übernahm (mit »Löwenanteil« meinte ich alles). Als Gegenleistung sollte er zwanzig Prozent vom Erlös der Hummer erhalten, die in seiner Anwesenheit an Bord gefangen wurden. (Das war und ist die gängige Entlohnung für einen

Heckmann, und ich war mehr als bereit, mein Geld mit jemandem zu teilen, der meinem Vater und mir das Leben erleichtern würde.) Der junge Mann war eindeutig homosexuell, was das Vorkommen dieser Spezies auf der Insel auf vier erhöhen würde. Angesichts unserer geringen Bevölkerungszahl könnten wir mit diesem Prozentsatz durchaus mit Key West in Konkurrenz treten. Ich erwähne seine sexuelle Neigung nicht nur zur Infomation, sondern zu meiner eigenen Verteidigung. Sonst könnte man mich möglicherweise beschuldigen, einen absolut überflüssigen Heckmann anzuheuern, nur weil er umwerfend gut aussah und offensichtlich ungebunden war.

Schon nach den ersten zehn gemeinsamen Minuten an Bord fragte ich mich, warum ich nicht schon längst einen dritten Mann angeheuert hatte. Der Bursche begriff schnell, konnte zulangen und war eine angenehme Gesellschaft. Die Arbeit schien ihm Spaß zu machen, und er bedankte sich immer wieder wortreich bei mir für den Job. Mit seiner Hilfe war nicht nur das Einholen der Fangkörbe schneller und leichter erledigt, wir konnten auch mehr Reusen auswerfen. Auch Dad mochte ihn und stimmte mit mir überein, dass der junge Mann ein Gewinn für uns war. Mit ihm konnten wir mehr Hummer fangen, mehr Geld verdienen … Selbst nach Abzug der zwanzig Prozent für seine Arbeitsleistung. Je näher wir ihn kennen lernten, desto besser gefiel er uns. Das Hummerfangen machte Spaß.

Nach einer Woche erfolgreicher Fänge und perfekten Wetters bat der Mann um zwei freie Tage, weil eine weitere Verdienstmöglichkeit winkte. Man hatte ihm vorgeschlagen, Malschülern in Stonington Modell zu stehen. Dafür sollte er fünfzig Dollar die Stunde bekommen. Ich freute mich für meinen neuen Freund und versicherte ihm, sein Zeitproblem schon irgendwie zu lösen. Ein Stundenlohn von fünfzig Dollar hörte sich an wie der Hauptgewinn in einer Lotterie, und ich fragte mich, warum nicht irgendein Fischer aus Stonington die Chance beim Schopf gepackt hatte. Als ich erfuhr, dass er nackt im Granitbruch posieren würde, wusste ich, warum, und von da an war er für mich nur noch der »fabelhafte Fabio«. Ich wünschte ihm warmes Wetter und bedächtige Schüler.

Mit dem Beginn seiner Modellkarriere ließ Fab-Fabios Zuverlässigkeit mehr als zu wünschen übrig. Es wurde deutlich, dass er an körperlicher Arbeit nicht interessiert war, sobald er Geld in der Tasche hatte. Nun gut, wenn ich fünfzig Bucks die Stunde dafür bekommen könnte, nackt in der Sonne herumzulungern, würde ich das auch dem Hantieren mit Ködern, Schlamm und Schleim vorziehen. (Übrigens bot mir ein Freund die gleiche Summe für die gleiche Arbeit an, wollte mich allerdings nur für zehn Minuten beschäftigen.)

Ein paar Tage später versetzte uns Fab-Fabio. Wir warteten auf ihn wie Kinder auf den Weihnachtsmann und hofften, er hätte sich nur verspätet. Schließlich fuhren wir ohne ihn aus und machten den besten Fang der Saison. Es tat mir Leid, dass Fab-Fabio ein hübsches Sümmchen entgangen war. Am Abend rief er an, entschuldigte sich überschwänglich, erklärte sein Fernbleiben mit Verschlafen und schwor, so etwas würde nie wieder vorkommen.

Aber es kam wieder vor, und das schon am nächsten Tag. Erneut warteten Dad und ich im Hafen auf ihn, aber er tauchte nicht auf. Abends meldete er sich telefonisch und wollte wissen, warum wir vorzeitig aufgebrochen wären. Er hätte den vereinbarten Termin eingehalten aber feststellen müssen, dass die *Mattie Belle* längst fort war. Relativ überzeugt, dass Dad und ich die Uhr lesen konnten, und fast noch überzeugter, dass unsere Uhren nicht falsch gingen, bat ich Fab-Fabio erstens, seine Uhr auf »unsere Zeit« einzustellen, und zweitens, am nächsten Morgen um sechs Uhr früh am Hafen zu erscheinen. »Das ist der Moment, wenn der große Zeiger auf zwölf und der kleine auf sechs zeigt«, fügte ich hinzu. Normalerweise bin ich nicht so nachsichtig, aber der Mann war mir wirklich sympathisch.

Im Verlauf der nächsten Wochen brachte Fab-Fabio genau die Ausreden und Entschuldigungen vor, die ich in der Vergangenheit von anderen saumseligen Crew-mitgliedern gehört hatte. Ich fand es enttäuschend, dass er nicht genug Phantasie besaß, sich originellere Begründungen auszudenken. Vom Tod seiner Großmutter bis zur Autopanne ließ er buchstäblich nichts aus. Dad und ich taten, als würde es uns nichts ausmachen, aber natürlich war es uns nicht egal. Sobald Fab-Fabio gnädig genug war, uns mit seiner Anwesenheit zu beehren, hießen wir ihn mit Freuden an Bord willkommen. Aber meistens ließ er uns vergeblich warten, und wir mussten den Hafen ohne ihn verlassen.

Eines Tages stattete mir Fab-Fabio im Haus meiner Eltern einen Überraschungsbesuch ab. Er plante einen Ausflug und suchte nun fieberhaft nach Finanzierungsmöglichkeiten. Da ich mich über Mangel an Arbeit nie beklagen kann, war ich froh, dass jemand mir helfen wollte. Inselbewohner kommen dafür nur selten in Frage, weil sie selbst mehr als genug zu tun haben. Da an diesem Tag keine Ausfahrt anstand, gab ich ihm den Auftrag, den Lagerplatz aufzuräumen. Da alle Körbe im Wasser waren, konnte es nicht schaden, auf dem

Gelände ein wenig Ordnung zu schaffen. Als die Arbeit getan war und die Abfahrt des letzten Postbootes näher rückte, entlohnte ich ihn in bar. Voller Vorfreude begab er sich nach Bar Harbor, wo er in einer Transvestitenshow auftreten wollte. Obwohl er versprach, am nächsten Morgen rechtzeitig auf der *Mattie Belle* zu erscheinen, rechnete ich damit, ihn für mindestens drei Tage nicht wiederzusehen, und wünschte ihm viel Spaß.

Am folgenden Morgen erhielt ich den Anruf eines Exfreundes, der von mir wissen wollte, warum ich ihn am Abend zuvor dreimal angerufen und gleich wieder aufgelegt hätte. Ich reagierte mit Verblüffung. Soweit ich wusste, sprach der Mann nicht mehr mit mir, seit ich unabsichtlich alle Fische in seinem Aquarium umgebracht hatte. (Es war ein Unfall, und das Ganze tat mir sehr Leid. Und eigentlich wurde er erst richtig wütend, als ich seine Salzwasserexoten als »Guppies« bezeichnete.) Ich versicherte dem um seine Fische Trauernden, ihn nicht angerufen zu haben. Er erinnerte mich daran, dass sich sein Mobilphone seit geraumer Zeit in meinem Truck befand und darauf programmiert war, die Nummer seines Festnetzanschlusses zu wählen, sobald jemand auf »Senden« drückte. Das Display seines Festnetztelefons hätte drei Kontaktaufnahmen über das Mobilphone verzeichnet, und das zu Zeiten, in der höfliche Leute nicht mehr anriefen.

Ich erklärte, dass mein Truck mit seinem Handy in Stonington auf dem Parkplatz des Postbootdocks stehe, und ich seit einem Monat nicht mehr auf dem Festland gewesen sei. Vermutlich hatte jemand seinen Rausch in meinem Auto ausgeschlafen. Ich versprach, das Problem zu lösen und ihm sein Handy zurückzugeben. Sofort rief ich meine Freundin Clarence Oliver an, die am Postbootdock arbeitet und mir gelegentlich einen

Gefallen erweist. Ich bat Clarence, meinen Wagen auf unerwünschte Eindringlinge und Schäden zu überprüfen.»Dein Truck steht nicht hier. Ein blonder Typ mit jeder Menge Muskeln ist gestern mit ihm davongefahren.«

Fab-Fabio hatte meinen Truck gestohlen. Jetzt befand er sich irgendwo zwischen Stonington und Bar Harbor und stellte vermutlich alles Mögliche in meinem Auto an. Und er hatte mit dem Handy telefoniert. Jetzt packte mich der Zorn. Ich erließ die dringende Bitte an alle (an Clarence und den Postbootcaptain), dass ich unverzüglich in Kenntnis zu setzen sei, wenn der Dieb meinen Truck zurückbrachte. Ich konnte kaum erwarten, ihn zu feuern, und nahm mir vor, jede Ankunft des Postbootes persönlich zu überwachen, bis er auftauchte. Ich hatte vor, ihm gründlich die Leviten zu lesen, und die Aussicht darauf bewog eine nicht unerhebliche Menge dazu, mit mir zusammen auf ihn zu warten.

Wir waren alle ziemlich enttäuscht, dass Fab-Fabio sich nicht blicken ließ. Ein paar Leute schlugen mir vor, die Polizei zu alarmieren, aber ich wollte nicht, dass Fab-Fabio festgenommen würde. Schließlich erfuhr ich, dass mein Truck auf den Parkplatz zurückgekehrt sei, und der gut aussehende blonde Typ sehr schnell das Weite gesucht habe, nachdem er von Clarence gehört hatte, wie ich zu seiner Spritztour mit meinem Auto stand. Das Spiel war aus. Vermutlich hatte er geglaubt, sich den Truck unentdeckt ausleihen zu können. Es hätte auch geklappt – wenn er nicht so dumm gewesen wäre, das Handy zu benutzen.

Materialschlacht

Als ich sah, wie ein Fischer vom Festland nördlich der Sawyer-Boje Fangkörbe auswarf, wusste ich, dass es an der Zeit war, an einer Sitzung der Island Lobsterfishermen's Association teilzunehmen. Das einzige Hummerfanggebiet, das nicht von Inselfremden befischt wird, liegt nördlich einer imaginären Linie von der grünen Navigationsboje (Sawyer-Boje) zwischen Robinson Point und Kimball Island und dem Leuchtturm. Dieser Bereich ist Inselfischern vorbehalten. Mehr als diese winzige Meerespfütze war uns nicht geblieben, und nun wilderten auch dort Ortsfremde.

Fünf fremde Bojen markierten die zehn Körbe, die nicht etwa in der Grauzone nahe der imaginären Linie ausgelegt worden waren, sondern mitten in unserem Bereich. Der Anblick des fremden Fanggeräts war eine Beleidigung und zeugte von einem groben Verstoß gegen Traditionen. Man hatte uns den Fehdehandschuh vor die Füße geworfen, und ich für mein Teil war bereit, die Herausforderung anzunehmen.

Vor wenigen Tagen erst hatten wir die Ausrüstung des Unruhestifters auf höfliche Weise hinter die Linie befördert. Doch er war uneinsichtig geblieben und diesmal noch weiter auf unser Territorium vorgedrungen: eine eklatante Verletzung ungeschriebener Gesetze. Man hatte ihn gewarnt. Jetzt schien die Zeit gekommen, ihn »zu kappen«. Das war eine weithin angewandte, akzeptierte und effektive Methode. Die Methode, die uns davon abhielt, vor Head Harbor und der gesamten Südküste unserer eigenen Insel zu fischen. (Das ist kein Witz. Eine Familie vom Festland hat sich einen großen Meeresbereich gesichert und verteidigt ihn zwar nicht mit Zähnen und Klauen, wohl aber mit einem scharfen Messer. Wir dürfen keine Reusen in dem Wasser auslegen, in das wir vom Ufer aus spucken können, weil es von einem Dutzend Männer bewacht und abgeschirmt wird, die dazu von weit her kommen müssen. Aber so ist es nun einmal in diesem Gewerbe. Doch warum immer nur für andere und nie für uns?) Der Zufall wollte, dass es der dritte Mittwoch im Juli war, der Tag, an dem die Association ihre monatlichen Treffen abhielt.

Nach zweijährigen Bemühungen um die Einrichtung einer Fischereischutzzone hatten die Mitglieder im letzten Winter alle entsprechenden Bestrebungen aufgegeben und erklärt, mit dem Status quo zufrieden zu sein. Eigentlich waren es die Frauen, die den Plan vereitelten. Wie mir mein Vater erzählte, stand die Teilnahme an der entscheidenden Sitzung allen interessierten Inselbewohnern offen, und es meldeten sich vor allem Frauen zu Wort, die vor den Konsequenzen warnten, zu denen es ihrer Ansicht nach kommen musste, wenn wir auf gesetzlichem Wege Fischer vom Festland aus unseren Fangründen verjagten. Ich befand mich zu diesem Zeitpunkt nicht auf der Insel, hörte jedoch, dass die Frauen Vergeltungsmaßnahmen der Verbannten befürchteten. So wurde die Arbeit von zwei Jahren einfach für Maku-

latur erklärt. Nachdem Schock und Empörung überwunden waren, rief ich mir ins Gedächtnis, dass ich
Gesetzesinitiativen ohnehin skeptisch gegenübergestan-
den hatte. Ich zog eine Materialschlacht vor, und das
Treffen heute Abend wäre eine perfekte Gelegenheit,
meine Truppen zu sammeln.

Die erste Stunde verbrachte ich wie auf glühenden
Kohlen. Das Protokoll der letzten Sitzung wurde verlesen, der Kassenbericht zur Kenntnis genommen und ein
langweiliger Tagesordnungspunkt nach dem anderen
diskutiert. Die Hummerknappheit erfreute sich ebenso
langatmiger Erörterung wie der aktuelle Köderpreis,
während ich darauf brannte, Kriegsstrategien zu ent-
wickeln. Sollten wir ein neues Ventil für die hydrauli-
sche Winsch kaufen? Sollten wir mehr *Shedder*-Bänder
kaufen? Welche Farbe sagt euch mehr zu, rot oder gelb?
Himmel, wenn wir nicht endlich unsere Fanggebiete
verteidigten, würden wir gar keine Scherenbänder mehr
benötigen, dachte ich. Als ich schon befürchtete, nur
wieder meine Zeit vergeudet zu haben, fragte Jack Mac-
Donald endlich: »Was wollen wir gegen die Reusen an
der Sawyer-Boje unternehmen?« Es war, als hätte Jack
ein Streichholz in ein Pulverfass geworfen. In erregten
Rufen machten sich Forderungen nach »Maßnahmen«
gegen den Eindringling Luft und richteten sich schon
bald nicht mehr nur gegen ihn, sondern gegen alle anderen Bedroher unserer Lebensgrundlage.

Jack schlug die schlaksigen Beine übereinander, stützte
einen Ellbogen aufs Knie und hielt die Zigarette in seiner Hand in der optimalen Position für einen Zug. Er
hörte zu und beobachtete. Jacks untere Gliedmaßen
waren lang genug, um ein Bein gleich zweimal um das
andere zu schlingen und dennoch beide Füße flach auf
den Boden setzen zu können. Neben seinen langen Bei-

nen und der unvermeidlichen Zigarette fielen an Jack vor allem seine Augen und Hände auf.

Hätte Jack Politiker und Anwälte nicht gründlich verabscheut, wäre er in beiden Berufen geradezu eine Idealbesetzung gewesen. Jacks blaue Augen durchdrangen die Rauchschwaden seiner Zigarette, die er stets locker zwischen Zeige- und Mittelfinger hielt. Beim Sprechen war Jacks Blick so intensiv und zwingend, dass ich nie mitbekam, wie sich seine Lippen bewegten. Wenn er irgendwann die Augen in eine andere Richtung wandte, atmete ich jedes Mal erleichtert auf. Wie befreit.

Jacks Finger schienen die Fähigkeit zu besitzen, selbst das dünnste Fäserchen Hoffnung zu ergreifen und festzuhalten. Seine Hände waren für mich irgendwie ein Symbol für seine ganze Persönlichkeit. Wenn Jack etwas packt, lässt er es so schnell nicht wieder los. Das wussten die Inselbewohner seit den siebziger Jahren. Damals hatte der National Park Service seine begehrlichen Augen in der Absicht auf die Insel gerichtet, aus ihr einen nationalen Tummelplatz zu machen und die Familien aufs Festland umzusiedeln, wo die deportierten Fischer ihr Brot an Tankstellen und in Schuhgeschäften verdienen sollten. Jacks Pläne für die Insel sahen anders aus. Mutig bot er der Bundesregierung die Stirn und obsiegte. Wenn uns jemand in unserem Kampf gegen die Fischer vom Festland anführen konnte, dann Jack. Seine Herausforderung bestand darin, die ultrakonservativen, auf Ausgleich bedachten und Harmonie liebenden Mitglieder der Association zu mobilisieren.

Jack rief uns die harten Fakten vor Augen, die uns eigentlich sofort aus der Tür und zu unseren Booten hätten stürmen lassen müssen, um den gesamten Ozean von allen Reusen zu säubern, die nicht uns gehörten.

Eloquent verwies er noch einmal auf all das, was wir bereits wussten. Im Verlauf der Jahre hatten sich die Bewohner um den Erhalt ihrer Umwelt bemüht, indem sie sich auf den Fischfang als Haupteinnahmequelle beschränkten und nicht auf den Tourismus setzten. Doch wenn wir verhindern wollten, dass noch mehr Menschen die Insel verließen, mussten wir unsere bestehenden Fischgründe verteidigen und uns – wenn möglich – neue sichern. Die größte Bedrohung unserer Lebensweise wären nicht die Touristen, sondern die Tatsache, dass durch zu viele Fangkörbe die Bestände geplündert würden, die unsere Existenzgrundlage darstellten. Die Zahl der Reusen müsse dezimiert werden – aber nicht die Zahl unserer Reusen. Langsam, aber unausweichlich kam Jack dem Thema »Fanggerätezerstörung« immer näher. Eine bessere Einstimmung hätte ich mir nicht denken können.

In der Vergangenheit hatte das Kappen von Reusenleinen häufig zu gewalttätigeren Auseinandersetzungen bis hin zu Brandschatzung, Versenken und sogar Schüssen geführt. Wie aufregend, dachte ich. Während die Diskussion immer hitziger wurde, malte ich mir meine Rolle in der kommenden Schlacht aus. Ich hätte nichts dagegen, mein Fanggerät, meine Lizenz, selbst die *Mattie Belle* zu opfern, um das zu retten, was von unserer kostbaren Insel noch übrig war. Mein Vater besaß eine Schusswaffe, und ich wusste, dass er nicht zögern würde, sie notfalls zur Selbstverteidigung einzusetzen. Ich würde meine Nächte an Bord meines Bootes verbringen und jeden hören, der versuchte, sich im Schutz der Dunkelheit zu nähern. Abgelegene Bereiche könnten durch Posten mit Funkgeräten überwacht werden. Der Association gehörten fünf Sporttaucher an. Sie sollten in der Lage sein, dicht über den Meeresboden zu schwimmen und die Fangausrüstung von Eindringlingen zu sabotieren, ohne von Marinepatrouillen oder anderen Friedensstiftern entdeckt zu werden. Natürlich würde die Küstenwache alarmiert werden, aber wir besaßen den entscheidenden Ortsvorteil! Wie sollten sie uns alle schnappen? Bevor jemand auch nur ahnte, was wir vorhatten, wäre alles bereits getan. Endlich bot sich mir die Gelegenheit, meine Piratenphantasien in die Realität umzusetzen. Wir müssen geschlossen und schnell vorgehen, dachte ich, und schon beim ersten Angriff so viele Fanggeräte wie möglich zerstören. Und das sofort. Morgen früh wäre das Meer mit ziellos treibenden Bojen übersät, deren Leinen Inselbewohner gekappt hatten, die sich nicht mehr alles gefallen ließen. Man konnte uns nicht mehr wie Fußabtreter behandeln. Wir waren zu fürchten und zu respektieren. Wundervoll! Als ich mich wieder der Diskussion zuwandte, wurden die Flügel meiner Phantasie empfindlich gestutzt.

»Der Fischfang ist gefährlich genug, auch ohne die Gefahr, aus dem Boot geschossen zu werden.«

»Es ist gesetzlich verboten, Fanggerät zu beschädigen. Was ist, wenn man uns schnappt?«

»Ich kann nicht riskieren, meine Lizenz zu verlieren.«

»Ich kann es mir nicht leisten, auch nur einen Teil meiner Fanggeräte zu verlieren.«

»Nie könnte ich mich an der Ausrüstung eines anderen Fischers vergreifen. Das bringe ich einfach nicht fertig.«

»Meine Frau würde mir den Hals umdrehen.«

»Das Meer ist groß genug für alle.«

»Die Hummer können nicht mehr lange auf sich warten lassen.«

»Bei uns zu Hause steht das Abendessen auf dem Tisch. Ich beantrage Vertagung.«

»Ich stimme zu.«

Sprachlos sah ich zu, wie die Mitglieder zur Tür hinausdrängten und ihren jeweiligen Fahrzeugen zustrebten. Jack wirkte so kühl wie die Unterseite eines Kopfkissens. Er streckte die Hand mit seiner Zigarettenkippe aus und löschte sie auf dem Fußboden.

Das erste Opfer

Vor Morgengrauen wachte ich auf und fühlte mich desorientiert. Ich wusste nicht, wo ich war, und mein Herz hämmerte heftig. Um mich tiefe Stille. Vielleicht hatten die Maschinen den Geist aufgegeben, und das Boot trieb ziellos dahin? Waren etwa die Batterien leer? Wie lange hatte ich geschlafen? Wo war ich? Langsam gewöhnten sich meine Augen an die Finsternis, und schemenhafte Umrisse nahmen Formen an. Erleichtert stellte ich fest, dass ich mich nicht an Bord eines Bootes befand und dass es mir erspart bliebe, die nächsten Stunden auf Knien im Maschinenraum zu verbringen, um im Schein einer Taschenlampe nach den Gründen für die Ausfälle zu suchen. Ich schlug die Steppdecke zur Seite, setzte mich auf die Bettkante und versuchte, meinen Blutdruck wieder unter Kontrolle zu bekommen.

Ich fragte mich, was meine Angstgefühle ausgelöst hatte. Aber obwohl ich mich intensiv konzentrierte, konnte ich mich an keinen Traum erinnern. Die Ursachenforschung war so vergeblich wie die Ergründung des Familienverhältnisses mit einem Verwandten zweiten oder dritten Grades. Irgendwo gibt es da eine Verbindung, doch die entzieht sich einem immer wieder.

Schweißnass klebte mir das Nachthemd am Rücken. Ein Alptraum, keine Frage.

Ich habe noch nie begriffen, warum mir manche Dinge Furcht einflößen und andere nicht. Ich habe mehr als die Hälfte meines Lebens einen der gefährlichsten Jobs ausgeübt, den kommerziellen Fischfang, aber nie physische Angst verspürt. Wenn ich das Land hinter mir ließ, sorgte ich mich mehr darum, möglicherweise nichts zu fangen, als darum, nie wieder zurückzukehren. Und als ich vor zweiundzwanzig Jahren beschloss, die Hochseefischerei zu meinem Beruf zu machen, hatte ich mehr Angst vor der Reaktion meiner Mutter als davor, auf See zu bleiben. Und diese Furcht erwies sich als nur zu begründet.

»Hochseefischfang? Und was wird aus deinem Jurastudium?«

»Oh, das nehme ich in einem Jahr wieder auf«, versuchte ich den heiligen Zorn abzuwenden, den ich aufflammen sah. Mit gerunzelten Brauen holte sie durch die Nase heftig und tief Luft und kniff die Lippen fest zusammen. Sie atmete nicht mehr. Sie dachte nach, plante ihre Attacke. Als ihr Gesicht hochrot war und ihre Lider nervös flatterten, fragte ich mich beklommen, ob sie je wieder Luft holen würde. Als sie es endlich tat, ging ihr Atem in kurzen, abrupten Stößen. Sie hatte schon immer eine Leidenschaft für dramatische Auftritte.

Daher überraschte es mich nicht sonderlich, dass Mom eine Küchenschranktür aufriss und nach einem Tellerstapel griff. Laut krachend zersplitterte er auf dem Fußboden, gefolgt von weiteren Tellern, Tassen, Kannen, Gläsern, bis die Scherben ein buntscheckiges Kaleidoskop um ihre zierlichen Füße bildeten. Als alles in ihrer Reichweite zerschmettert war, schleuderte sie mir ihre Verbitterung verbal entgegen, mit einem Wortschwall, der wohl das Beste war, das ich je von ihr gehört hatte. Es wäre sinnlos gewesen, auch nur einen Satz zu meiner Verteidigung vorbringen zu wollen. Ihr nahezu hysterisches Geschrei verfolgte mich in mein Zimmer, wo ich nach meinem Seesack griff, in den ich die Dinge gepackt hatte, die ich für einen Monat auf See brauchen würde. Es begleitete mich weiter zur Haustür. In der Erkenntnis, dass ich tatsächlich vorhatte, das Haus zu verlassen, wurde ihr Tonfall flehend. Meine Mutter sprach von einer übereilten Entscheidung, von Unvernunft, mangelnder Reife und der Vergeudung einer glänzenden Zukunft, aber nichts konnte mich zum Einlenken bewegen. Ich warf den Sack in den Kofferraum und kletterte hinter das Steuer meines Autos und war nur noch zwei Reifenumdrehungen von der Ausfahrt entfernt, als sie ihren wirksamsten Pfeil auf mich abfeuerte: »Dein Vater wird maßlos enttäuscht sein.«

In einer Familie wie meiner ist es eine weit größere Sünde, die Eltern zu enttäuschen, als sie zu erzürnen. Bisher hatte ich meinen viele Gründe gegeben, stolz auf mich zu sein. *Overachiever* war ein Wort, das oft im Zusammenhang mit mir fiel, und vielleicht beruhte mein Ehrgeiz zumindest zum Teil auf dem Wunsch, meine Familie nicht zu enttäuschen. Durch meine Erfolge in der Schule wie beim Sport bestärkte ich vermutlich meine Eltern in der Hoffnung, dass ich weiterhin einen Lebensweg verfolgte, den sie für verdienstvoll und würdig hielten. Doch auch wenn ich mich bemühte, meine Eltern zufrieden zu stimmen und das Geschirr zu schonen, war ich doch immer egoistisch genug gewesen, meinem persönlichen Wohlergehen Priorität einzuräumen. Durch die Luft fliegende Kaffeetassen lassen ein Kind fragen, ob seine Eltern es aufrichtig meinen, wenn sie beteuern: »Wir wollen doch nur dein Bestes.« Meine Mutter hatte ihre Glaubwürdigkeit längst verloren, als sie ihre letzte Karte ausspielte und zu schluchzen begann.

Auch zwanzig Jahre später kann sich meine Mutter mit meiner Berufswahl noch immer nicht ganz abfinden. Vermutlich fällt es ihr inzwischen leichter als früher, mich Leuten als »Fischerin« vorzustellen, aber sie hat die Sorgen und Ängste nie abschütteln können, die zwangsläufig kommen, wenn ein nahe stehender Mensch auf See ist. Fischer empfinden im Allgemeinen wenig Furcht vor Dingen, die andere in lähmende Angstzustände versetzen können. Auch Inselbewohner haben ein seltsam distanziertes Verhalten bei der Wahrnehmung von Gefahren, dachte ich, als ich die Treppe hinunterlief. Wir sorgen uns mehr um die Nebenwirkungen als um die Gefahr selbst. Wir fürchten weniger, in den Flammen umzukommen, als vielmehr, dass die Abwesenheit einer effektiven Feuerwehr die Versicherungspolicen in die Höhe treibt. Wir fürchten weniger Verletzungen oder Krankheiten als vielmehr, Nachbarn zur Last zu fallen, wenn wir ins Krankenhaus gebracht werden müssen. Wir haben keine Angst vor dem Ertrinken (viele von uns lernen sogar nie schwimmen), stellen aber liebend gern Spekulationen darüber an, wie lange ein Mensch bei einer bestimmten Temperatur unter Wasser überleben kann. (Macht es einen Unterschied, ob man schwimmen kann oder nicht?) Irgendeine angeborene Inselmentalität verhindert, dass die Angst vor Gefahren Einfluss auf unser Leben nimmt. Und so kam mir der Verdacht, dass die Scheu der meisten Inselbewohner vor einem Kampf um unsere Fischgründe nicht in der Furcht vor physischer Vergeltung begründet war, sondern in der lästigen Unbequemlichkeit einer umfassenden Materialschlacht.

Als ich Kaffeewasser aufsetzte, hatte ich noch immer das eigentümliche Gefühl überstandener Angst. Es war beruhigend, von vertrauten Dingen umgeben zu sein und alles dort wiederzufinden, wo wir es gestern Abend zurückgelassen haben, vor dem Zubettgehen und vor bösen Träumen. Neben dem Cribbagebrett lagen die Karten, anhand derer Mom und ich gestern unsere letzten Punkte zusammengezählt hatten. Cribbagebretter sind auf der Insel so selbstverständlich wie Holzlöffel in der Küche. Kinder, die in diesem Teil von Maine aufwachsen, spielen häufig bereits Cribbage, bevor sie sich die Schuhe zuschnüren können. Manche halten das Spiel für altmodisch und rückständig, aber ich finde es sogar ziemlich fortschrittlich. Lange bevor ich lernte, dass eins und eins zwei sind, wusste ich, dass sieben und acht fünfzehn ergibt und dass »fünfzehn« der Grund für zwei Dellen auf dem Cribbagebrett ist. Vielleicht ahnen Sie jetzt, warum im ländlichen New England Gummistiefel so beliebt sind. Ich schlüpfte in meine und lief zur Post. Wenn ich wiederkam, wäre der Kaffee fertig, und meine Eltern wären wach.

Der unbefestigte Sandweg bis zum Beginn der geteerten Straße war früher stets die dunkelste und gruseligste Strecke meines Heimwegs nach einer Tanzerei oder einem Kartenabend. Auf den gut hundert Metern schienen sich all die Geister und Gespenster zu tummeln, die sonst nur in den Geschichten vorkamen, mit denen Eltern dafür sorgen wollten, dass ihre Kinder vor Einbruch der Dunkelheit zu Hause sind. Immer wieder sagte ich mir, dass ich mich nicht zu fürchten brauchte, und nahm mir fest vor, beim ersten Rascheln in den Bäumen nicht loszurennen, erinnere mich aber an keinen einzigen Heimweg, bei dem mir nicht das Herz bis zum Hals geklopft hätte. Ein harmloses Kaninchen, das vermutlich verschreckter war als ich, ließ mich wie von Furien gehetzt davonstürmen. Zu Hause lehnte ich mich von innen gegen die Tür und fand meine Furcht ebenso absurd wie töricht. Allerdings ist Angst nicht nur unangenehm. Nachdem ich als Erwachsene häufig Furcht empfunden habe – vor allem bei rauem Wetter auf See –, weiß ich, dass die Erleichterung *danach* durchaus etwas Verführerisches hat. Schon immer fand ich die Gefühle nach überstandener Angst sehr wohltuend und verlockend.

An diesem Morgen rief ich mir Walter Rich ins Gedächtnis, der mich früher unausweichlich in panische Ausnahmezustände versetzt hatte. Seit er vor fünfzig Jahren tot an den Strand gespült worden war, soll Walter Richs Geist angeblich auf der Insel umgehen, und ich stellte ihn mir immer als gesichtsloses, wassertropfendes Gespenst vor, dem Seetang von Kopf und Schultern hing. Diesmal erreichte ich die Hauptstraße ohne nennenswertes Kribbeln auf der Haut.

Ich kam an einer kleinen Fläche mit Blaubeeren vorbei, die noch nicht von Kindern geplündert war. Die kleinen, aber köstlichen Beeren schienen verblüffend widerstandsfähig zu sein, ernährten sie sich doch von nichts anderem als dem Staub der Straße. »Ihr müsst sie unbedingt waschen, bevor ihr sie esst«, sagten Mütter häufig und hielten die kleine Hand fest, die sich Beeren in den Mund stopfen wollte. Der Morgentau hatte die Beeren überzogen und gab ihnen die Farbe von noch feuchten Muscheln. Die Blaubeeren und die Erinnerungen an meine Kindheit weckten meine neue und zunehmende Sorge, dass ich vielleicht nie welche bekommen würde (Kinder, nicht Blaubeeren). Wer würde mein mit der Geburt erworbenes Anrecht auf die Hummer und Blaubeeren der Insel erben? Plötzlich erinnerte ich mich. »An der Leeküste am Alter zugrunde gegangen«, lauteten die letzten Worte, die mir gestern vor dem Einschlafen ins Bewusstsein gedrungen waren. Eine Zeile von Sarah Orne Jewett hatte sich festgehakt und meine Nachtruhe empfindlich beeinträchtigt. Das musste es gewesen sein, zusammen mit unbewusstem Nachgrübeln über ein Geheimnis, das uns seit ein paar Tagen alle beunruhigte.

Am Montag hatte es begonnen. Mein Vater und ich holten Fangkörbe ein. Mehr als ein Wasserwechsel war es noch immer nicht, hielt uns aber beschäftigt. Wie immer lieferte das VHF-Radio Hintergrundgeräusche. Fast hätten wir nicht mitbekommen, wie berichtet wurde, dass westlich von uns ein leeres Boot im Kreis fuhr. Der Mann ist tot, dachte ich sofort und lauschte nach dem Namen, um zu erfahren, ob es jemand vom Festland oder ein Hummerfischer von der Insel war, den ich kannte.

Ich erinnerte mich an die Berichte in der Presse und im Lokalfernsehen über ertrunkene Fischer. Manchmal konnten die Toten geborgen werden, aber nicht immer. Für gewöhnlich befand sich das Opfer allein auf See und hatte niemanden, der ihm wieder ins Boot helfen konnte. Als mein Freund Ben MacDonald noch ein kleiner Junge war, hatte er seinen Vater auf diese Weise verloren. Der Mann, nach dem jetzt gesucht wurde, konnte ins Wasser gefallen sein, als er eine Boje an Bord ziehen wollte. Wahrscheinlicher war jedoch, dass er sich beim Aussetzen der Fangkörbe in seiner eigenen Ausrüstung verfangen hatte. Zwei Reusen sinken schnell, und ebenso schnell kann es vorkommen, dass sich die Leine um Arm oder Bein des Fischers windet und ihn von Deck zieht. Im eiskalten Wasser, angesichts des sich entfernenden Bootes und des Reusengewichts, das einen nach unten zerrt, gerät man schnell in Panik. Selbst wenn der Mann ein Messer bei sich hatte – wäre er geistesgegenwärtig genug gewesen, es zu ziehen, um die Leinen zu kappen?

Ich habe gehört, dass hüfthohe Gummistiefel und das schwere Ölzeug selbst kräftige Schwimmer umbringen können. Und dann die Wassertemperaturen. Wie lange kann der menschliche Organismus bei einer Wassertemperatur von zehn Grad Celsius überleben? Der Gedanke ließ mich erschauern. Während meiner Zeit auf hoher See habe ich mich am meisten davor gefürchtet, nachts über Bord zu fallen, wenn die anderen Crewmitglieder schliefen. Immer wieder stellte ich mir vor, hilflos und unentdeckt im Kielwasser des Schiffes zu treiben. Jedes Mal, wenn ich den Mund zu einem Schrei aufriss, stürzte eine Welle über mir zusammen und nahm mir jede Hoffnung auf Rettung. Langsam wurden die Lichter des Schiffes klein und kleiner, um schließlich ganz zu verschwinden, während ich mich verzweifelt fragte, wie lange es noch dauern würde, bis jemand mein Fehlen bemerkte. Zehn Meilen westlich von uns durchlitt ein Mann meinen fürchterlichsten Alptraum – er kämpfte um sein Leben, oder er war bereits ertrunken. Minuten nach der ersten Funkdurchsage wurde das Boot zum Land gezogen, und viele Fischer beteiligten sich in der Hoffnung an der Suche, den über Bord Gegangenen lebend zu bergen. Wie sich herausstellte, gehörte das Boot keinem Bekannten, dennoch fühlte ich mich verzweifelt und hilflos.

Während Dad und ich Ködersäckchen füllten, lauschten wir weiter den Funkdurchsagen und erfuhren, dass man dabei war, die Reusen des Fischers einzuholen, falls er sich in den Leinen verfangen hätte. Ich fragte mich, ob der Mann eine Frau hatte, Kinder, und wie alt sie waren. Ich fragte mich, ob es einen besonderen Schutzgott für Witwen und Waisen gab. Ich fragte mich, ob sie bereits wussten, was da geschah, und wenn nicht, wer es ihnen sagen würde. Bereitete seine Frau vielleicht in diesem Moment das Abendessen vor und drohte den streitenden Kindern: »Wartet nur, bis Dad nach Hause kommt.«? Verglichen mit dieser Tragödie war meine größte Sorge – das Ausbleiben der Hummer – eine Lappalie. Ich war froh, dass wir unseren Kampf gegen Eindringlinge vertagt hatten. Zeiten wie diese erinnern einen daran, dass das Meer zwischen Festlandbewohnern und Insulanern keinen Unterschied macht.

Inzwischen hörte ich über VHF, dass neben den Fanggeräten des vermissten Fischers auch alle anderen Reusen in weitem Umkreis aus dem Wasser geholt wurden, um mit Schleppnetzen nach dem Mann suchen zu können. Jedem, der sich bislang seinen Optimismus bewahrt hatte, blieb nun nur noch die Hoffnung, dass der Fischer wenigstens tot geborgen werden konnte.

Fünf Jahre waren vergangen, seit der Halloweensturm von 1991 sechs Freunde das Leben gekostet hatte. Weder sie noch ihr Boot, die *Andrea Gail*, waren jemals wieder aufgetaucht. Ich fragte mich, ob man in Gloucester noch immer glaubte, die Besatzung sei an den Strand einer abgelegenen Insel gespült worden, auf der die Männer seither lebten wie Nachfahren Robinson Crusoes. Den Angehörigen, die sich an diese Vorstellung klammerten, wurde Realitätsferne vorgeworfen, Verdrängung. Aber ich glaube, dass Verdrängen und Leugnen für viele von uns der beste Weg ist, mit Verlusten fertig zu werden. Wenn ich abends die Augen schließe, tröstet es mich, meine Freunde von der *Andrea Gail* aus Kokosnussschalen trinken zu sehen.

Auch der folgende Tag brachte keine Gewissheit, denn weder Schleppnetze noch Taucher förderten die sterblichen Überreste des Fischers zutage. Als Dad und ich am Nachmittag mehr Zeit und Sorgfalt als üblich auf die Reinigung der *Mattie Belle* verwandten, hörten wir mit Bedauern, dass man die Suche abgebrochen hatte. Ich fragte mich, wie lange es dauern konnte, bis die Flut den Toten wie ein Stück Treibholz an irgendeine Küste spülte. Bevor wir die letzte Batterie abschalteten, wurden wir über Funk darüber informiert, dass man bei einer Überprüfung des Bootsrumpfes des Vermissten, zwischen Schiffsschraube und Ruderblatt festgeklemmt, Überreste eines menschlichen Körpers und Kleidungsfetzen entdeckt hatte. Wir hörten es mit tiefem Mitgefühl.

Der Tod auf See gehört zu dem Leben, das wir uns selbst ausgesucht haben, denke ich oft, zur Existenz eines Fischers und eines Inselbewohners. Sobald ich die ersten Funknachrichten über die Tragödie hörte, musste ich an ein Ereignis im Jahr 1983 denken, das die Insel erschütterte. Ich hatte es jahrelang »vergessen«.

Alte Wunden

Im Mai 1983 beschlossen fünf junge Inselbewohner, nach »Amerika« zu fahren, wie wir das Festland scherzhaft nennen. Sie wollten sich einen Film anschauen. Zu derart spontanen Spritztouren kam und kommt es nun einmal im Frühling. Nach einem langen, trostlosen Winter, dessen »Vergnügungen« im Backen von Weihnachtsplätzchen, in Eierflips und der alljährlichen Gemeindeversammlung bestanden, muss es den Jugendlichen geradezu verwegen erschienen sein, im Allzwecktheater von Stonington Tom Sellecks Abenteuer in *Höllenjagd bis ans Ende der Welt* mitzuerleben. Vermutlich freuten sie sich auf die Abwechslung wie Murmeltiere nach dem langen, eintönigen Winterschlaf. Die Wettervorhersage kündigte einen leichten Wind aus Südwest an und versprach – mit Ausnahme eines möglichen kleinen Schauers – gute Sicht, und so bestiegen die fünf ein Boot und machten sich auf den Weg. Nur zwei von ihnen sollten zurückkehren.

Ich ging damals aufs College, und das Unglück ließ mich einfach nicht mehr los. Und das aus zwei Gründen: Erstens waren zwei Freunde von mir betroffen. Einer war unter den Toten, und der andere hatte einen kaum vorstellbaren Alptraum überlebt. (Die anderen Opfer kannte ich auch, aber nur flüchtig.) Zweitens hatte sich die Tragödie auf dem Meer zugetragen, auf dem ich in den kommenden Jahren den größten Teil meiner Zeit verbringen wollte. Schon bald ertappte ich mich dabei, mehr über die Rettung der beiden Überlebenden nachzudenken als über den Tod der drei anderen. Geradezu besessen versuchte ich alles in Erfahrung zu bringen, was mit ihrem Überleben zusammenhing. Was hatte zwei Menschen dazu befähigt, das Unglück zu überstehen? Ich trug alle mir zugänglichen Informationen zusammen und verband sie mit Überlegungen und Spekulationen zu einer möglichen Erklärung, die mir half, das Geschehene zu begreifen und zu verarbeiten. Die im Folgenden geschilderten Theorien sind reine Vermutungen, und da auf der Insel nie offen über die Tragödie gesprochen wurde, könnten meine Überlegungen von manchen als das Aufreißen alter Wunden betrachtet werden. Das liegt nicht in meiner Absicht.

Es war – bis auf das traurige Ende – nichts Ungewöhnliches an dieser Fahrt mit dem Ziel, sich einen Film anzusehen. Was das Skiff zum Kentern brachte und fünf junge Menschen dem fünf Grad kalten Salzwasser aussetzte, werden wir nie erfahren. Joseph Conrad würde Mutter Natur verantwortlich machen: »Das Meer hat das gewissenlose Naturell eines durch übermäßige Bewunderung verdorbenen Autokraten.« Am 7. Mai 1983 ließ das Meer willkürlich seine Muskeln spielen und stürzte fünf ahnungslose Jugendliche in die eiskalten Fluten vor Green Island, nachdem sie eine Meile der Heimfahrt bereits hinter sich hatten.

Aufgrund meiner Nachforschungen lernte ich, dass es durch einen Sturz in kaltes Wasser zu Hyperventilation kommt, die wiederum zu Verwirrung führt, zu

Muskelverkrampfungen und schließlich zur Bewusstlosigkeit. Der abrupte Wärmeverlust durch das Untertauchen bewirkt darüber hinaus Schockzustände und Unterkühlung, sodass die Körpertemperatur unter den Normalwert absinkt. Die ersten Anzeichen von Unterkühlung lassen sich nicht exakt definieren, da der menschliche Körper sehr unterschiedlich auf Kälte reagiert, aber sie können in Müdigkeit bestehen, Benommenheit, Lethargie, Reizbarkeit und Verwirrung. Der Körper verliert schneller an Wärme, als er durch Energieverbrennung ersetzen kann. Nach dem ersten Schock durch den Kontakt mit dem Wasser setzen die Symptome der Unterkühlung relativ langsam ein: Die Bewegungen werden träger, die Koordinationsfähigkeit ist reduziert, die Reaktionszeit verlängert sich, die Urteilsfähigkeit lässt nach, und in einigen Fällen kommt es zu Halluzinationen.

Durch Leitfähigkeit, Konvektion, Strahlung, Verdunstung und Schwitzen gibt der Körper Wärme an die Umgebung ab. In nasser Bekleidung ist der Verlust von Wärme durch Leitung oder direkten Kontakt fünfmal und im kalten Wasser sogar fünfundzwanzigmal größer als normal. Wasser ist ein guter Wärmeleiter, und ein menschlicher Körper gibt hundertmal mehr Wärme an Wasser ab als an die Luft. Der tatsächliche Abfall der Körperwärme verläuft sehr individuell und wird nicht nur durch die Wassertemperatur beeinflusst, sondern auch durch die Bekleidung, die ursprüngliche Körpertemperatur, das Geschlecht, körperliche Fitness, die letzte Nahrungsaufnahme und das Verhalten im Wasser.

Wärme produziert der menschliche Körper durch den Stoffwechsel, der durch unwillkürliches Zittern angeregt wird. Infolge von Erschöpfung und dem Erschlaffen von Muskelenergie hört das Zittern auf, und damit beschleunigt sich der Unterkühlungsprozess. Zu diesem Zeitpunkt wird eine Eskalation der Unterkühlung nur dadurch verhindert, dass Haut, Fett- und Muskelgewebe eine isolierende Schutzschicht für die lebenswichtigen Organe darstellen.

Im fortgeschrittenen Stadium von Unterkühlung kann ein Mensch ins Koma fallen. Das Aussetzen der Atmung und ein nicht mehr fühlbarer Puls können zu der Annahme verleiten, der Unterkühlte sei bereits tot. Ich habe von vielen Fällen gelesen, in denen »Tote« auf wundersame Weise wieder zum Leben erwachten. Den beeindruckendsten Satz in diesem Zusammenhang habe ich nie vergessen: »Tot ist nur, wer auch erwärmt tot bleibt.« Mit einiger Erleichterung nahm ich zur Kenntnis, dass Unterkühlung die Sinneswahrnehmung einschränkt und damit auch das Schmerzempfinden. Wenn man an Unterkühlung stirbt, ist es ein schneller Tod durch Herzstillstand oder Ertrinken.

Die U.S. Coast Guard hält für Wassersportler und Seefahrer Informationsschriften über Unterkühlung, das Überleben im Salzwasser und Erste Hilfe für die Opfer von Bootsunfällen bereit. Die vielleicht wichtigsten Zahlen finden sich in einer so genannten Unterkühlungsstatistik. Die angegebenen Zeiten für die Überlebenschancen in kaltem Meerwasser sind erschreckend. Bei einer Wassertemperatur von 5,5 Grad wird der durchschnittliche Erwachsene schon nach fünf bis fünfzehn Minuten von Erschöpfung überwältigt und hat eine Überlebenschance von nur einer bis höchstens drei Stunden. Diese Statistiken sind allen gut bekannt, die sich häufig auf dem Wasser aufhalten, und der Grund dafür, dass viele Fischer nie schwimmen gelernt haben. »Wenn man schon ertrinken muss, dann wenigstens schnell.« Aber Ausnahmen von der Regel sind nun einmal nicht auszuschließen, und so gibt es hin und wieder Menschen, die auf wissenschaftliche Erkenntnisse pfeifen und sich nicht an die statistisch verordnete Todeszeit halten. Aus den Geschichten über diese wenigen und zähen Überlebenden beziehen jene Hoffnung, die nach Vermissten suchen und warten.

Südlich von Green Island führte im Mai 1983 eine Kombination aus Wind und Flutkräften vermutlich zu einem höheren Wellengang als vorhergesagt. Ich nehme an, dass über das Heck einströmendes Wasser den Außenbordmotor ausfallen ließ. Dann legte sich das Skiff quer zu den Wellen, lief voll und kenterte. Vermutlich wurden die fünf Rettungswesten vom Wind erfasst und verschwanden schnell in der Dunkelheit. Die fünf jungen Leute paddelten hilflos herum und klammerten sich verzweifelt an den Rumpf des Skiffs, der wie eine Nussschale auf den Wellen tanzte. Zunächst geschockt, dann aber fieberhaft überlegend, muss beim Abwägen der Überlebenschancen ihr Gefühl für Zeit und Entfernung durcheinander gekommen sein. Ich stelle mir vor, dass es an den jeweiligen Grenzen des Bereichs, den wir Zeit nennen, zwei Uhren gibt. Die schmerzhaft langsame Uhr, die das Anbranden jeder Welle mit einem lauten Ticken des Sekundenzeigers verkündet. Die andere Uhr, ein Stundenglas, misst die verbleibende Lebensspanne, die allzu schnell verrinnt, und gibt nie auch nur einen Laut von sich, kann aber dennoch nicht ignoriert werden.

Der Rumpf des Skiffs, vom Gewicht des Außenborders unter Wasser gehalten, muss den Strömungen hilflos ausgeliefert gewesen sein, die die Überlebenden und ihr kleines Boot mit sich rissen, immer weiter nach Nordosten und vorbei an zahllosen winzigen Inseln, die

Schiffbrüchigen aber nie an irgendeinen Strand warfen. Entfernungen wurden vermutlich zu einer unberechenbaren Größe. Noch Stunden zuvor waren sieben Meilen ein Katzensprung, jetzt stellten hundert Meter eine unüberwindliche Distanz dar, sobald einer der fünf überlegte, ob er nicht versuchen sollte, an Land zu schwimmen.

Den Erzählungen der Überlebenden zufolge zeigte eine der Frauen als Erste Erschöpfungssymptome. Als sie sich nicht mehr an den Bootsrumpf klammern konnte, wurde sie vom Captain festgehalten, der die anderen ermahnte, Ruhe zu bewahren und so nahe wie möglich beieinander zu bleiben. Weiter trieben sie ziellos durch die Nacht. Von der relativen Nähe einer Insel verlockt, versuchte einer der Männer, an Land zu schwimmen, erkannte aber, dass er es nicht schaffen würde, und wollte zum gekenterten Boot zurückkehren. Doch bevor er es erreichte, erlahmten seine Kräfte. Um ihm zu helfen, streckte der Captain seine Hand nach ihm aus, ließ dabei aber unglücklicherweise die Frau los. Sie wurde abgetrieben und nie wieder gesehen.

Es ist unklar, ob der Mann erneut einen Schwimmversuch unternahm; jedenfalls entfernte er sich von den Überlebenden und verschwand in den Fluten. Das nächste Opfer war die zweite Frau, die offenbar nicht weiter um ihr Leben kämpfen konnte oder wollte und mit dem Kopf einfach ins Wasser eintauchte. Bevor sie starb, bat sie darum, ans Boot geseilt an Land geschleppt zu werden. Mit der leblosen Ertrunkenen im Schlepp, trieben die letzten beiden Überlebenden weiter. Sie wurden gerettet. Es war ein kleines Wunder, das Fachleute wie Laien gleichermaßen erstaunte. Die beiden Männer überstanden acht Stunden bei eiskalten Wassertemperaturen, bei denen ihnen die gängige

Expertenmeinung höchstens drei Stunden eingeräumt hätte.

Inselbewohner sprechen nicht gern über die größte Tragödie in der Geschichte der Insel, aber sie ist nicht vergessen. Im Rathaus erinnert eine Gedenktafel an die Toten und ruft uns allen ins Gedächtnis, dass wir auf einer Insel leben. Bisher wurden elf meiner Freunde zu Opfern des »gewissenlosen Naturells« des Meeres. Ich habe etliche Ausbrüche von Mutter Natur überlebt, die andere das Leben kosteten, und die Tragödien zwingen mich dazu, über meine Rettung nachzudenken. Oft befinde ich mich im Zwiespalt zwischen dem Wunsch, mehr zu erfahren, und dem, nicht so viel zu wissen, wie ich weiß.

Notfallmedizin

Seit 1983 ist einiges besser geworden. Inzwischen stehen Emergency Medical Technicians (EMT) für Notfälle bereit. Es sind Inselbewohner, die sich freiwillig der Ausbildung mit anschließender Prüfung unterziehen. Die Idee dazu wurde vor Jahren aus der berechtigten Sorge über die Tatsache geboren, dass es auf unserer Insel kein Krankenhaus gibt. Auch wenn vielleicht nur eine Ersatzmaßnahme, schien ein EMT-Team doch eine gute Lösung zu sein.

Wegen des mageren Gemeindeetats können viele Tätigkeiten für das Gemeinwohl nicht bezahlt werden. An Freiwilligen besteht immer Bedarf. Das sind »Menschen, die die Frage nicht richtig verstanden haben«, wie es mir gegenüber einmal jemand definierte. Wenn das stimmt, gibt es einige Inselbewohner, die genau hinhören sollten, wenn sie um etwas gebeten werden, weil sie bereit sind, buchstäblich *alles* zu tun. Bedauerlicherweise erhalten diese selbstlosen Menschen so wenig moralische oder finanzielle Unterstützung, dass ihnen Frustration eher gewiss ist als die ihnen gebührende Anerkennung.

Das Musterbeispiel einer Inselsamariterin ist Theresa Cousins, die jedes Mal den Finger hebt, wenn irgendeine Aufgabe bewältigt werden muss. Die Frau ist bereit, für alle alles zu tun. Sobald es darum geht, Kekse für einen Basar zugunsten der Schule zu backen oder einen Quilt als Hauptpreis für eine Tombola zu fertigen, kann man sich hundertprozentig auf Theresa verlassen. Das sind Aufgaben, die viele übernehmen könnten, es aber nicht tun.

Unter anderem gehört Theresa Cousins dem EMT-Team und auch der im Aufbau befindlichen Feuerwehr an. Nach der Bewältigung einiger Probleme und dem Verstummen anfänglicher Kritik sind die EMTs inzwischen eine gut ausgebildete sowie dringend benötigte Truppe. Theresas Mann John steht dem EMT-Team vor und hat sich als Feuerwehrchef den am wenigsten begehrten Job auf der Insel aufgeladen. Kekse kann John zwar nicht backen, ist aber bereit, jede mit einer gewissen Autorität ausgestattete Position zu übernehmen.

Die Idee für das EMT-Team hatte 1997 unser *selectman*. Bis dahin bediente man sich bei Erkrankungen und Verletzungen der Methode chinesischer Feueralarmübungen. Wurde im Sommer medizinische Hilfe nötig, rief man einen der Ärzte, die auf der Insel ihren Urlaub verbrachten. Ich erinnere mich gut daran, dass in meiner Kindheit Berichte über Unfälle oder Krankheiten mit dem Satz endeten: »Doktor Ellis hat gesagt ...« Da es höchst unklug gewesen wäre, im Winter zu erkranken oder sich zu verletzen, wurde das nach Möglichkeit vermieden. In extrem dringenden Fällen erklärte sich ein Fischer bereit, den Leidenden nach Stonington zu bringen. Auch mit dem Postboot gelangten Patienten in ärztliche Behandlung. Im äußersten Notfall, wenn es um Leben oder Tod ging, können Hubschrauber landen, um den Kranken zur nächsten Klinik zu fliegen, aber meines Wissens ist das noch nie passiert.

Als ich acht Jahre alt war, holte sich meine Mutter eine Lungenentzündung und wurde von Billy Barter mit seinem Boot *Islander* zum Festland gebracht. Wenige Jahre später krümmte sich meine Cousine Dana unter den Schmerzen einer akuten Blinddarmentzündung an Deck des in eine Ambulanz umgewandelten Hummerfangbootes *Danita*, mit dem Captain Jack MacDonald in höchster Eile die Insel verließ. Billy und Jack atmeten erleichtert auf, als die nächste Generation von Notfallboot-Skippern antrat, hauptsächlich Dave Hiltz und ich. Dave, weil er bereit ist, zu jeder Jahreszeit und bei jedem Wetter auszufahren, und ich, weil die *Mattie Belle* eins der schnellsten Boote im Hafen ist.

Einmal hätte auch ich die Dienste der EMTs gut brauchen können, aber leider war das ein Jahr vor der Gründung des Teams. Zusammen mit meinem Freund Ben MacDobald holte ich westlich von Kimball Island Hummerkörbe ein. Ben und ich freuten uns über die Sonne, den guten Fang und schwatzten unbeschwert miteinander, als ich plötzlich rücklings auf den Deckplanken der *Mattie Belle* lag und Ben mich besorgt musterte. Vor meinen Augen tanzten Sterne, und als sie langsam verblassten, begriff ich, dass ich kurz bewusstlos gewesen war. Bevor ich einen Ton über die Lippen bringen konnte, wollte Ben wissen, wie es mir ging. Mein Kopf tat höllisch weh. »Was hat mich umgehauen?«, fragte ich, rappelte mich hoch und betastete die schnell wachsende Beule über meiner rechten Braue.

»Der Block«, antwortete Ben und zeigte auf den Flaschenzug, der am Davit der *Mattie Belle* hing. Die Stahlstange, die den Davit an Ort und Stelle halten sollte, war total verbogen. Offenbar hatten sich die Körbe, die ich einholen wollte, aus irgendwelchen Gründen am Meeresboden verhakt. Durch die Spannung der Leine zwischen Holer und Körben verbog die Stützstange, woraufhin der Block nach innen und mir gegen die Stirn schlug und mich von den Füßen holte. Ben half mir auf und führte mich zum Heckwerk, wo ich mich setzte und über meine Verletzung nachdachte. Ich überlegte, ob ich Ben bitten sollte, mich zum Festland zu bringen. Unter Umständen hatte ich einen Riss im Schädel oder eine Gehirnerschütterung. Mein Kopf dröhnte. Die Beule hatte inzwischen die Größe eines Golfballes angenommen und puckerte schmerzhaft. Wahrscheinlich konnte ich von Glück reden, nicht an der Schläfe oder am Auge getroffen worden zu sein. Vorsichtig befühlte ich die Beule und betrachtete meine Fingerspitzen. »Blutet nicht. Wahrscheinlich bin ich okay.«

Nachdem Ben mir geholfen hatte, die Stange gerade zu biegen, hoben wir uns die »verklemmten« Reusen für einen anderen Tag auf, holten das nächste Paar ein und beendeten den Tag ohne weitere Zwischenfälle. Mit der Zeit ließen die Kopfschmerzen nach. Allerdings wuchs mir ein erstklassiges Veilchen, was einige zu wohlfeilen Scherzen nach dem Motto veranlasste, Ben hätte es mir »wohl endlich einmal gezeigt«. Hätte es damals das EMT-Team gegeben, wäre ich mit Sicherheit hingegangen, um mich untersuchen zu lassen, bevor ich mich wieder an die Arbeit machte.

1997 bestand allgemeine Übereinstimmung darüber, dass wir unser Glück nicht weiter herausfordern durften, und der Vorschlag, ein EMT-Team ins Leben zu rufen, traf auf breite Zustimmung. Acht Interessenten erklärten sich bereit, drei Jahre lang Inselbewohner und Urlauber medizinisch zu versorgen, wenn die Gemeinde die Kosten für Ausbildung und Ausstattung übernahm. Im Winter 1998 begannen die ersten Ausbildungskurse und wurden zu einer Zeit, in der es sonst nicht viel zu tun gab, als sinnvolle und nützliche Betätigung betrachtet. Die Vorstellung, in den trostlosen Wintermonaten eine konstruktive Aufgabe zu haben, war so neu und attraktiv, dass die Begeisterung kaum Grenzen kannte.

Natürlich gab es jene vom Typ »ungläubiger Thomas«, die ein EMT-Team bestenfalls für unnötig oder sogar für riskant hielten. Victor Richards – der mit den Versandbräuten und der knackigen Freundin aus Alabama – beispielsweise ließ sich ein T-Shirt mit dem Slogan »*Keine Wiederbelebung*!« bedrucken. Es dauerte nicht lange, bis ihm einer der EMT-Aspiranten mit der Versicherung »*Don't Fuckin' Worry, Vic*!« auf dem T-Shirt entgegenkam. Die meisten Inselbewohner aber waren stolz auf die acht Mediziner in spe und überhäuften sie mit Lob und Unterstützungsbereitschaft. Hilfreiche Freunde sprangen ein, um Kinder und Hunde zu hüten, während unsere künftigen Medical Technicians studierten, das Gelernte verinnerlichten und praktische Handgriffe übten. Da acht Kursteilnehmer einen beachtlichen Prozentsatz unserer Dauerbewohner darstellten, waren mehr oder weniger alle irgendwie an der EMT-Entstehung beteiligt.

Nach hundertsiebzehn Stunden Theorie und vierzig Stunden Praxis warteten sieben nervöse Kandidaten auf den Beginn des staatlichen Examens. (Lediglich ein Teilnehmer hatte im Verlauf des Lehrgangs das Handtuch geworfen.) Es umfasste eine dreistündige schriftliche Prüfung sowie einen intensiven praktischen Test. Alle sieben bestanden das Examen mit Bravour. Die Insel war stolz, aber auch begierig, sich neuen Aufgaben zuzuwenden.

Während des gesamten Winters hatte das EMT-Team das Leben auf der Insel beherrscht, aber nun war es höchste Zeit, sich auf die Sommergäste vorzubereiten.

Wasserleitungen wurden aktiviert, Boote gestrichen, Propangasflaschen aus dem Winterquartier geholt, Gärten neu bepflanzt und Autos in Schwung gebracht, während Hummerfischer ihre Reusen und Boote einsatzfähig machten. Die Zahl der EMTs sank auf sechs, doch dieser harte Kern blieb bei der Stange und bereitete sich emsig auf die amtliche Beglaubigung vor. Das nachlassende öffentliche Interesse machte sich vor allem darin bemerkbar, dass die Zuschüsse der Gemeinde für Weiterbildung, Training und Ausrüstung der EMTs spärlicher flossen. Unbeirrt begab sich das Team auf die Suche nach anderen Geldquellen. Die Erlöse aus einer Tanzveranstaltung und einem Kuchenverkauf brachten die nötigen Mittel für den Kauf eines Defibrillators zusammen, und neben der Kasse im General Store bat eine Sammelbüchse um »Kleingeld«.

Das EMT-Team wurde genau zum richtigen Zeitpunkt staatlich zugelassen und nahm seine Arbeit als Island Rescue mit Funkrufempfängern, Piepern und einer 911er-Nummer auf. Am Ende unseres ersten Sommers mit medizinischer Versorgung vor Ort konnte eine explosionsartige Zunahme von Fällen verzeichnet werden, die ärztlicher Behandlung bedurften. Es kam zu einem Rekord an Notfalltransporten per Boot nach Stonington. Ob das einem übereifrigen EMT-Team oder allein dem Zufall zuzuschreiben war, werden wir nie erfahren. Unter den wachsamen Augen der EMTs brachte ich die unglücklichen Opfer von Fahrradunfällen und Stürzen auf Wanderwegen nach Stonington, wo wir am Dock schon von Krankenwagen und Sanitätern erwartet wurden.

Ich erinnere mich gut an meine erste Ambulanzfahrt und die Nervosität wegen meiner Verantwortung als Skipper. Ich hatte mich nicht gerade gedrängt, die Funktion eines Wassertaxis zu übernehmen (die Frage war verständlich genug gewesen), wollte aber nicht ungefällig sein. Als ich den Telefonhörer abnahm, kam Tante Sally schnell auf den Punkt. Ob ich willens und in der Lage wäre, einen Maurer ins Krankenhaus zu bringen, wollte sie wissen. »Er hat einen Herzanfall.« Ich ließ alles stehen und liegen und beeilte mich, die *Mattie Belle* zum Hafen zu bringen, um den Patienten und die ihn begleitenden EMTs an Bord zu nehmen.

Da in diesem Sommer drei neue Häuser entstehen sollten, befanden sich ganze Baukolonnen auf der Insel: Maurer, Zimmerleute, Blechschneider und zwei Männer mit einer gewaltigen hydraulischen Bohrmaschine, mit der sie Löcher für Dynamitladungen in Felsgestein ratterten. Es überraschte mich nicht, dass ein Maurer bei dem ständigen Steineschleppen und Zementrühren in glühender Sonne Herzprobleme bekommen hatte. Da das nächste Krankenhaus mindestens eine Stunde entfernt lag – eine halbe Stunde über mitunter holpriges Wasser und eine weitere halbe über ausnahmslos holprige Straßen –, beruhigte ich mich mit dem Wissen, dass unsere EMTs staatlich bestätigt und verfügbar waren. Schließlich werden ihre Dienste als »Präklinische Versorgung« definiert.

Als ich die *Mattie Belle* festmachte, kam der Patient in Begleitung von zwei EMTs auf mich zu, die einen Rücksack und eine Sauerstoffflasche schleppten, von der jede Menge Schläuche zum Gesicht des Maurers führten. Es erleichterte mich, dass der Patient aus eigener Kraft an Bord kam. Zudem war es ein klarer Tag und die See ruhig. Der Teint des Maurers wirkte sehr blass, fast grau, und er schwitzte beträchtlich. Er hatte offensichtlich Schwierigkeiten mit dem Atmen, schien aber ansonsten ganz okay zu sein, als ich ablegte und den nächstliegenden Punkt des Festlands ansteuerte. Nervös warf ich einen Blick auf die EMTs. Sie waren eifrig damit beschäftigt, die Lebensfunktionen des Maurers zu kontrollieren, und trugen die Resultate sorgfältig in ein kleines Notizbuch ein. Sollten die Dinge eine Wende zum Schlechteren nehmen, werden sie mir bestimmt ein Zeichen geben, die Geschwindigkeit zu erhöhen, sagte ich mir. Aber das Wort »Herzanfall« jagte mir Angst ein. Ich fühlte mich fast schon selbst krank. Die EMTs kümmerten sich so sorgfältig und gründlich um den Maurer, dass sie mich keines Blickes würdigten. Warum sollten sie auch? *Er* war der Patient. Sie blieben ganz ruhig und zuversichtlich, daher behielt ich meine Geschwindigkeit bei.

Nach einer Viertelstunde Fahrt meldete sich das VHF. Es war die auf uns wartende Besatzung des Krankenwagens, und ich erklärte, dass wir in rund fünfzehn Minuten ankommen würden. Dann erkundigte sich die Stimme nach der Notfallursache und dem Befinden des Patienten. Hastig übergab ich das Mikro einer EMT, und ihre Beherrschung der medizinischen Fachsprache nötigte mir Bewunderung ab. Sie beantwortete jede Frage sehr präzise und bestimmt.

Ein schneller Blick aus dem Augenwinkel zeigte mir zehn Minuten später, dass der Maurer nicht mehr bei jedem Atemzug krampfhaft Brust und Schultern hob. Also scheint es ihm ein wenig besser zu gehen, dachte ich. Und weil ich glaubte, es würde ihn freuen, dass wir fast da waren, sagte ich: »Nur noch fünf Minuten.« Ich wollte ihn anlächeln, aber seine Gesichtsfarbe jagte mir einen heillosen Schrecken ein. Er verfärbte sich blau, und die Augen sprangen ihm fast aus dem Kopf. In Panik gab ich Gas, um die Fahrt um eine weitere Minute zu verkürzen. Beide EMTs sahen mich überrascht an, und ich machte eine Kopfbewegung zum Patienten, den sie wegen der Funkdurchsage aus den Augen gelassen hatten. Nach einer Sekunde der Ratlosigkeit schob eine EMT ihren Finger unter die Oxygenmaske des Maurers. Ich hörte ein schmatzendes Geräusch. Offensichtlich war die Sauerstoffflasche leer. Durch die fehlende Zufuhr hatte sich die Maske am schweißnassen Gesicht des Maurers festgeklebt wie eine Saugglocke fürs Klo. Er schnappte gierig nach Luft. Sein Gesicht nahm eine natürlichere Färbung an, und die Augen sackten in ihre Höhlen zurück.

Bei der Einfahrt in den Hafen von Stonington schaltete ich den Motor der *Mattie Belle* auf Leerlauf. Als wir anlegten, war der untertassengroße Knutschfleck um den Mund des Patienten kaum noch zu sehen. Zufrieden blickte ich dem Krankenwagen nach, als er den Hafen verließ und dem Krankenhaus entgegenfuhr. Am nächsten Tag hörte ich, dass es dem Maurer dank Island Rescue und Bootambulanz besser ging. Seither konnten die EMTs Erfahrungen mit Herzpatienten sammeln, vor allem mit einer Patientin, die innerhalb von fünf Monaten fünfmal die Bootambulanz in Anspruch nahm. Mehr als ein Wassertaxifahrer mutmaßte, dass die Frau ihre akuten Atemprobleme und Erstickungsanfälle unwissentlich selbst herbeigeführt hatte, weil die Entlüftung ihrer Kerosinheizung offenbar nicht ordentlich funktionierte, und schlug vor, dass die EMTs die Frau mit dem Elektroschockgerät behandelten, was meines Wissens jedoch nie geschah.

Gemäß einer landesweiten Statistik scheiden alljährlich fünfundzwanzig Prozent der lizenzierten EMTs aus dem Dienst aus. Da es zur Zeit auf der Insel vier Notfallmediziner gibt, sind wir im Jahr 2005 bei Punkt null angelangt. Kürzlich wurde eine EMT-Sauerstoffflasche entdeckt, die als Bremsklotz für den Vorderreifen unseres Feuerwehrautos diente. (Wir haben im Grunde natürlich weder eine ordentliche Feuerwehr noch Feuerwehrmänner, aber immerhin ein altes Auto.) Mir kamen gewisse Spekulationen zu Ohren, denen zufolge ein Defibrillator eine streikende Batterie wieder zum Leben erwecken kann. Immerhin sind Inselbewohner erfindungsreich, und daher wird uns zumindest die Ausstattung auch weiterhin gute Dienste leisten.

James Spencer Greenlaw

»Dad hat einen Freund?«, fragte Bif skeptisch.

»Yeah. Zunächst wollte ich es ja auch nicht glauben. Aber irgendein Jugendfreund von Dad kommt zu Besuch. Sie haben sich seit fast sechzig Jahren nicht mehr gesehen.«

»Wow. Ich habe immer angenommen, er hätte keine Freunde ... Cool.«

Als meine Schwester Bif und ich unser Telefongespräch beendeten, stimmten wir uneingeschränkt darin überein, dass die einzigen Freunde unseres Vaters die Männer der Freundinnen unserer Mutter waren. James Spencer Greenlaw, genannt Jim oder Dad, hatte nie einen Freund. Wenigstens nicht in den fast vierzig Jahren, seit ich ihn kenne. Sein Charakter zeigt sich eher in Taten als durch Worte. Das macht es schwer, ihn in der kurzen Zeitspanne kennen zu lernen, die sich die meisten Menschen zum Schließen von Freundschaften lassen. Plaudern und Schwatzen war Dad nie gegeben, und seine Schweigsamkeit schüchtert manche Leute ein. Ich glaube, dass all mein Wissen über meinen Vater auf Beobachtungen beruht. Seit er im Ruhestand ist, bieten sich mir dazu viele Gelegenheiten, vor allem, wenn er zusammen mit seinem Komplizen, dem Bruder meiner Mutter, seinem Schwager und meinem Onkel Charlie Aufträge meiner Mutter erledigt. Die im Folgenden geschilderte Begebenheit ist typisch für ihr Vorgehen.

Dad und Charlie betrachten eine Stelle an der Außenwand des Hauses mit höchstem Interesse. Charlie stützt sich auf ein Winkelmaß und sieht zu, wie Dad sein metallenes Bandmaß ausfährt und an den Strich hält, den er soeben mit einem Bleistift gezogen hat, der aber nun wieder hinter seinem rechten Ohr klemmt. Die beiden Männer (Dad mit einem bereits ziemlich kahlen Schädel und Charlie im Vollbesitz eines schlohweißen Haarschopfes) sehen sich in die Augen und diskutieren lang und breit über das Ergebnis der Messung. Nicken sich zu. Wieder zieht Dad seinen Stift hervor und markiert die graue Linie mit einem X, während sich Charlie in eine Broschüre mit dem Titel »Einbau-Anleitung« vertieft.

»Warte mal. Vierunddreißig …«

»… und ein Sechzehntel.« Jetzt gehen beide offenbar jeweils mit sich selbst zu Rate und starren abwesend ins Leere. Dad wippt von den Fersen auf die Zehen und zurück, kneift die Augen zusammen. Charlie verharrt reglos, seine Lippen bewegen sich lautlos. Die beiden teilen einander ihre Berechnungsergebnisse mit, stimmen offensichtlich nicht überein und treten mit dem Bandmaß wieder vor die Wand, um die Diskrepanz zu bereinigen. Wieder wird der Messstab an die Hauswand gelegt, doch nun vertikal, nicht horizontal. Im Haus klingelt das Telefon. Durch ihre Konzentration auf die Arbeit bekommen Dad und Charlie zunächst nichts von dem Gespräch mit.

»Hallo?«

»Hi, Mom. Ich bin's, Linda. Haben sie schon ein Loch in der Hauswand?«

»Nein. Sie messen *noch immer*.« Dann schildert meine Mutter, was sich draußen abspielt. Das scheinen die Männer offenbar sehr genau zu hören, denn sie tauschen wissende Blicke über die leidvollen Erfahrungen aus, die sie in jahrzehntelanger Ehe machen mussten: Frauen fehlt nun einmal jedes Verständnis für die Sorgfalt und Akkuratesse, die bei einem derartigen Vorhaben unverzichtbar ist.

»Himmel, nur gut, dass du ihnen keinen Stundenlohn zahlen musst.« Mom lädt mich zum Mittagessen ein, macht mich aber warnend darauf aufmerksam, dass die Sandwiches steinhart werden könnten, bis sich die beiden »Handwerker« zu einer Pause von ihrer Tätigkeit entschlössen, für die Onkel Charlie großzügig seine Hilfe angeboten hat. Vermutlich stammte der Vorschlag eher von Tante Sally, die ebenso erpicht zu sein scheint, Charlie aus dem Haus zu bekommen, wie Mom meinen Vater. Auf der Insel ist der Ruhestand kein geruhsamer Lebensabend, bei dem man die Beine hochlegt und Gott einen guten Mann sein lässt. Dafür sorgen schon die Frauen, die die Dienste ihrer Ehemänner jedem anbieten, der gerade Hilfe benötigt.

Charles Browen, mein Onkel Charlie, war Maschinenschlosser und hat Jahrzehnte damit verbracht, hartes Metall auf den Tausendstelmillimeter genau zu formen und zu schleifen. Das blieb nicht ohne Auswirkungen auf seine Persönlichkeit, die nur als überaus präzise beschrieben werden kann. Ob er nun eine Geschichte erzählt oder ein Sandwich zubereitet, unweigerlich zeigt sich Charlies Liebe zum kleinsten Detail. Auch Dad ist geradezu pedantisch genau. Mein Vater geht in Wort und Tat so penibel vor, dass er einen durchschnittlichen

Heimwerker mit Sicherheit in die nackte Verzweiflung treiben würde. Ihre übereifrige Begeisterung dafür, weder übereifrig noch begeistert zu sein, macht die beiden Männer zu einem perfekten Team. Dad und Charlie handeln nach dem Motto »zweimal messen, einmal schneiden«, übersteigern das allerdings ins Astronomische.

Im Gegensatz dazu bin ich der Prototyp des Hauruckarbeiters und habe viel von der Ungeduld meines Freundes Alden Leeman übernommen. (Leser meines ersten Buches *Das hungrige Meer* werden sich an Alden erinnern, den temperamentvollen Captain, der mir nahezu alles beigebracht hat, was ich weiß.) Hätten Alden und ich die Aufgabe übernommen, in der Küche meiner Eltern einen neuen Herd zu installieren, würden inzwischen drei oder vier Abzugslöcher in der Hauswand gähnen – aber alle an der falschen Stelle. Wo mein Vater mit einer Dekupiersäge zu Werke geht, braucht Alden eine Kettensäge. Wenn Dad Sandpapier benötigt, schreit Alden nach einer Axt. Nachdem ich viele Jahre lang für Alden gearbeitet habe und jetzt wieder vertrauter mit meinem Vater werde, drängen sich Vergleiche zwischen den beiden wichtigsten Männern in meinem Leben förmlich auf.

Wenn eine Frau weder einen Ehemann noch einen Geliebten hat, erhalten die Beziehungen zu Freunden, Vätern und Brüdern ein größeres Gewicht. Alden erklärt sich mein anhaltendes Singledasein damit, dass ich viele Männer so sehr einschüchtere, dass sie mich gar nicht gut genug kennen lernen, um mich wirklich unsympathisch zu finden. Wenn an Aldens Theorie etwas dran ist, könnte sie sich durchaus als Teufelskreis erweisen, weil ich an Männern, die sich so schnell einschüchtern lassen, nicht interessiert bin. Im Gegensatz zu Alden, der mir ständig in persönlichen Dingen Ratschläge erteilt, behält Dad seine Meinung für sich.

Ich habe viel Zeit damit verbracht, auf den *Richtigen* zu warten, der offenbar nicht lange genug nach mir gesucht hat. (Meine ältere Schwester Rhonda, die *Das hungrige Meer* einmal »Eigenwerbung in Buchlänge« genannt hat, wird dieses Buch zweifellos als Fortsetzung betrachten.) Inzwischen hatte ich einen Punkt erreicht, an dem ich zwar noch nicht direkt um Hilfe bitten wollte, aber bereit war, auf das zu hören, was mir ungefragt darüber zugetragen wurde, wie man einem Mann eine »Falle« stellt. In meinen Jahren auf Schwertfischfang hielt ich »Ködern«, »Angeln« und »Fangen« für geeignete Methoden bei der Männerjagd. Aber seit ich mich entschlossen habe, vor der Küste Hummer zu fischen, war »Fallenstellen« meine bevorzugte Metapher, deren Anwendung mir allerdings auch keinen Erfolg bescherte.

Der Wunsch, eine Familie zu gründen, war ausschlaggebend für meine Entscheidung, die Hochseefischerei aufzugeben und auf die Insel zurückzukehren. Während meiner Schwertfischfangjahre hatte ich ein paar attraktive und sympathische Freunde, doch waren meine höflichen Bemerkungen – »Vielen Dank für das Essen. Also dann bis in dreißig Tagen« – weiteren Verabredungen nicht unbedingt förderlich. Nach meiner Heimkehr änderte sich nichts an meinem Singlestatus, und ich sah mich zu Überlegungen gezwungen, ob meine langen Zeiten auf hoher See wirklich das Problem gewesen waren. Die Rückkehr erwies sich nicht als der beste Weg zur Familienplanung. Es gibt drei Junggesellen auf der Insel. Zwei von ihnen sind schwul, der dritte ist mein Cousin. Erschwerend kam hinzu, dass ich den Hummerfang aufreibender fand als vermutet, vor allem in der laufenden Saison, in der wir weiterhin nur Wasser wechselten und die Tierchen sich einfach nicht zeigen wollten. Ich brauchte nicht lange für die Erkenntnis, dass das Einzige, was mir an der Hummerfischerei gefiel, die Zusammenarbeit mit meinem Vater war. Dad ist ein guter Gesellschafter, weil er eigentlich *kein* Gesellschafter ist. Er arbeitet. Die Leute halten Dad häufig und irrtümlich für ernst und unzugänglich, aber wenn dieselben Leute ihn besser kennen lernen, stellen sie fest, dass er einen wunderbaren Sinn für Humor hat. Er ist trocken wie ein guter Martini.

Ein Beispiel? Vor ein paar Monaten bereiteten Dad und ich in meinem Reusenlager Körbe für das Auswerfen vor. Irgendwann bei unserer Arbeit fiel uns auf, dass uns ein Mann und eine Frau von der Straße her neugierig beäugten. »Kennst du sie?«, flüsterte ich meinem Vater zu.

»Nein. Das müssen Tagesausflügler sein«, antwortete er und meinte damit Besucher, die mit dem Frühboot eintreffen und die Insel am selben Tag mit dem Spätboot wieder verlassen. Während wir weiter an den Fangkörben werkelten, rückte das von unserer Tätigkeit eindeutig faszinierte Pärchen ein bisschen näher.

Die Frau legte eine Hand wie einen Trichter an den Mund und schrie: »Hallo, Sie da!« Weil wir uns beeilen mussten, vor dem Einsetzen der Ebbe dreißig Reusen auf meinen Truck und an Bord der *Mattie Belle* zu bekommen, riefen wir dem Pärchen einen knappen Gruß zu, hielten unsere Köpfe aber weiter gesenkt und unsere Finger beschäftigt, um jede weitere Konversation zu unterbinden. Die Frau ließ sich nicht entmutigen und rief uns eine Frage zu. Ich war sicher, mich verhört zu haben.

»Hat sie tatsächlich gefragt, was ich glaube gehört zu haben?«, wollte ich von meinem Vater wissen. Er lächelte, zuckte mit den Schultern, schüttelte den Kopf und gab mir so zu verstehen, dass auch er sie nicht ganz verstanden hatte. Die beiden warteten auf eine Antwort.

Entschlossen rückte das Pärchen noch ein paar Meter näher. Die Frau riss erneut den Mund auf. Jetzt hörte ich die Frage klar und deutlich: »Fangen Sie mit den Käfigen da Hummer?« Was sollte ich auf eine derart törichte Frage nur antworten? Dass Hummer nun einmal nicht auf Bäumen leben?

»Hast du sie diesmal verstanden, Dad?«

Wieder zuckte mein Vater mit den Schultern und rief lächelnd: »Hier scheint keine besonders günstige Stelle zu sein. Vielleicht hört es sich verrückt an, aber wir wollen ein paar dieser Käfige ins Wasser bringen. Möglicherweise ist es da besser.«

»Oh. Na dann viel Glück!« Die Frau war sichtlich erfreut, auf einen echten *Maine Lobsterman* gestoßen zu sein. Zufrieden setzte sie mit ihrem Mann den Spaziergang fort.

Mein Vater und ich gehen gemeinsam auf Fischfang, solange ich mich erinnern kann. Bis mein Bruder zur Welt kam, war ich der einzige Sohn meines Vaters. Selbst nach Charlies Geburt 1968 blieb ich der Angelgefährte unseres Dad, bis Charlie, aus dem schließlich Chuck wurde, alt genug war, meine Position zu übernehmen. Da Chuck mit seiner Familie auf dem Festland lebte, schlüpfte ich nur zu gern wieder in die Position hinein. Allerdings brauchten Dad und ich eine gewisse Zeit, um zur problemlosen gemeinsamen Arbeit zurückzufinden. Inzwischen hat Dad gelernt, dass es für uns beide besser ist, wenn er neunzig Prozent von dem ignoriert, was ich an Bord von mir gebe. Denn neunzig Prozent von dem, was ich beim Einholen von Hummerkörben von mir gebe, sind Beschwerden über das mühselige Einholen von Hummerkörben.

Schon morgens, wenn ich über die Reling der *Mattie Belle* kletterte, um den Tag zu beginnen, gab es für mich vielfältigen Grund zur Klage. Das hartnäckige Ausbleiben der Hummer nagte inzwischen an meiner Stimmung. Mein Freund und Exskipper Alden hätte sich über meine schlechte Laune beschwert, und wir wären uns prompt in die Haare geraten. Dad ging ungerührt seiner Tätigkeit nach. Wenn ich nicht mit meinem Schicksal haderte, flüchtete ich mich in Tagträume von einem anderen Leben und phantasierte davon, wieder auf hoher See Fische zu fangen. Schließlich hatten sich meine Pläne zur Befriedigung meiner Nestbauinstinkte nicht realisiert. Es machte mir selbst Sorgen, dass mit mir zunehmend schlechter auszukommen war, aber was sollte ich machen? Gefühle von Unzufriedenheit waren mir so fremd und ungewohnt, dass ich nicht wusste, wie ich damit umgehen sollte. Stets hatte mich die Überzeugung beherrscht, mit harter Arbeit alles erreichen zu können. Die einzige Schwierigkeit bestand in der Entscheidung darüber, was ich eigentlich wollte. Die meiste Zeit meines Lebens war ich problemlos von Punkt A über Punkt B nach Punkt C gekommen. Im Moment war die Entscheidung über den nächsten Punkt die reine Qual. Vielleicht sollte ich nach Alaksa auswandern ...

Als der Juli in den August überging, machte meine Tagträumerei mich unvorsichtig. Als ich eines Tages in einen Fangkorb griff, spürte ich, wie mir ein scharfer Schmerz in den Arm schoss. Hastig zog ich meine Hand aus dem Korb. Ein großer Krebs hatte meinen Daumen zwischen seine Schere genommen und hing an ihm von

meiner rechten Hand. »Autsch! Du verdammtes Mist-
ding!« Heftig schüttelte ich mein Hand, bis die Schere
aufging und der Krebs auf die Deckplanken fiel. »Dir
werd ich's zeigen, du Scheißkerl!« Immer wieder trat
ich mit dem Stiefelabsatz auf den Krebs, bis er aussah
wie von einem Bus überfahren. Es gelang mir, das Krustentier auf das Zweifache seines Körperdurchmessers
zu zerquetschen, als ich mir der Anwesenheit meines
Vaters bewusst wurde.

Dad flucht selten, und obwohl er mich noch nie dafür
getadelt hat, wusste ich doch, dass er meine Schimpfworte an Bord der *Mattie Belle* zutiefst missbilligt. Ich
sah, wie er auf den toten Krebs, auf mich und wieder
auf den Krebs blickte. »Himmel, tut das weh«, sagte
ich.

Stirnrunzelnd betrachtete mein Vater den leblosen
Krebs. »Das kann ich mir denken«, sagte er ruhig. Es
war nicht gerade das, was ich von ihm erwartet hatte.
Mit wehleidiger Miene zog ich den Handschuh aus,
um meinen Daumen zu inspizieren, in dem es dumpf
puckerte. Der Nagel war bereits blau angelaufen,
Bluttropfen sickerten aus dem Nagelbett. Ich erwartete,
dass Dad sich dazu bereit fände, die Verletzung zu
untersuchen oder mich wenigstens mit ein paar mit-
fühlenden Worten zu trösten, doch meine Hoffnung
erfüllte sich nicht. Jetzt schraubte ich meine Erwartungen auf den Wunsch hinunter, er möge mich wenigstens
eine »empfindliche Primel« nennen. Dagegen könnte ich
immerhin protestieren und mich beschweren, *er* wäre ja
nicht gezwickt worden. Aber auch das schien ihm gar
nicht in den Sinn zu kommen. Scheinbar blind und taub
für meine Schmerzen und die Demütigung, die ich erlit-
ten hatte, wandte sich mein Vater wieder der Aufgabe
zu, die Reusen mit frischen Ködern auszustatten.

In einer letzten Aufwallung verzweifelter Frustration gab ich dem platten Krebs einen Tritt, der ihn wie einen Hockeypuck zum Heck beförderte. »Du Bastard!«, schrie ich und wusste nicht recht, ob ich den Krebs oder meinen Vater meinte.

Nie hatte ich den Hummerfang mehr verabscheut. Während ich heftiger als nötig mit dem Steuer hantierte, hastiger als üblich Körbe einholte und ganz allgemein Dinge durch die Gegend schleuderte, verwandelte sich meine Wut allmählich in Selbstmitleid. Sonderbarerweise ertappte ich mich schon bald dabei, fröhlich »King of the Road« zu schmettern, und konnte nicht ausschließen, dass mein Vater mich für schizophren hielt. Tagträume und Phantasien schaffen es nahezu immer, mich aus Phasen selbstverschuldeter Niedergeschlagenheit zu reißen, und wenn ich singe, summe oder pfeife, bin ich in meiner kleinen Welt glücklich und zufrieden. Wenn ich mich beim Singen eines Liedes ertappe, bin ich mir nie sicher, wie oft ich ein und dieselbe Strophe schon geträllert habe, muss mir aber von vielen Crewmitgliedern sagen lassen, dass meine ständigen Wiederholungen unglaublich lästig seien. (Einmal habe ich zwei Wochen lang nichts anderes als den Refrain von »The Cover of the Rolling Stone« zum Besten gegeben.) Die Sangesfreude habe ich von meiner Mutter. Ich kannte jedes Wort von Petula Clarks »Downtown« auswendig, bevor ich den Text von »Twinkle, Twinkle Little Star« lernte. Sobald meine Mutter die Küche betritt, fängt sie an zu singen und hört nicht wieder auf, was die Verbindung erklären könnte, die für mich zwischen Gesang und Glücksgefühlen besteht, denn die Kochkünste meiner Mutter machen mich immer glücklich. »King of the Road« ist noch immer ein bewährter Bestandteil meines Repertoires, und der

Song half mir, der Realität – dem Schmerz in meinem Daumen sowie dem Einholen vorwiegend leerer Fangkörbe – zu entkommen.

Bei der dritten Strophe legte ich eine Pause ein, um eine Reuse an Bord zu ziehen und meinem Vater zuzuschieben, der auf sie wartete. Ein paar Töne des Refrains, und der zweite Korb lag vor mir. Ich öffnete die Klappe und erblickte zu meinem Entzücken einen zappelnden Zweipfundhummer. Als ich ihn aus der Reuse holte, stellte ich enttäuscht fest, dass es sich um ein trächtiges Weibchen (*egger*) handelte. Also zurück ins Meer mit ihr. Ich hob den Arm, um genau das zu tun, als mein Vater mit einem frisch gefüllten Ködersack auf mich zukam. Eine Stimme aus dem VHF lenkte mich ab, und im Nu »schnappte« der *egger* mit beiden Scheren nach Dads nacktem Unterarm: Ein Hummer besitzt zwei Scheren, die nach ihren unterschiedlichen Funktionen *crusher* und *ripper* genannt werden, die sie nun an der empfindlichen Unterseite von Dads Arm ausübten. Die »Hummerin« hatte sein Fleisch fest im Griff und offenbar nicht die Absicht, wieder loszulassen.

Ich sprang zur Seite, um meinem Vater die Chance zu geben, den Hummer gegen ein Schott zu schwingen und auf die Planken zu schleudern wie ich den Kollegen. Reglos stand Dad da und stützte seinen linken Arm, an dem der Hummer hing, mit der rechten Hand ab. Er biss die Zähne zusammen, kniff die Augen zu und wartete darauf, dass das Krustentier die Scheren öffnete. »Jesus, Dad. Tut mir Leid. Ich war nicht vorsichtig genug, aber sie hat dich blitzschnell gepackt.« Ich litt mit ihm.

»Glaubst du, ich könnte ganz behutsam versuchen, die Scheren zu öffnen?«

»Leg das Biest hier auf den Rand.« Ich brannte darauf, den Schmerz zu lindern, an dem ich schuld war. »Ich werde sie für dich zerschmettern.« Mit Kopfschütteln und einem angewiderten Schnaufen wurde mein Angebot abgelehnt. Trächtige Hummerweibchen sind in der Regel sehr aggressiv, aber irgendwann lockerte das Tier eine Schere. Ich nehme an, es wollte anders und noch besser zupacken, aber bevor es das tun konnte, umfasste Dad den *ripper* mit der rechten Hand und hielt ihn geschlossen, bis der Hummer auch seinen *crusher* von seinem Arm löste. Ich wollte den verletzten Arm in Augenschein nehmen, aber mein Vater ignorierte mich. Er warf das Hummerweibchen vorsichtig ins Wasser zurück und sorgte dafür, dass es mit dem Rücken und nicht mit dem Bauch auf der Oberfläche landete, damit der Laich nicht beschädigt wurde.

»Zickiges Weib«, war alles, was Dad sagte. Und als er zu seinen Ködersäcken zurückkehrte, fragte ich mich, ob er damit den Hummer oder mich meinte. Vorausgesetzt, die Bemerkung galt dem *egger*, fühlte ich mich versucht, mich mit dem Hummerweibchen zu solidarisieren. Ich habe über Lobster gelesen und weiß, dass es bis zu zwanzig Monate dauern kann, bis sie ablaichen. Meiner Ansicht nach hatte die »Schwangere« jeden Grund, zickig zu sein.

Für mich haben Hummer absolut nichts Anziehendes an sich, und ich habe mich oft gefragt, wie sie es schaffen, sich in so großer Zahl zu vermehren. Aber offensichtlich finden Hummer einander attraktiv genug, um bemerkenswert fruchtbar zu sein, obwohl den eher mechanischen Paarungsritualen jede Romantik fehlt.

Wenn sich ein Hummerweibchen häutet (den Panzer wechselt), ist es so verletzlich wie ein Mädchen, das die

Hüllen fallen lässt. Der Häutungsprozess wird durch die Meerestemperatur ausgelöst und erfolgt in den Gewässern, in denen ich fische, für gewöhnlich Mitte Juli. (Wenn ich über Funk etwas von »*shedders* in Duck Harbor« höre, kann ich nie sicher sein, ob der Fischer einen weichschaligen Hummer gefangen oder einen Nacktbader am Strand erspäht hat.) Das Hummerweibchen scheint den Beginn des Paarungsprozesses zu bestimmen (nicht anders als beim Menschen, wie ich hin und wieder höre), denn vor der Häutung lockt es das Männchen aus seinem Versteck, indem es Pheromone verspritzt, die sexuell stimulierend wirken. Einmal verspritzt, lockt dieser Duftstoff alle Hummermännchen der Umgebung an.

Intelligenz und Bankkonto gelten nicht unbedingt als die Kriterien, nach denen ein Hummerweibchen mögliche Partner bewertet. Die Vorbedingungen für die Vaterschaft eines Hummers sind schlicht und ausschließlich physisch. (Wie das zweifelsfrei und unangreifbar festgestellt werden konnte, übersteigt mein Begriffsvermögen. Aber es scheint Allgemeingut unter jenen zu sein, die nichts Besseres anzufangen wissen, als das Sexualleben der Hummer zu studieren.) Aus den Männchen, die es aus ihren Verstecken gelockt hat, wählt sich das Weibchen den größten und stärksten aus. Allerdings mit der Ausnahme, dass Mutter Natur Hummern nicht gestattet, sich mit Brüdern oder Cousins ersten Grades zu paaren. (Nein, nicht einmal in Maine.) Sobald sich das Weibchen für den »Richtigen« entschieden hat, schickt es einen kräftigen Strahl mit Pheromonen gesättigten Urin in seine Richtung. Total berauscht hebt das Männchen die Scheren und bewegt sich aggressiv auf die Verführerin zu. Je nach Naturell des Weibchens lässt es sich auf einen Kampf ein oder wendet sich ab. Weder tollkühne Bereitschaft noch zimperliches Zieren kann das Männchen entmutigen, das sich nun als ungemein zudringlich erweist.

Schließlich lockt das Männchen das Weibchen in sein Versteck, wo sie bis zu zwei Wochen verbringen können und darauf warten, dass die Circe ihren Panzer abwirft. Im hüllenlosen Zustand bietet das Weibchen bedenkliche Angriffsflächen, und das Männchen hat die Option zwischen zwei Möglichkeiten: Paaren oder Fressen. Spanner versichern, dass es sich *für gewöhnlich* für die Kopulation und gegen den Verzehr seiner Liebsten entscheidet, obwohl es inzwischen ziemlich hungrig sein dürfte. (Ich vermute, dass dem menschlichen Mann die Wahl zwischen dem Verputzen eines Hummers und Sex mit ihm schwerer fallen würde.) Der Akt selbst erfolgt mit »überraschender Zärtlichkeit«, wie die Experten versichern. Nach der Paarung lungert das Weibchen im Versteck herum, bis sein neuer Panzer eine gewisse Härte aufweist und genügend Schutz gewährt. Sobald das der Fall ist, macht es sich aus dem Staub, ohne dem verlassenen Liebhaber auch nur einen letzten Blick über die Schulter zuzuwerfen.

Bei der Paarung gelangt Sperma in einen Speicher im Körper des Weibchens, der als Samenbank dient. Eine »Hummerin« kann das Sperma monatelang lagern, bis ihr persönlicher Kalender den Zeitpunkt für das Laichen für gekommen hält. Auf dem Rücken liegend und den Schwanz wölbend, drückt Mutter Hummer bis zu zwanzigtausend Eier aus ihren Eierstöcken, die auf dem Weg ins Freie befruchtet werden. Die befruchteten Eier bleiben neun bis elf Monate lang an der Schwanzunterseite haften. Die liebevolle Mutter befächelt ihre Kleinen zärtlich mit dem Schwanz, um sie mit Sauerstoff zu versorgen und sauber zu halten, bis der Moment gekommen ist, sie in den Ozean zu entlassen, wo sie ziellos mit der Strömung treiben. Bis zu zwanzigtausend Eier auszustoßen ist eine Herkulesarbeit und kann bis zu vierzehn Tagen dauern.

Man schätzt, dass nur zehn von den zwanzigtausend Eiern lange genug überleben, um unserem Bild vom Hummer zu entsprechen. Nach dem Schlüpfen durchlaufen Lobster vier Larvenstadien und werden zu den sonderbaren Kreaturen, die Hummerfischer als *bug* bezeichnen. Etwa einen Meter unter der Oberfläche treibend, sind Hummerlarven leichte Beute für Seevögel und Fische, bis sie im Alter von zwei bis vier Wochen und in ihrer vierten Entwicklungsphase auf den Meeresboden sinken. Durch Häutung erreichen Babyhummer das fünfte Lebensstadium, in dem sie sich ein Versteck für die nächsten vier Jahre suchen. (Es ist eine verlockende Vorstellung, dass manche Kinder diese Praxis übernehmen könnten.) Während dieser Zeit verlassen Hummer ihren Zufluchtsort ausschließlich zur Nahrungssuche, und zwar nur bei Nacht. Hummer sind Nachttiere.

In den ersten fünf Jahren seines Lebens häutet sich ein Hummer bis zu fünfundzwanzigmal. Ein frisch gehäutetes Tier ist empfindlich, extrem träge und daher eine bequeme Beute für jeden, den Hungergefühle plagen. Ein erwachsenes Tier häutet sich einmal im Jahr, bis es seine maximale Reife erreicht hat. Ein Hummer, der groß genug ist, um legal gefangen und verkauft zu werden, ist etwa sieben Jahre alt.

Ich denke, es dürfte allen klar sein, dass ein weiblicher Hummer den größten Teil seines Daseins mit Schwangerschaft, Häutung und der Flucht vor Räubern zubringt. Wer würde bei einem solchen Leben nicht zickig werden? Ich fragte mich, ob in der Misere eines

Hummers etwas lag, was meine neuerliche Missstimmung rechtfertigen könnte, gab die unsinnige Grübelei jedoch auf, als wir unser Tagewerk beendeten und dem Hafen zustrebten. Dort angekommen, rief ich Dad zu, dass ich rechtzeitig zum Abendessen zu Hause sein würde. Wie immer winkte er mir lächelnd zu. Sein Unterarm sah einfach scheußlich aus. Ich machte mir bewusst, dass meinem Vater kein Wort über seine Verletzung über die Lippen gekommen war, wohingegen ich über meinen Daumen anhaltend und laut Klage geführt hatte.

Geologie

Die Gefahr der Entvölkerung und ihre Konsequenzen für eine kleine Gemeinde hat etwas von Prophezeiungen, die sich selbst verwirklichen. Auf der Furcht, keine Ehepartner zu finden, ziehen junge Leute fort, und Familien – die Basis jeder funktionierenden Gemeinschaft – werden die Ausnahme. Es gibt vielfältige Hinweise auf den Bevölkerungsschwund, aber einer der greifbarsten auf der Insel sind die immer kürzer werdenden Öffnungszeiten unseres General Store.

Er entspricht genau den Erwartungen, die man sich gemeinhin von dem einzigen Laden auf einer kleinen Insel macht, in dem Lebensmittel (und alles andere) angeboten werden. Ich hoffte, dort die Island Boys George und Tommy zu treffen, da sie dort täglich zur Mittagszeit mit ein paar Kumpanen ihren Lunch einnehmen. Das Gebäude ist ein Saltbox-Haus (vorn ein ausgebautes Dachgeschoss, hinten nur ein Erdgeschoss) von undefinierbarer Farbe, weder grau noch weiß. An der Fassade fehlen ein paar Schindeln, und das Firmenschild über der Veranda ist so verblasst, dass man annehmen könnte, man habe den Laden längst aufgegeben. Eine schadhafte Gazetür schwingt im Wind hin und her, unter der Dachtraufe nisten Sperlinge, die hin und wieder etwas fallen lassen – wohl um den Anschein von Lebendigkeit zu erwecken. Ein ehedem blauer Picknicktisch steht zwischen Store und Tankdock, das sich bei Ebbe zwischen schlammigen Muschelbänken erstreckt. Die einzige Selbstbedienungs-Zapfsäule, die immer noch (und vermutlich vergebens) auf den Anbruch des digitalen Zeitalters wartet, wurde beim Zurücksetzen so oft angebufft, dass zu ihrem Schutz ein Steinsockel errichtet werden musste.

Ich war mir nicht ganz sicher, ob die Island Boys mir absichtlich aus dem Weg gingen, wollte aber nicht das Risiko der Entdeckung eingehen, stellte meinen Pick-up hinter Tante Gracies Haus ab und ging zu Fuß zum General Store. Unter so wenigen Bewohnern sprechen sich Neuigkeiten schnell herum, und die Island Boys hielten bestimmt genau Ausschau nach dem pink-braunen »Kampfwagen«. Ohne Auspufftopf war ein Überraschungsangriff unmöglich.

George und Tommy sind echte Schlitzohren, die Dauerbewohner wie Sommergäste gleichermaßen gern auf den Leim führen, allerdings nicht ohne ein gewisses Gespür für Humor. Nach ihrer Ankunft auf der Insel gründeten die beiden ein gemeinsames Geschäftsunternehmen mit dem Namen Island Boys Repairs. Früher oder später ist nahezu jeder dem Duo zum Opfer gefallen. Am meisten nerven die Inselbewohner die ständigen Behauptungen der beiden: »Auf dem Festland haben wir es aber anders gemacht«, was natürlich zu der Frage führt, warum sie nicht dorthin zurückkehren. Aber wegen des Mangels an verfügbaren und willigen Arbeitskräften halten sich George und Tommy gut im Geschäft. Eins ihrer jüngsten Opfer war ich, was mich so erboste, dass ich sie im Store aufspüren wollte, um sie dazu zu bewegen, das wieder in Ordnung zu bringen, was sie ohne Auftrag verpatzt hatten. Als ich in der letzten Woche ihren Truck nahen hörte, hätte ich sofort die Flucht ergreifen sollen.

Das Scheppern und Ächzen ihres Trucks drang von hinten an meine Ohren, als ich von der Straße auf das Grundstück einbiegen wollte, auf dem ich meine Fangkörbe während des Winters aufbewahre. Ich drehte mich um und sah, wie sie ihren klapprigen Ford zum Stehen brachten. Hinter der gesprungenen Windschutzscheibe hockten zwei große, bullige Männer, meine alten Kumpel George und Tommy. An der Seite des Trucks stand in weißer Farbe und ungelenken Lettern: »Island Boys Repair Service – was wir nicht richten können, ist nicht kaputt.« Es folgte eine Aufzählung der Tätigkeiten, für die George und Tommy sich befähigt halten: »Kraftfahrzeugarbeiten, Motorreparaturen, Haus- und Gebäudewartung, Gartengestaltung und -pflege, Fiberglaskonstruktionen, Malerarbeiten.«

Tommy, der sich nicht ohne Stolz als Frauenheld bezeichnete, schien nicht mehr gebadet zu haben, seit der erste Frost den Teich überzogen hatte. Er warf sich von innen gegen die Tür, die klemmte und dringend repariert werden musste. (Nebenbei bemerkt vertritt Tommy die Theorie, wenn er jeder Frau, der er begegnet, einen Antrag macht, würde irgendwann eine »Ja« sagen. Soweit ich weiß, ist das noch nie passiert. In all den Jahren, die ich Tommy nun schon kenne, ließ ich ihm gegenüber nie einen Zweifel an meiner Überzeugung, warum er so oft ein »Nein« zu hören bekommt. Er neigt nicht nur bei der Arbeit zum Laisser-faire.) George glitt über die Sitze und verließ den Truck durch die Beifahrertür. »Die Fahrertür funktioniert nicht«, informierte er mich.

Zu dem Zeitpunkt freute ich mich sogar, die beiden Männer zu sehen. George und Tommy waren vor zwanzig Jahren aus Baltimore beziehungsweise Philadelphia auf die Insel gekommen. Obwohl ich den starken Verdacht hegte, dass die beiden auf der Flucht vor dem Gesetz waren, besagten hartnäckige Gerüchte, dass sie Führungspositionen innegehabt hatten – George in der Versicherungsbranche, Tommy auf dem Gebiet der Medizin – und sich bei uns ursprünglich nur erholen wollten, um uns dann nie wieder zu verlassen. Fasziniert vom rückständigen Charme der Insel lehnten sie es ab, nach Ablauf ihrer zwei Ferienwochen wieder in den harten Konkurrenzkampf einzusteigen. Ihre Frauen, die das Stadtleben vorzogen, reichten die Scheidung ein und knöpften ihren Männern alles ab, in Georges Fall einige Dollarmillionen, seinen Worten zufolge jedoch »die beste Ausgabe, die ich jemals getätigt habe«.

Während wir miteinander plauderten, sah sich George gründlich um und verkündete schließlich: »Einige der Bäume da müssen dringend gefällt werden, bevor sie vom Sturm umgeweht werden. Tommy und ich könnten das für Sie übernehmen. Ich habe eine neue Kettensäge.«

»Oh, vielen Dank, aber bevor ich nicht endlich ein paar Hummer gefangen habe, kann ich mir Ihre Dienste nicht leisten, fürchte ich. Später vielleicht.«

»Es würde nicht die Welt kosten. Und Sie können sich mit der Bezahlung Zeit lassen. Komm, Tom, wir wollen die Säge holen. Wir müssen ein paar verdammte Bäume umlegen!« Bevor ich protestieren konnte, kletterten sie in ihr Fahrzeug.

»Der Truck ist aber keine besonders gute Werbung für Ihr Reparaturunternehmen«, merkte ich an.

»Machen Sie Witze?«, erkundigte sich Tommy durchs Fenster, während George versuchte, den Motor zu starten, der aber röchelnd immer wieder erstarb. »Der Truck ist der Beweis für unsere Genialität. Das verdammte Ding hat fünfzig Jährchen auf dem Buckel. Wir sind Zauberer, wir bewirken Wunder.« Schließlich sprang der Motor an. »Sehen Sie?« Unter Hinterlassung einer Qualmwolke entschwand der Uralt-Ford in der Ferne, und ich hoffte, dass mir Georges und Tommys Rückkehr mit der Kettensäge erspart blieb. Dad tauchte auf, um mir beim Zuschneiden und Spleißen von Leinen zu helfen, die wir im Herbst brauchen würden, um Reusen in größerer Wassertiefe auszusetzen.

Im Schuppen stellten mein Vater und ich den elektrischen Brenner an, trennten Taue in unterschiedlich lange Stücke und spleißten in jedes Leinenende eine Öse. Wir schätzten ab, wie viele Leinen in welcher Länge wir benötigen würden, und splissten, bis meine Finger wund waren. Das ohrenbetäubende Kreischen einer Kettensäge machte es Dad und mir unmöglich, unsere Kalkulationen fortzusetzen. Ich vermied jeden Blick auf Dad und war dankbar für den Lärm, der ihn von der Frage abhielt: »Hast du etwa diese Idioten angeheuert?«

Ein dröhnendes Krachen ließ den Schuppen erbeben. Kurze Stille, dann: »Oh, Scheiße!« Dad und ich rannten zur Tür und sahen, dass die Spitze der soeben gefällten Tanne auf das Dach des Schuppens gestürzt war. Sie ruhte in den tief eingedellten Dachschindeln wie ein Baby in der Wiege. Mit Bauarbeiterhelmen und Schutzbrillen kamen Tommy und George um die Schuppenecke gerannt. Tommys T-Shirt zeigte eine breite Schweißspur von den Achselhöhlen bis zu den Rettungsringen oberhalb seines Gürtels. George würdigte Dad und mich keines Blickes. »Komm, Tom, wir wollen eine Leiter holen, müssen ein verdammtes Dach reparieren.«

Während ich fassungslos auf das beschädigte Dach starrte, machten sich die beiden Männer blitzschnell aus dem Staub. Ich hörte die Tür des Trucks quietschen, dann zufallen, gefolgt vom Röhren des Motors, der langsam in der Ferne verklang. Ich war meinem Vater dankbar, dass er kein Wort über den Vorfall verlor, und hoffte, dass die Island Boys die Dachbalken und Schindeln ersetzen konnten, bevor das Wetter umschlug. Mein Wissen über den Eifer der Männer ließ mich befürchten, dass sie mir Eimer zur Verfügung stellen würden, damit ich die Regenfluten auffangen konnte, die mit Sicherheit auf die teuren technischen Geräte herabströmen würden.

Seit der Zertrümmerung des Daches war eine Woche vergangen, ohne dass ich die Island Boys zu Gesicht bekommen hätte. Dad und ich hatten inzwischen die Baumspitze entfernt und um trockenes Wetter gebetet. Ich fragte mich, wie viel mir George und Tommy für die Beseitigung des Schadens berechnen würden, zu dem es ohne sie nicht gekommen wäre. Angesichts meiner Hummerbeute würden sie sich noch lange gedulden müssen, bis sie überhaupt irgendwelche Gelder von mir eintreiben konnten. In der letzten Woche war ein leerer Korb nach dem anderen an die Oberfläche gekommen. Es sah ganz danach aus, als könnten wir die ganze Saison abschreiben.

Punkt zwölf Uhr betrat ich den General Store in der Hoffnung, die Island Boys anzutreffen. Sie erfüllte sich nicht. Ich begrüßte meine Tante Sally, die den Laden führt, und meinen alten Freund Ben MacDonald, der als ihre Hilfskraft fungiert. Ben gehört zu der Hand voll

Insulaner, die ihr ganzes Leben hier verbracht haben. Er kam im Alter von drei Tagen auf die Insel und wurde von seinen Großeltern aufgezogen, nachdem sein Vater auf See geblieben war. Bis auf zwei schulbedingte Abwesenheiten hat er nie woanders gelebt, und seine bislang weiteste Reise führte ihn nach Maryland. Ben kümmert sich ausschließlich um seine Angelegenheiten, was ihn in die Lage versetzt, über alle Differenzen und Kabbeleien hinweg mit jedermann gut Freund zu sein. Die Fähigkeit und das Verlangen, letztendlich mit allen auszukommen, macht Ben zu einem Fels in der Inselbrandung.

1972 verließ Ben erstmals die Insel, um die Highschool zu besuchen, und kehrte vier Jahre später mit der Erkenntnis zurück, homosexuell zu sein. Mir war in unserer Pubertät bereits der Verdacht gekommen, mein guter Kumpel könnte schwul sein, aber Ben hatte offenbar keine Ahnung von seiner Disposition, bis er in der ersten Klasse der staatlichen Highschool in Vinal Haven das Etikett »Schwuchtel« verpasst bekam. Für mich ist es kein Wunder, dass Ben seine Neigung nicht erkannte, bis er sein Zuhause verließ.

Drei Jahre lang besuchte Ben als einziges Kind unsere Inselschule, und es sah ganz danach aus, als wäre die Insel endgültig vom Aussterben bedroht. Dann aber erhielt er doch noch die Gesellschaft von drei weiteren Schülern, von denen zwei seine Cousins waren. Für jene unter Ihnen, die davon überzeugt sind, dass niemand als Homosexueller geboren wird, ist Ben der Gegenbeweis. Es gab für ihn nie ein homosexuelles Rollenmodell, an dem er sich hätte orientieren können. Ich kenne die landläufige Meinung, dass schwule Männer für Frauen die besten Freunde sind, weil Sex einer solchen Beziehung nicht gefährlich werden kann. Doch das ist keine

Erklärung für unsere Freundschaft. Einer der Gründe ist vermutlich unsere Mitgliedschaft im *Lonely Hearts Club*, einer Vereinigung, der alle Inselsingles angehören, ob schwul oder hetero. Außerdem habe ich Ben gern und freue mich, mit ihm zusammen zu sein, zwei Aspekte, die in Liebesbeziehungen mitunter fehlen. »Gern haben« nimmt für mich eine immer größere Bedeutung und Wichtigkeit an als »Lieben«. Ben und ich sind übereinstimmend der Meinung, dass es schön wäre, wenn es auf der Insel mehr Leute gäbe, die man gern haben kann.

»Hi, Ben! Hi, Tante Sally!« Ich schloss die Tür hinter mir. »Habt ihr George und Tommy gesehen?«

»Nein. Sie haben sich noch nicht blicken lassen. Sie sind unten am Schulhausstrand, um Victors Boot aus dem Wasser zu holen und zu streichen«, erwiderte meine Tante und setzte die Kaffeemaschine für die Mittagsgäste in Betrieb, die erst noch erscheinen mussten. »Heute früh sind sehr sympathische Leute mit dem Postboot eingetroffen«, fuhr sie fort. »Zwei Ehepaare aus Martha's Vineyard, die ein bisschen wandern wollen. Sie würden dich bestimmt gern kennen lernen. Ich schätze, sie werden bald hier sein.«

»So?« Ich fragte mich, welche Informationen meiner Tante die Fremden veranlasst haben könnten, unbedingt meine Bekanntschaft machen zu wollen. Sie klärte mich nicht auf, aber ihr Schmunzeln ließ leichte Unruhe in mir aufkommen. Tante Sally lässt sich auf Anhieb als eine Greenlaw identifizieren. Sie stellt die weibliche Version ihrer vier Brüder dar, deren jüngster mein Vater ist. Der deutlichste Nachweis ihrer Abstammung sind die braunen Augen, die größer und dunkler sind als die anderer Leute. Auch mit vierundsiebzig Jahren haben sich Sallys Augen ein schalkhaftes Funkeln bewahrt, das mich an ihre Begabung erinnert, wie niemand sonst auf dem schmalen Grat zwischen Spaß und Ernst zu balancieren.

»Ich kann nicht glauben, dass Victor den Island Boys sein Boot anvertraut«, sagte ich nach Bestätigung für meine Meinung über das Duo heischend, aber sie blieb mir verwehrt. Ich zog ein Taschenbuch aus dem Ständer neben dem Brotregal – *Die Geologie der Isle au Haut* von Marshall Chapman – und setzte mich auf einen roten Plastikbehälter für Milchflaschen, um das Werk eines der vielen interessanten Sommergäste der Insel zu lesen.

Fast eine Stunde verstrich, während ich mir die geologischen Besonderheiten unserer Insel zu Gemüte führte. Etliche Kunden kamen und gingen. Die meisten Unterhaltungen betrafen den von George und Tommy entwickelten und gebauten Stapelschlitten, mit dem sie Victors Boot hinter ihrem Truck aus dem Wasser und an Land ziehen wollten. Nachdem mir Details der Konstruktion zu Ohren gekommen waren, konnte ich relativ sicher sein, dass die Bretter, die man mir für die Reparatur meines Schuppendachs in Rechnung gestellt hatte, die aber bisher nicht auf meinem Lagerplatz aufgetaucht waren, leihweise beim Bau des Bootsschlittens Verwendung gefunden hatten. Diese kreative Methode wird immer wieder auf der Insel angewandt, da an finanziellen Mitteln und Rohstoffen ständig Mangel herrscht.

In den Wintermonaten sind Propangasflaschen und Autoreifen die am meisten gefragten Objekte, die häufig bei abwesenden Sommergästen ausgeliehen werden. Fünfzig Kilo schwere Gasflaschen werden von Häusern entfernt, Reifen werden von geparkten Autos montiert, die aufgebockt bleiben, bis die Reifen Minuten vor dem

Eintreffen der ahnungslosen Sommerinsulaner wieder an Ort und Stelle gebracht werden. Was man nicht weiß, macht einen nicht heiß…

Auf der letzten Seite von Marshalls Werk angekommen, hatte ich einen treffenden Titel für das Buch gefunden: *Die* Genealogie *der Isle au Haut.* Zahllose Vergleiche zwischen der Entstehung der Insel und der Struktur ihrer Bevölkerung boten sich geradezu an. Die Geschichte wiederholte sich doch. Drei geologische Ereignisse, die die Insel im Verlauf der letzten 420 Millionen Jahre geformt haben, hatten ihre Entsprechungen in relativ kurz zurückliegenden Jahrzehnten und führten zu höchst unterschiedlichen Individuen, die alle stolz sind, sich *Islander* nennen zu können.

Der Inselsockel besteht aus Felsgestein, das sich bei Vulkanausbrüchen gebildet hat. Auch die ersten Siedler waren gewissermaßen eruptiv, denn ihr Hauptziel bestand darin, sich auf legale Weise vom Festland zu lösen, indem sie beim Commonwealth of Massachusetts um eine Übereignung der Insel ersuchten. Phasen vulkanischer Aktivität – Lavaströme brachen aus und erkalteten – schufen Schichten aus Granit und Diorit. Immer neue Menschen strömten auf die Insel und wurden sesshaft, bis mehrere Schichten – Generationen und Gemeinden – entstanden waren. 1878 gab es vier Schulbezirke auf der Insel, und die Grundschule verzeichnete zweiundachtzig Schüler. In der Blütezeit reichte *ein* General Store für die große Bewohnerzahl nicht aus, es gab mehrere. Eine Kirche wurde errichtet, und eine Konservenfabrik für Hummer nahm den Betrieb auf. Wegen der ertragreichen Fischgründe wimmelte es auf dem Wasser von Booten. Und dann kam – eine Eiszeit.

In der »Wisconsinan Epoch« war sie über drei Kilometer dick, wie Marshall schreibt. »Die Basis eines

Gletschers ist eine Art Geröllhalde. Durchsetzt mit Steinbrocken und Felstrümmern, die sich wie Sandpapier auf den felsigen Untergrund auswirken. Obwohl Fels härter ist als Eis, üben Gletscher einen gewaltigen Druck auf das Gestein aus. Glaziale Bewegungen hinterlassen tiefe Furchen. In Felsspalten sammelt sich Schmelzwasser, gefriert wieder, dehnt sich aus und sprengt das Gestein auseinander. Gletscherfelder in Bewegung schleppen jede Menge Steinbrocken mit sich und sorgen für scharfe Ecken und Kanten im Felsgestein.«

In meiner – vielleicht leicht übersteigerten – Phantasie hat die Eiszeit, die das Wesen der Bewohner formte, durchaus vergleichbare Wesenszüge hervorgerufen. Rund um den ehemals exklusiven Junggesellenclub entwickelte sich eine wohlhabende Sommerkolonie, und es kam zu einer regelmäßigen Fährverbindung zum Festland. Die Erfindung des Benzinmotors hob die Notwendigkeit für die Fischer auf, in unmittelbarer Nähe ihrer Fanggründe zu wohnen, daher zogen einige von ihnen ins Inselinnere oder aufs Festland. Anfang des 20. Jahrhunderts zwang die Erweiterung der Schulpflicht Familien mit halbwüchsigen Kindern zum Exodus auf die Deer Isle, auf der sich die nächstgelegene Highschool befand. 1944 übernahm die Bundesregierung fast fünfzig Prozent der Insel, um den Acadia National Park zu schaffen. Dieses Konglomerat glazialer Aktivität hinterließ auf unserem Felsen mit Sicherheit »Ecken und Kanten«.

Für mich ist einer der interessantesten Aspekte der Insel das Vorhandensein »erratischer Blöcke« oder Findlinge, die »nach der Eisschmelze wohl oder übel zurückbleiben«. Es gibt einen gewissen Prozentsatz unserer Bevölkerung, den ich hier als hinterlassen oder zurückgeblieben bezeichnen würde. Eins der besten Beispiele dafür ist Ed, ein von der Flut am Strand hinterlassener Schatz. Er tauchte in den siebziger Jahren mit einer Frau und zwei kleinen Kindern an Bord eines entmasteten Segelbootes auf, das bis dahin ihr Zuhause war. Aus den zwei Kindern wurden schon bald vier. Die Frau hat die Insel schon vor Jahren verlassen. Die Kinder gehen zur Schule oder ihrer Arbeit nach, und Ed bleibt so ungekämmt und zerzaust, wie er es schon vor zwanzig Jahren war. Er sieht aus – Entschuldigung! – wie ein Penner, ist aber eine lebende Metapher für den Rat, ein Buch nicht vorschnell nach dem Einband zu beurteilen. Ed entzieht sich einer exakten Charakterisierung. Ein Renaissancemensch, phantastisch belesen, sporadisch verständlich, ein erklärter Gegner des Establishments, ein perfekter Handwerker und extremer Nonkonformist. Ed ist ein Verrückter, aber mein Lieblingsverrückter.

Als ich ihn das letzte Mal sah, lag er mit dem Gesicht nach unten auf dem Tanzboden im Rathaus, wo er mitten in einem Boogie schlappgemacht hatte. Heute unterbrach er meine Lektüre, und wir begannen eine Plauderei über die Tanzerei und Leute, die des Guten zu viel getan hatten. »Ich war nicht annähernd so betrunken wie früher«, erklärte Ed. Ben und ich tauschten Blicke aus.

»Tatsächlich?«, staunte ich. »Dann frage ich mich, wie betrunken du in der Vergangenheit warst, denn am Freitagabend bist du zusammengeklappt wie ein Taschenmesser.«

»Nun ja …« Ed grinste schief. »Früher bin ich oft schwer gestürzt und wachte am nächsten Morgen mit einer kaputten Nase oder einem lockeren Zahn auf. Aber jetzt merke ich, wenn meine Knie wacklig werden, und gehe prophylaktisch und langsam zu Boden.«

»Gratulation, dass du dich so unter Kontrolle hast!«, röhrte Ben. Tante Sally ignorierte uns. Ed ging um die Ladentheke herum und goss sich eine Tasse Kaffee ein. Während er einen Schuss Sahne hinzufügte, teilte er uns mit, dass er Lincoln Tully geholfen habe, in seinen Reuseneinholer einen neuen hydraulischen Motor einzubauen. Nach seinem üblichen Lunch – zwei Dosen Ölsardinen, die er mit Senf anreichert – zahlte Ed und ging, um die Arbeit mit Lincoln zu beenden.

Ich erinnerte mich an mein Vorhaben, gab Ben das Geld für das Buch und verließ den Store, um weiter nach George und Tommy zu fahnden. Draußen stieß ich auf vier Leute, die ich für die Ehepaare aus Martha's Vineyard hielt. Auf mein lächelndes »Hallo« fragte eine der Frauen: »Sind Sie vielleicht Linda?« Ich bestätigte es, und wir fünf verwickelten uns in ein nettes Gespräch über Inseln, das Wetter und den Hummerfang.

Als die redseligere der beiden Frauen bemerkte, dass ich ihre Mütze bewunderte (eine Art Baseballcap mit der gestickten Aufschrift »Menemsha Blues« und einer Fischsilhouette in kobaltblauem Garn), nahm sie die spontan vom Kopf und streckte sie mir entgegen. Ich schob meinen Pferdeschwanz durch die Öffnung oberhalb des Einstellgurts und zog mir den Schirm in die Stirn. Passte perfekt. Das war eine Frau nach meinem Herzen. Es erstaunte mich, dass sie sich einfach so von ihrer Kappe trennte, aber noch mehr, dass ich das Geschenk nicht höflich dankend ablehnte. »Mir gefällt Ihre Armbanduhr«, grinste ich und beäugte bedeutungsvoll das goldene Band um ihr Handgelenk.

Herb, der schweigsamste der vier, stellte sich zu meiner Überraschung als Hummerfischer heraus. Obwohl ich noch nie dort war, erweckt der Name Martha's Vineyard ein Bild in mir, in das Gummistiefel, versiffte

Boote und stinkende Köder nicht recht passen. In meiner Vorstellung ist die Insel eher ein Paradies für Sportsegler und Hobbyfischer. Herb wirkte seltsam bedrückt, als wäre ihm der Ausflug unangenehm. Ich begann mich nach dem Zweck ihres Ausflugs zu fragen. Wie typische Tagesbesucher sahen die beiden Paare nicht aus. Sie hatten weder Fahrräder noch Rucksäcke bei sich. Ich konnte auch kein Insektenschutzmittel riechen, also schienen sie nicht die Absicht zu haben, über einen der vielen Pfade zu wandern, die sich um und durch den Nationalpark ziehen. Ich zermarterte mir das Hirn nach den Gründen für ihren Aufenthalt hier, als eine der Frauen herausplatzte: »Wir haben einen Freund, den Sie unbedingt kennen lernen sollten.«

»Oh?« Schlagartig war mir klar, welche Hintergedanken meine Tante hatte.

»Ja, er ist ein sehr guter Freund. Wir kennen ihn seit Ewigkeiten. Er ist extrem nett, ledig und auch Fischer!«

Herb, der bisher kein einziges Wort über die Lippen gebracht hatte, sah aus, als würde er gleich ersticken. »Fischer?«

»Nun ja, er hat ein Charterunternehmen«, räumte die Frau ein.

Donnerwetter, dachte ich. Ein Charter Boy von Vineyard. Ich bin sicher, er wäre von mir hingerissen. Wahrscheinlich ist er der geborene Kümmerer und Erlöser. Vielleicht sogar Mitglied bei Greenpeace. Wir wären bestimmt ein echtes Traumpaar. Diesmal hat Amor sich selbst übertroffen. Er ist dort, ich bin hier … Wie groß sind da eigentlich die Chancen, dass wir uns jemals begegnen? Gibt es denn auf seiner Insel keine ledigen Frauen? Ich erinnerte mich an die Gebote der Höflichkeit. »Ich würde ihn gern irgendwann kennen lernen.« Vermutlich benutzt er diese fischfreundlichen Angelschnüre ohne Widerhaken. Ich wette, sein Boot hat ein Teakholzdeck. Ein *Fischer*, ha! »Freut mich, Sie kennen gelernt zu haben. Viel Spaß auf der Insel. Vielleicht sieht man sich mal wieder.« Ich verabschiedete mich, machte auf dem Absatz kehrt und setzte meine Suche nach den Island Boys fort.

Aber als ich am Rathaus vorbeikam, dachte ich noch immer an den Charter Boy und stellte mir seine Reaktion vor, wenn seine Freunde von mir erzählten. Zweifellos würde sein kultivierter Geist ein paar wenig schmeichelhafte Adjektive mit der Berufsfischerin auf dieser hinterwäldlerischen Insel oben in Maine ausbrüten: barbarisch, unzivilisiert, rückständig, unwissend, grob. Kurzum das Resultat von jahrhundertelangem Inzest. Mein Ruf, den gesamten Schwertfischbestand im Nordatlantik eigenhändig abgeschlachtet zu haben, würde ihn höchstwahrscheinlich dazu bringen, sich an seinem *Cafè latte* zu verschlucken und sein feines Seidenhemd zu bekleckern. Er hätte vermutlich kein Interesse daran, mich kennen zu lernen, es sei denn aus der Neugier heraus, die einige von uns zum Besuch einer Abnormitätenschau verlockt. Nun, für mich stand fest, dass Charter Boy ein ziemlicher Snob war: arrogant, anmaßend, aufgeblasen, pedantisch. Meinetwegen konnte er sich zur Hölle scheren.

Als ich mich der Schule näherte, erinnerte ich mich wieder einmal an die Folgen des Bevölkerungsschwunds. Sieben Kinder drückten in diesem Jahr die Schulbänke, im letzten waren es noch elf gewesen. Es gibt nicht mehr viele Einraumschulen in den Vereinigten Staaten. Die auf unserer Insel ist eine von nur noch vierzehn in Maine.

Ich kam an den Schaukeln vorbei und hörte stampfende Motorengeräusche. Als ich die Anhöhe überquerte, die mir bisher den Blick auf den Strand verwehrt hatte, blieb ich wie angewurzelt stehen, um einen Sinn in das verblüffende Bild zu bringen, das sich mir bot. Die lang gestreckte, leicht abfallende Grasfläche zwischen dem Meer und mir wurde von Aktivitäten beherrscht, die nichts anderes sein konnten als das Werk von Island Boys Repairs. Etwa in der Mitte und mit dem Kühler zum Strand stand das vorsintflutliche Feuerwehrauto unserer Gemeinde. Ein rund zwanzig Meter langes Seil verband die hintere Stoßstange mit einem Baumstamm. Die Spule der vor dem Kühlergrill des Trucks montierten hydraulischen Winde enthielt nur noch zwei Schlingen des Kabels, dessen anderes Ende am neuen Bootsschlitten befestigt war, der von der einkommenden Flut halb überspült wurde. Der Motor gehörte zu Victors Boot *Pair of Aces*, die er offenbar auf den Bootsschlitten befördern wollte, der eindeutig bei Ebbe zu hoch am Strand deponiert worden war. (Victor hatte sich noch keine Braut aus dem Katalog bestellt, die Harleybiene aus Alabama war dorthin zurückgekehrt. Zur Zeit gab es nur eine Geliebte in seinem Leben, die alte, treue *Pair of Aces*.)

George und Tommy marschierten an der Wasserkante entlang. Sie blickten alle paar Sekunden auf ihre Armbanduhren und stritten darüber, wie viele Minuten noch bis zum Höchststand der Flut blieben und ob sie das Unternehmen abbrechen, den Schlitten bei Ebbe tiefer schieben und es in zwölf Stunden erneut versuchen sollten, wenn die Flut wiederkam. Victor drehte den Gashebel seines acht Meter langen Novi-style-Hummerbootes ein bisschen mehr auf, in der Hoffnung, die letzten paar Meter doch noch irgendwie zu überwinden. Ohne Erfolg. Das Boot saß fest. Ergeben zuckte der Captain mit den Schultern und kaute auf seinem Zigarrenstummel.

»Hi!«, rief ich, aber George und Tommy waren so intensiv in ihr Problem vertieft, dass sie mein Erscheinen weder in Verlegenheit brachte noch erschreckte. »Soll der Schlitten raus aus dem Wasser oder der Baum rein ins Wasser?«, erkundigte ich mich. »Sehr komisch. Wann ist Hochwasser?«, fragte George. Ich betrachtete den Seetanggürtel an den Felsen und äußerte meine Vermutung, dass ihnen bis dahin noch mindestens eine Stunde blieb und das einkommende Wasser ausreichen würde, die *Pair of Aces* in den Schlitten zu schieben.

»Hey, Linda!«, schrie Victor. »Sieht ganz so aus, als würde ich hier noch eine Weile festsitzen. Warum schwingst du dich nicht in meinen Truck und holst ein Sechserpack aus meinem Kühlschrank?« Ich hielt es für eine glänzende Idee und machte mich mit seinem blauen Chevy auf den Weg.

Als ich zurückkam, zappelten George und Tommy noch immer nervös herum, aber Victor hockte unerschütterlich auf der Reling seines Bootes, die Ruhe selbst. Ich warf ihm eine Flasche Bier zu und fand, dass sein Vertrauen in die Fähigkeiten der Island Boys irgendwie beunruhigend war. Ich brannte zwar darauf, das Thema meines Schuppendachs in Erinnerung zu bringen, beschloss aber, die beiden Männer weder abzulenken noch zu reizen, bis die *Pair of Aces* auf dem Trockenen war. Und vielleicht sollte ich meine Meinung über die beiden überdenken, dachte ich. Diese Aufgabe hier nehmen sie jedenfalls ernst, und an ihren guten Absichten kann kein Zweifel bestehen. Fehler macht schließlich jeder. Sobald diese Aufgabe hier erledigt war, würde ich dafür sorgen, dass mein Dach der nächste Punkt auf ihrer Prioritätenliste wurde.

Tommy bediente sich mit einem Bier, streckte sich neben mir im Gras aus und nahm einen tiefen Zug. Er wischte sich mit einem dreckigen Ärmel über den Mund, rülpste vernehmlich und rückte so nahe an mich heran, als wolle er mir ein Geheimnis anvertrauen. Leise begann er ein bekanntes Lied von Jimmy Buffet zu singen. Gänsehaut überlief mich, als er mir anzüglich und mit Mundgeruch zuraunte: »*Let's just get drunk and screw*«, eine eindeutige Aufforderung, sich zunächst zu betrinken und dann zu bumsen.

Ich wusste nicht, ob ich lachen oder mich übergeben sollte. »So viel Alkohol gibt es auf der ganzen Welt nicht, Tommy.«

George erklärte die Flut für »hoch genug« und schlug Victor vor, einen erneuten Versuch zu unternehmen. Vic drehte den Motor auf, und die *Pair of Aces* glitt problemlos auf den Schlitten. Er warf Leinen über Bug und Heck des Bootes und machte sie an den senkrechten Streben fest, den einzig noch sichtbaren Bestandteilen des Schlittens. Die Island Boys wirkten mächtig stolz, die Sache nicht vermasselt zu haben. »Jetzt warten wir darauf, dass die ablaufende Flut das Boot noch sicherer in den Schlitten drückt, dann winschen wir ein bisschen weiter den Strand hinauf. Morgen setzen wir das Boot wieder aus, und dann haben wir Zeit für Ihr Dach, Linda«, erklärte George.

»Yeah, sobald Vics Boot im Wasser ist, haben Sie die Zeit und auch das Holz für das Schuppendach«, betonte ich, damit sie nicht auf den Gedanken kamen, sich mit irgendwelchen anderen Tätigkeiten vor der Lösung meines Problems zu drücken. »Dad und ich wollen morgens Fangkörbe einholen. Aber wir kommen früher zurück, um bei der Reparatur zu helfen. Dann sehen wir uns also morgen? Am frühen Nachmittag?« Das Duo nickte. Ich winkte Vic zum Abschied zu, der geduldig darauf wartete, dass die Flut weit genug zurückging, um an Land waten zu können, und trat den Heimweg an.

Das Bier machte mich träge. Am Schulhaus legte ich eine Pause ein, setzte mich auf eine der Schaukeln und baumelte mit den Beinen. Kleine Füße hatten auf einer ovalen Fläche unter der Schaukel das Gras vom Erdboden gewetzt. Die Schaukeln mit ihren Segeltuchsitzflächen an Eisenketten standen hier, solange ich zurückdenken konnte. Ich fragte mich, ob sich jemals ein Kind von mir auf ihnen in die Luft schwingen würde, und ärgerte mich plötzlich, nicht mehr über den Charter Boy in Erfahrung gebracht zu haben. Wünschte *er* sich Kinder? Vielleicht, wenn es sich ergab, könnten wir ja unseren Teil zur Wiederbevölkerung der Insel beitragen. Inzwischen waren die Besucher von Martha's Vineyard sicher längst fort, und ich hatte mich nicht einmal nach dem Namen ihres Freundes erkundigt. Doch selbst namen- und gesichtslos übte Charter Boy eine unbestreitbare Faszination auf mich aus. Irritiert begann ich mich zu fragen, ob andere Menschen ähnlich intensiv phantasierten.

Ich weiß nicht mehr, wie lange ich auf der Schaukel saß und versuchte, mich an das zu erinnern, was die Frau aus Martha's Vineyard mir über ihren Freund erzählt hatte. Irgendwann hörte ich den Motor des Feuerwehrautos anspringen. Jetzt ziehen sie den Bootsschlitten mit der *Pair of Aces* an Land, dachte ich. Charter Boy und mich verband einiges. Boote, Inseln, das Fischen … Vielleicht war die Idee doch nicht so verrückt, wie sie schien. Lautes Getöse ließ mich zusammenzucken. »O verdammt«, schrie George. Klugheit hielt mich auf der Schaukel zurück. Victors Truck kam in Sicht und hielt bald darauf vor mir. »Sieht ganz so aus, als müssten die Island Boys nun zusätzlich ›Fiberglasreparaturen‹ in ihr Serviceangebot aufnehmen«, teilte mir Vic seelenruhig durch das heruntergekurbelte Fenster mit.

Lächelnd spuckte er seinen Zigarrenstummel ins Weite, fuhr wieder an und ließ mich tief beeindruckt über seine gelassene Ruhe zurück. Wäre die *Mattie Belle* zur Seite und auf Felsen gekippt, die ihren Rumpf aufgerissen hätten, ich hätte wahrscheinlich getobt wie eine Wahnsinnige. Es sollte Spätherbst werden, bis ich begriff, dass Victors Mangel an Temperament in Wahrheit eiserne Selbstbeherrschung war. Schließlich wurde er so fuchsteufelswild über das Vordringen auf unsere Fischgründe, der endlosen Diskussionen so überdrüssig und so empört über unsere standhaften Weigerungen, energisch gegen die Wilderer vorzugehen, dass er beschloss, nicht weiter in unserer Mitte fischen und leben zu können.

Bipolarität

Das Ruder wühlt Löcher ins Meer, die sich sofort wieder auffüllen. Um orangefarbene Kugeln dehnen sich kreisförmige Wellen immer weiter aus, lösen sich auf, und nichts weist darauf hin, dass es sie jemals gegeben hat. Auch die Hummertonne kann ein Geheimnis bewahren, indem sie nur wenig über die Mühe verrät, derer es in dieser Saison bedarf, sie zu füllen. Wir kamen uns vor wie Goldsucher. Die wochenlange Arbeit mit siebähnlichen Geräten förderte nur jämmerlich wenige Nuggets zutage. Es war August, und wir hatten nichts vorzuweisen. Meine Stimmung war auf dem Tiefpunkt angekommen. Lediglich über ein mögliches Vorgehen gegen die Lobsterwilderer brauchten wir uns keine Sorgen zu machen. Es gab so wenige Hummer, dass es sich nicht lohnen würde, ihretwegen einen Waffengang zu beginnen.

Früher standen wir im August knietief in Hummern. Morgens wurde ich vor dem Weckerklingeln wach und schlich auf Zehenspitzen hinunter, um meine Eltern nicht aufzuschrecken. Die erste Tasse Kaffee schmeckte besser als alle, die ich jemals getrunken hatte, und ich genoss in der friedlichen Stille des Hauses jeden Schluck.

Bevor ich mir die zweite Tasse eingoss, erschienen meine Eltern. Wir bewunderten den herrlichen Morgen und freuten uns auf einen weiteren wundervollen Tag. Meine Mutter stellte ein großartiges Lunchpaket zusammen, und dann brachen Dad und ich zu unseren Stunden auf dem Meer auf. Wir waren die drei glücklichsten Menschen auf der Welt.

Aber nicht in diesem Jahr. Der August zerrte an unseren Nerven. Ich hasste das Schrillen meines Weckers und brachte es zum Verstummen, indem ich den Stecker aus der Dose riss. Ich polterte die Treppe hinunter, damit auch wirklich jeder aus dem Schlaf fuhr. Der Kaffee schmeckte penetrant bitter, und während ich ihn trank, wartete ich ungeduldig darauf, dass mein Vater endlich aus den Federn käme. Das schien von Tag zu Tag länger zu dauern, und ich fragte mich, was er im Bad eigentlich trieb. Ich hoffte, wir könnten das Haus verlassen, bevor Mom aufstand und ihre unerschütterlich gute Laune verbreitete. Sichtbar gereizt nahm ich zur Kenntnis, wie viel Zeit sich Dad mit seinem Frühstück ließ, und warf irgendwas in die Kühltasche. Und meckerte und nörgelte den ganzen Tag vor mich hin.

Ich dachte an den Spruch, dass es vor Sonnenaufgang immer am dunkelsten ist, und fragte mich, ob ich eine weitere Verfinsterung ertragen könnte, bevor ein Lichtschein unter der Tür hervorschimmerte. Die Tür zu öffnen kam mir gar nicht in den Sinn. Ich war fest entschlossen, mein Unglück ausgiebig zu genießen. Unter keinen Umständen würde ich mich sprichwörtlich am eigenen Schopf aus dem Sumpf ziehen. Großer Gott, eine fröhliche Miene kann schließlich jeder aufsetzen. Aber in Elend und Unzufriedenheit zu schwelgen kostet Mühe und kann ausgesprochen erfüllend sein. Mich in totale Verzweiflung fallen zu lassen wurde für mich zu einer Herausforderung, die ich mit Freuden annahm.

Mit Hilfe inwendiger Vergrößerungsgläser und Reflektoren brachte ich es zu wahrer Meisterschaft in der Kunst, Unmut und Frustrationen an unschuldigen Opfern auszulassen. Selbst die banalste Bemerkung oder Frage konnte – gierig aufgenommen, sondiert, seziert und über die Maßen aufgebläht – als grobe Kränkung wahrgenommen werden. Es war kinderleicht. Wie wohl jedes andere weibliche Wesen auch, hatte ich diese Fähigkeit in der Pubertät zur Perfektion verfeinert. Damals hatte ich auch gelernt, dass es besser ist, die heftigeren Reaktionen zu unterdrücken. Mein ganzes Leben lang musste ich mir anhören, dass ich zu viel für mich behielt und mehr Emotionen zeigen sollte. Diese besorgten Mutmacher beseelt offenbar ein ebenso unwandelbares wie blindes Vertrauen darauf, dass es im menschlichen Innern etwas Mitteilenswertes geben könnte, was durchaus schmeichelhaft ist, aber nicht unbedingt zutreffend. Ich kann und will nicht bestreiten, dass Reden für manche Menschen ein Bedürfnis ist. Für mich nicht. Jedenfalls nicht wie Atmen und Essen. Für mich ist Reden kein Bedürfnis, sondern ein Verlangen, und wenn ich mich in Verzweiflung ergehe, verspüre ich es höchst selten.

»Seit Lucky gestorben ist, hat es auf der Insel keinen vernünftigen Hund mehr gegeben«, bemerkte ich zu Dad. Er stimmte zu und war mit Sicherheit ziemlich erleichtert, dass ich mir nun Hunde im Allgemeinen als Angriffsziel ausgesucht hatte.

Stets werden die ersten sieben Augusttage die »Woche des Hundes« für mich sein. Einen Hund zu haben ist auf der Insel Mode geworden, und der Besitz eines Labradors gilt als besonders chic. Hunde sind nicht länger

Haustiere, sondern Freunde und Familienmitglieder. Schon oft habe ich mich gefragt, warum niemand mehr seinen Hund »Spot« oder »Rover« nennt. Neuerdings werden Menschennamen oder verniedlichende Bezeichnungen bevorzugt, die keinerlei Bezüge zum Aussehen, Verhalten oder Charakter des Tieres aufweisen. Obwohl ich mit Hunden und Katzen aufgewachsen bin, schätze ich nicht alle vierbeinigen Geschöpfe Gottes. Man könnte sogar sagen, dass ich die meisten Hunde nicht ausstehen kann.

Hunde spüren, wenn man Angst vor ihnen hat, und neigen dazu, die Furchtsamen unter uns zu beißen. Das habe ich schon oft gehört und kann es, zumindest in meinem Fall, nur bestätigen. Das Dumme ist nur, dass zwangsläufig Angst aufkommt, wenn man zum Ziel ihrer Angriffe wird. Und ich wurde häufig von Hunden gebissen. David, der Hund meiner Tante Gracie, scheint nichts lieber zu tun, als nach mir zu schnappen. Respekt hat David nur vor Mausefallen. Seine Furcht vor ihnen ist geradezu psychotisch, und ich erkläre mir das mit seinem – menschlichen – Namen. Er ist sich seiner Identität nicht mehr sicher. Tante Gracie hat mir geraten, zum Schutz vor David immer eine Mausefalle bei mir zu tragen. Ich würde einen Baseballschläger vorziehen.

Bei einer meiner vielen Fluchten vor dem kläffenden David fand ich zu Hause die traurige Nachricht eines Freundes vor, dass sein Hund Effie auf dem Weg zum Tierarzt gestorben war. Die Hündin litt in den letzten Monaten ihres Lebens an Krebs und wurde mit einer besonderen Hundechemo am Leben gehalten. Effie war ein portugiesischer Wasserhund, den nur ein Schweinekotelett dazu bringen konnte, ins Salzwasser zu gehen, und dann auch nur bis zum Bauch. Sie hat mich nie gebissen, da sie Kinder bevorzugte – das heißt, sie biss lieber die als mich. Als ich Effies Bekanntschaft machte, nötigte sie mir keine große Begeisterung ab, schließlich war sie ein Hund. Dennoch duldete ich ihr Hinterteil klaglos dicht vor meinem Gesicht, wenn wir zu dritt im Truck ihres Herrchens durch die Gegend fuhren. Ich war in besagtes Herrchen mächtig verknallt. Aber mit der Zeit stahl sich Effie in mein Herz. Ihr Tod tat mir Leid, und ich wünschte, es hätte David getroffen.

Nicht lange nach Effies Hinscheiden wurde ein kleiner Hund fast von einem Auto zu Tode gefahren. Am Steuer des Autos saß meine Mutter. Nahezu überall in Maine herrscht Leinenzwang, aber als Inselbewohner beharren wir auf unseren eigenen Bestimmungen. Hunde brauchen nicht angeleint zu sein, dürfen aber auch nicht frei herumlaufen. »Frei« heißt in diesem Fall unbeaufsichtigt von ihren Besitzern. Wie auch immer. Als zwei Hunde verspielt vom Bürgersteig auf die Fahrbahn und vor ihr Auto tollten, trat meine Mutter sofort auf die Bremse, konnte den Zusammenprall mit einem der beiden aber nicht mehr verhindern. Diagnosen über das Befinden des Opfers machten die Runde und fanden ihren Weg auch zu uns. Meine Mutter reagierte ungemein emotional und schluchzte drei Tage lang ununterbrochen. Sie befand sich in einem jämmerlicheren Zustand als der Hund. Meine Mutter war nicht mehr sie selbst, und ich schrieb das ihrem Alter und der Tatsache zu, dass der August es mit uns nicht gut meinte.

Ungefähr zur gleichen Zeit, als der Hund das Schlimmste überstanden hatte und meine Mutter aus ihrem Gefühlstief herauskam, rief meine ältere Schwester an und kündigte ihren Besuch für das Wochenende an – mit ihrem Hund. Er heißt Tie-Chee, wurde von mir aber stets »Chai Tea« genannt, während alle anderen »Cujo« vorzogen. Meine Mutter ließ keinen Zweifel daran aufkommen, dass der Hund in ihrem Haus nicht willkommen war. (Bei seinem letzten Besuch hatte Cujo ausgiebig auf Moms Teppiche gepinkelt.) Die lautstarke Auseinandersetzung endete mit einem empörten Aufwerfen der Hörer, was bei Telefongesprächen zwischen Mom und meiner älteren Schwester keine Seltenheit ist.

Natürlich betrat meine Schwester die Insel mit dem unwillkommenen Hund und versuchte unsere verärgerte Mutter dadurch zu versöhnen, dass sie den Hund bei unserer jüngeren Schwester unterbrachte. Für zwei Stunden herrschte Frieden. Dann griff Cujo meinen Schwager in seinem eigenen Haus an und fügte ihm blutende Wunden zu. Meine ältere Schwester bewahrte relative Ruhe, bis unser traumatisierter Schwager am selben Tag zum zweiten Mal gebissen wurde – von einem anderen Hund.

Diesmal von dem beigefarbenen Labrador eines Freundes von mir, der mit seinem Segelboot auf der Insel weilte. »Er hat noch nie jemanden gebissen, bis auf den Kartoffelchipsverkäufer«, erklärte mein Freund. Er wirkte nicht die Spur schuldbewusst, sondern schien vielmehr Fehlverhalten des Opfers zu vermuten. »Sie haben ihr doch nicht etwa die Hand hingestreckt, oder?« Es war eine Erleichterung für meine ältere Schwester, dass auch sie versichern konnte, Cujo habe bisher niemanden angefallen. Nicht einmal den Chipsmann.

Am folgenden Tag hatte ich die Ehre, einen Möbeltischler darüber in Kenntnis zu setzen, dass er seinen Hund Audi für die Dauer seines Besuchs unter keinen Umständen mehr von der Leine lassen durfte. Audi war für den Tod von Onkel Charlies zahmem Fasan verantwortlich. Er hatte den klumpfüßigen Chester in Onkel

Charlies Garten kaltblütig ermordet. Ich war tief befriedigt. Nicht über den Tod des Fasans, sondern weil der übermäßig agile Gordon-Setter nun nicht mehr frei herumlaufen durfte, um Kinder auf Rädern und gehbehinderte alte Leute zu Tode zu erschrecken.

Dann kam es zum großen Finale der Hundewoche. Schooner, der Hund der Familie Calverts, verwechselte das Hosenbein meines Vaters mit einem Hydranten. Und Dad wurde von einem bösartigen schwarzen Köter namens Taco gebissen. Beides am selben Tag. Ein *Schooner* (Schoner) ist ein Segelschiff, ein Audi ein Auto, Tai Chi eine uralte chinesische Form der Körperertüchtigung. Was ein Taco ist, weiß jeder. Dixie heißt die Darstellerin in einer Soap Opera. Und handelt es sich bei Effie nicht um den Vornamen der Romanfigur eines deutschen Schriftstellers? In dieser trostlosen Augustwoche begriff ich, dass Hunde durch ihre Namen eindeutig in Verwirrung gestürzt werden. David? Für einen Hund?

Im letzten Winter habe ich in Portland einen Mann im Anzug, mit Krawatte und Plastikhandschuh beobachtet, der noch dampfenden Hundekot aufhob. Der Handschuh war eigens für diesen Zweck produziert, nehme ich an. Kein Wunder, dass Hunde neurotisch sind. Für Babys werden Windeln entwickelt, die sich so pünktlich wechseln lassen wie das Öl eines Autos, und doch rennen intelligente Leute ihren Hunden hinterher und wischen ihnen die Hinterteile ab, nachdem sie ihr Geschäft verrichtet haben. All das ging mir in diesem August durch den Kopf und verschonte Dad vor meinem ständigen: »Kannst du nicht ein bisschen schneller arbeiten?«

Der August schritt voran, aber die Hummer rührten sich nicht. Auf der Insel begann sich die resignierte

Erkenntnis durchzusetzen, dass wir auf keine weitere Topsaison hoffen durften. Bestenfalls auf eine »durchwachsene«, und selbst das wäre ein kleines Wunder. Die beispiellosen Erfolge der vergangenen Jahre hatten dem Hummerfang in Maine große Aufmerksamkeit beschert. Jetzt konnten sich viele Fischer des Eindrucks nicht erwehren, dass ihnen Artikel wie der in der *New York Times*, in dem Erstaunen über die schier unerschöpflichen Hummerbestände geäußert wurde, ihr Fangglück »verhext« hatten. Seit etlichen Jahren schon sagten Wissenschaftler und Statistiker drastische Einbrüche bei den Fangquoten voraus und waren sich ungeachtet zwischenzeitlicher Erfolge aus historischen und logischen Gründen sicher, dass die Hummerschwemme nicht ewig währen konnte. Nun sah es so aus, als würden sich die düsteren Prophezeiungen schließlich doch bewahrheiten.

Mehr als die mageren Fangergebnisse bedrückte mich jedoch die Tatsache, dass ich nun zu jenen Millionen von Amerikanern gehörte, die es hassten, allmorgendlich zur Arbeit zu gehen. Diese Gefühle waren ganz neu für mich, und ich grübelte darüber nach, was ich dagegen unternehmen konnte. Ich hatte mein gesamtes Geld, viel Zeit, Energie und Hoffnung in eine neue Existenz investiert, die sich nun so ganz anders entwickelte als erträumt. Es hatte mich siebzehn Jahre gekostet, meine Leidenschaft für den Schwertfischfang abzulegen, und ich ließ diese Welt bereitwillig hinter mir, um nach Hause zurückzukehren. Der Verlust meiner Illusionen zeigte sich an vielen Dingen.

Plötzlich ertappte ich mich dabei, Leuten aus dem Weg zu gehen. Jeder Augenkontakt konnte zu einer dieser Unterhaltungen führen, die ich inzwischen »beiläufige Verhöre« nannte. Inzwischen trafen viele meiner

Lieblingssommergäste ein, um sich in ihren lang ersehnten Ferien vom hektischen und anstrengenden Alltag zu erholen. Ein flüchtiges Winken, ein hastiger Gruß durch das offene Autofenster – diese Methoden hatte ich aus Gründen des Selbstschutzes entwickelt. Das Vermeiden gefürchteter Fragen ließ meinen ohnehin gering entwickelten Sinn für Geselligkeit weiter verkümmern. Die – wie ich in meiner heiklen Gemütslage fand – aufdringlichen Fragen unter dem Deckmantel aufrichtigen Interesses stellten meine Fähigkeit, abfällige Gedanken und beleidigende Reaktionen zu unterdrücken, auf eine harte Probe. Aber Edgar Holmes konnte ich nicht ausweichen, als er eines Nachmittags die Hafenrampe herunter und auf mich zukam. Jedenfalls nicht, ohne im Erdboden zu versinken, und das war mir unmöglich.

Für gewöhnlich ist eine Begegnung mit Edgar etwas Erfreuliches, aber ich stank nach Hering und Salzwasser. Meine Haare waren noch wirrer als sonst, und ich verspürte keine Veranlassung, meine Stimmung nach einem erfolglosen Tag aufbessern zu lassen. »Hi, Doktor Holmes«, sagte ich freundlich, als wir uns auf gleicher Höhe befanden. Ich beschleunigte meinen Schritt und war schon fast in Sicherheit, als er die Frage abfeuerte.

»Wie ist der Hummerfang?«

Nervös holte ich Luft, fragte mich, wie ausführlich er sich meine Antwort wünschte, und erwog insgeheim meine Optionen: *Lausig. Wir sind dem Hungertod nahe. Und wie sieht es auf Ihrem Konto aus? Irgendwelche Verdienstausfälle durch Bezichtigung ärztlicher Kunstfehler?* Aber stattdessen stieß ich schulterzuckend ein »Mäßig« aus und lächelte höflich. Ich schaffte zwei weitere Fluchtschritte, als er unweigerlich nachhakte: »Wie geht es Ihren Eltern?«

Werden langsam alt, was denn sonst? Langsam so senil, dass ihre rechte Hand nicht mehr weiß, was die linke tut. Sie lassen keine Gelegenheit aus, mir das Leben schwer zu machen. »Gut«, knurrte ich knapp, um den Anschein der Eile zu erwecken und die dritte Frage abzublocken, bevor er sie stellen konnte. Aber das Spielchen ging weiter wie eine Variation des mexikanischen Huttanzes. Ich war der auf den Boden geworfene Hut, um den der gute Doktor unbeschwert herumtänzelte, ein freier Mann auf Urlaub, ohne das geringste Problem auf der Welt.

»Und was macht die Liebe?«

Ich konnte mich nicht mehr beherrschen und bekam einen echten Tobsuchtsanfall. Ich beschimpfte gewisse Hunde mit Worten, die selbst das abgebrühteste Auditorium zum Erröten gebracht hätten. Ungehemmt fluchend machte ich meiner Frustration über die nicht existente Hummerausbeute Luft und ruderte wild mit den Armen, um meinen Worten Nachdruck zu verleihen.

Ich konnte einfach nicht aufhören. Ich informierte Dr. Holmes über die halbherzigen Versuche der Association, die Fischrechte auf unserem eigenen Territorium zu sichern, berichtete von unserem jämmerlichen Versagen beim Vorgehen gegen die Hummerwilderer und schloss mit der pathetischen Prognose, dass die Insel zum Untergang verurteilt sei. Als ich Luft holte, bemerkte ich, dass Dr. Holmes eindeutig unter Schock stand. Obwohl ich ihn nie für sonderlich feinfühlig gehalten hatte, kam mir doch der Verdacht, dass ihn meine Schimpfkanonade verschreckt haben könnte. Ich fragte mich, ob es nicht besser gewesen wäre, bei einsilbigen Antworten zu bleiben. Als wir uns voneinander verabschiedeten, stand ich unter dem Eindruck, dass er zutiefst bedauerte, mir über den Weg gelaufen zu sein.

Ich schwor, den nächsten Inquisitor zu *internalisieren*, wie die Seelenklempner sagen, oder zumindest den Versuch dazu zu unternehmen.

Als Dad und ich uns am nächsten Morgen auf einen weiteren erfolglosen Arbeitstag vorbereiteten, grübelte ich noch immer über eine Strategie zur eleganteren Reaktion auf die drei Fragen nach. Und ich begann, mir auch über andere Dinge den Kopf zu zerbrechen, über ein eigenes Heim beispielsweise. Ein Haus auf der Insel zu bauen war schon immer mein Traum gewesen. Mir fehlten nur die nötigen Mittel.

Ich hatte mir vorgenommen, die Brüder John und Rob Dewitt mit dem Bau zu beauftragen. Johns Frau ist unsere Schulbusfahrerin, und ich wurde den Verdacht nicht los, dass sie mich nicht leiden konnte. Nie erwiderte sie mein Winken. Dass die Busfahrerin meinen Gruß nicht erwiderte, stimmte mich traurig. Warum soll ich mir eigentlich auf dieser Insel ein Haus bauen lassen, wenn die Busfahrerin nie zurückwinkte?, fragte ich mich, während Dad und ich Köder in Säcke füllten.

Verunsicherung und Selbstzweifel packten mich, als ich mir beim Einholen der Körbe unablässig die Hürden vergegenwärtigte, die sich zwischen mir und einem Haus auftürmten. Es kam mir so vor, als müsste ich an einem Fließband arbeiten und könnte jederzeit durch einen Roboter ersetzt werden. Ein Roboter wäre zudem eine weit bessere Gesellschaft für meinen Vater, der hinter mir sonderbar emsig zu sein schien, wie ich erst jetzt bemerkte. Neugierig drehte ich mich zu ihm um und stellte fest, dass er Hummerscheren zusammenband. Zu meiner Überraschung war die Tonne fast voll, und das noch vor Mittag. »Nun, was sagt man dazu? Payson hatte Recht. Es passiert über Nacht. Nicht schlecht...« Zum ersten Mal seit Monaten konnte ich wirklich und aufrichtig lächeln. Mit dem Auftauchen der Hummer schwand meine Depression.

Dreihundert Pfund bis zur Lunchpause. Ich geriet in einen wahren Glückstaumel. Vermutlich hätte ich mir Sorgen darüber machen sollen, dass meine Stimmungen derart hummerabhängig zu sein schienen. Geld war noch nie eine Quelle des Glücks für mich, aber das Ergebnis einer Überschlagskalkulation stimmte mich mehr als froh. Noch ein paar solcher Tage, und ich konnte meine Rechnungen bezahlen. Die leicht irritierende Erkenntnis, dass Hummer – abgrundhässliche, insektenähnliche Krustentiere mit winzigen Hirnen – meine Psyche kontrollierten, verdrängte ich mit der Versicherung, dass ich mich in guter Gesellschaft befand, denn bestimmt ging es den anderen Hummerfischern auf der Insel ähnlich.

Fünfundsiebzig Prozent der ständigen Inselbewohner bestreiten den größten Teil ihres Einkommens mit dem Lobsterfang. Ohne Hummer gäbe es keine Rund-ums-Jahr-Bevölkerung. Ich hatte mich abgesondert gefühlt, erkannte nun jedoch, dass ich ein Bestandteil des Ganzen war. Und dieses Ganze atmete erleichtert auf. Vielleicht hatte sogar die Busfahrerin bessere Laune. Meine Welt war wieder in Ordnung. Ich liebte mein Leben.

In den nächsten Tagen sprang ich früh und freudig aus dem Bett und genoss das Zusammensein mit anderen. Ich betete meine Eltern an. Fangkörbeeinholen war die reine Wonne. Bestimmt hielt mich mein Vater für bipolar. Aber wer wäre das nicht? Wer unterliegt nicht hin und wieder Stimmungsschwankungen und kostet sie voll aus? Wahrscheinlich ist es nur das Ausmaß, das jene, deren Zustand die Einweisung in eine Heilanstalt rechtfertigt, von Amateuren unterscheidet. Bipolar? Aber ja! Im Moment genoss ich meine Zeit auf der nördlichen Halbkugel. Und beschwerte mich nur darüber, dass die Tage so kurz waren.

Ich liebte das gedämpfte Klatschen, wenn die Hummer in einer aus dem Wasser gezogenen Reuse ihre Panzer gegeneinander schlugen. Ein voller Korb hörte sich an wie *standing ovations*. Die neuen Panzer der Lobster sahen aus wie dunkel glühendes Feuer, und mich packte Erregung. Schnell griff ich mit meinen behandschuhten Fingern zu und füllte begierig die Hummertonne. Die Fischer müssen das Feuer schüren, denn einmal erloschen, kann es vor der nächsten Saison nicht wieder entfacht werden, vielleicht auch nie mehr. Ich war genau wie alle anderen – manisch. Es schien, dass alles in der Nähe des Feuers von seinem Glanz erleuchtet und von seiner Hitze erwärmt wurde. Ich begann zu glauben, dass ich dort war, wo ich sein wollte, sein musste. Die Insel würde immer Heimat für mich sein.

Gefühle suchen sich ihr Bett, genau wie das Wasser. Ungestaut und nicht durch Pumpen in eine bestimmte Richtung gezwungen, findet es sein harmonisches Gleichgewicht. Ich machte es mir in der nördlichen Hemisphäre meines bipolaren Seins gemütlich, direkt oberhalb des Äquators. Das Klima gefiel mir. Der Hummerfang war gut, nicht überragend, aber gut. Und gut war großartig. Das Wetter war gut, nicht jeden Tag windstill und klar, aber gut. Das Leben war gut, nicht perfekt, aber gut. So könnte es ewig bleiben, aber natürlich durfte damit nicht gerechnet werden. Irgendetwas musste das Gleichgewicht irgendwann durcheinander bringen. Dieser Rest von Realitätssinn bewahrte mich davor, zu den echten Psychotikern zu gehören. Die Tage wurden kürzer. Bald würden die Hummer tiefere Gewässer aufsuchen und verschwinden. Das Wetter würde umschlagen, das Feuer verlöschen.

Aber noch war es nicht so weit. Noch hielt sich das Wetter. Die Fänge blieben weiterhin gut. Das Leben auch. Bevor ich's mich versah, waren Wochen verstrichen. An einem Nachmittag schrubbten Dad und ich die *Mattie Belle* besonders gründlich, vertäuten sie sorgfältig und fuhren nach Hause, um zu sehen, was meine Mutter Gutes im Ofen hatte. Wie üblich stürmte ich vor meinem Vater ins Haus und rief: »Mom! Wir sind wieder da!« Enttäuscht stellte ich fest, dass mir keine appetitlichen Düfte entgegenwehten, wie ich es erhofft oder sogar für selbstverständlich gehalten hatte. Mom war in der Küche, aber sie kochte nicht. Sie sah müde aus. Oder vielleicht hatte sie auch wieder geweint, was neuerdings nicht gerade selten vorkam. »Was ist?«, fragte ich locker-flockig. »Hast du wieder einen Hund überfahren?«

»Nein. Ich habe Brustkrebs.«

Veränderungen

»Die meisten haben die Suche in Landnähe aufgegeben, was?«

»Es bringt doch auch nichts, oder?«

»Aber auch in fünfzig Meter Tiefe fange ich nichts. Ich werde ein paar Körbe in noch größerer Tiefe auswerfen und hoffen.«

»*Yup*. Lass die Warpleinen zu ihnen hinunter. Mehr kannst du nicht tun. Nur noch beten.«

Die Tage wurden kürzer, die Warpleinen länger, die Hummer weniger. Als ich diese Unterhaltung hörte, wusste ich nicht recht, was ich tun sollte. Meine sämtlichen Reusen befanden sich noch in einer Wassertiefe von rund zwanzig Metern, während die meisten anderen Hummerfänger inzwischen ihr Glück weiter draußen versuchten. Da die Erfahrung lehrt, dass sich Hummer bei sinkenden Temperaturen in tieferes Wasser zurückziehen, erscheint es nur logisch, ihnen dorthin zu folgen. Demgemäß hätte auch ich meine Fangkörbe in einer Tiefe von dreißig bis fünfzig Metern aussetzen sollen, aber das war bislang unterblieben, und jetzt ließen mich die deprimierenden Berichte der Fischer fragen, ob ich es überhaupt noch tun sollte.

Dad und ich hatten seit zwei Wochen keinen Korb mehr eingeholt, denn nach Moms Diagnose stand keinem von uns der Sinn nach Arbeit. Der Tag, an dem wir von meiner Mutter erfuhren, dass sie Krebs hatte, veränderte meine Sicht auf die Welt, machte alles andere unbedeutend und winzig, als würde ich verkehrt herum durch ein Fernglas blicken. Nichts war mir ferner als Hummer, während wir voller Unruhe darauf warteten, mehr über den Knoten in der rechten Brust meiner Mutter zu erfahren. Die zwei Wochen waren von schicksalhafter Bedeutung. Die Länge meiner Reusenleinen hatte sich nicht verändert, aber meine Perspektive.

Mit Sicherheit lag es an der langen Pause, dass sich unsere Tonne schnell füllte, aber mich beschlich die bedrückende Ahnung, dass wir beim nächsten Mal leere Körbe einholen würden, wenn wir sie hier in Strandnähe beließen. Allerdings hörte es sich nicht so an, als hätten die anderen Fischer in größerer Tiefe mehr Erfolg, also konnten die Reusen auch bleiben, wo sie waren, bis wir sie ins Winterquartier brachten. Wir hörten, dass die Fänge fast überall an der Küste um dreißig Prozent zurückgegangen waren. Ich hatte andere Sorgen.

Meiner Mutter war auf dem Festland der Knoten entfernt worden, und nun wartete sie darauf, von ihrem Onkologen Details über die weitere Therapie zu erfahren. Sie überredete Dad und mich dazu, unsere Arbeit wieder aufzunehmen. Wir versuchten es. Bemerkenswerterweise hatte das monotone Einholen und Wiederaussetzen etwas Beruhigendes. »Mom hat Brustkrebs, aber wir fangen hier Hummer …«

»Es ist besser, als ich gedacht hätte«, antwortete mein Vater und zog einen *keeper* aus einer Hauptreuse. Ich war mir nicht sicher, was er damit meinte – unsere Fangergebnisse oder die Tatsache, dass wir zum ersten Mal seit vierzehn Tagen mit etwas anderem beschäftigt waren als mit Grübeln, Warten und Sorgen.

»Morgen werden wir unsere Körbe weiter draußen auswerfen müssen«, entschied ich spontan. Das wäre im Sinn meiner Mutter. Ich erinnerte mich an frühere Jahre und fand, dass es für das Abtauchen der Hummer noch ein wenig früh war. Vielleicht blieben die anderen Fischer deshalb weiter draußen noch erfolglos. Aber es lag ein Hauch von Herbst in der Luft, vor allem morgens. Andere Anzeichen für das Nahen der kälteren Jahreszeit waren eindeutiger und schwerer zu ignorieren. Beispielsweise das Verhalten der Rehe.

Die Böcke, während des größten Teils des Jahres scheuer und ungeselliger als die Ricken, waren seit zwei Wochen in eindeutigen Absichten unterwegs, einen Monat vor ihrer üblichen Brunftzeit. In den Wochen vor Herbstbeginn, wenn das Laub noch in verschiedensten Grüntönen leuchtet und die Cranberries sich scharlachrot verfärben, bietet die Insel ein Bild besonderer Schönheit. Es ist meine Lieblingsjahreszeit. In der letzten Woche, als sich meine Eltern wegen Moms Arztterminen auf dem Festland aufhielten, unternahm ich einen langen Spaziergang und hatte ein Erlebnis, das mich noch immer beschäftigt.

Vielleicht hört es sich für eine Frau in meinem Alter ein bisschen sonderbar an, aber ich vermisste meine Eltern. Ohne sie war es im Haus einsam und leer, und ich ergriff möglichst oft die Flucht. Ich hatte gehört, dass am Strand oberhalb von Eben's Head ein toter Wal angespült worden war, und beschloss, ihn mir anzusehen. Ich wollte herausfinden, ob er tatsächlich so penetrant roch, wie die Kinder erzählten. (Da es auf der Insel weder ein Museum noch andere lehrreiche Institutionen gibt, werden Schulausflüge zu einem toten Meeres-säuger am Strand unternommen.) Ich konnte mir zwar nicht erklären, warum ich die Aussagen der Kinder – »Es war widerlich«, »Ich musste mich fast übergeben«, »Der Gestank ließ meine Augen tränen« – überprü-fen wollte, konnte aber meinen Wunsch nicht unter-drücken.

Nach vierstündiger Wanderung hatte ich noch immer keine Spur von dem verwesenden Wal entdeckt. Immer wieder reckte ich schnuppernd die Nase in die Luft, konnte aber keinen »widerlichen« Geruch wahrneh-men. Wahrscheinlich war der Kadaver von der letzten Flut fortgespült worden. Da ich keine Lust hatte, nach erfolgloser Suche in das leere Haus zurückzukehren, be-schloss ich, meinen Spaziergang fortzusetzen. Ich wan-derte zur Hauptstraße und meinem geparkten Truck zurück, setzte mich hinter das Steuer, fuhr quer durch den Ort zur Westseite der Insel und zum Wegweiser mit der Aufschrift »Mt. Champlain«. Mittlerweile hatte ich die Insel mehr als umrundet, aber unterwegs keine ein-zige Menschenseele getroffen. Mir waren keine anderen Autos begegnet, keine Radfahrer, Wanderer oder Pick-nicker am Strand. Die Insel wirkte noch verlassener als zur vergleichbaren Zeit im letzten Jahr, als ich monate-lang jeden Tag denselben sechs Leuten begegnet war und mir gut vorstellen konnte, wie Gilligan sich gefühlt haben musste. Jetzt sah es so aus, als wäre ich das ein-zige menschliche Wesen auf unserem Eiland.

Seit zwanzig Jahren war ich nicht mehr auf dem Mt. Champlain, ging es mir durch den Kopf, als ich die Ärmel meines Sweatshirts in Taillenhöhe verknotete. Das erste Drittel des gemächlichen Anstiegs führt auf gut ausgeschilderten Pfaden durch einen relativ lichten Wald irgendwie fremdländisch aussehender Kiefern.

Neunzig Prozent unseres Tannenbestands sind Fichten, die wir auch als Weihnachtsbäume schmücken, mit kurzen Nadeln und Ästen, die zur Spitze hin immer kürzer ausfallen. Aber im höher gelegenen Inselinnern wachsen Kiefern mit langen Nadeln und breiten Kronen, die mit Pilzen oder Regenschirmen Ähnlichkeit haben.

Nach etwa dreißig Minuten erreichte ich mein Ziel. Ich befand mich auf dem höchsten Punkt der Insel, dem Gipfel meiner Welt. In Richtung Süden streckte sich die Insel vor mir aus, auch wenn die seit meinem letzten Besuch gewachsenen Bäume die Sicht ein bisschen einschränkten. Im Osten erblickte ich nichts als das Meer, im Westen jenseits der Bucht die Camden Hills, im Norden viele kleinere Inseln und hinter ihnen das knapp zehn Kilometer entfernte Stonington. Und überall um mich herum sah ich Laubbäume ihre bunten Kronen durch den grünen Teppich der Tannen und Föhren schieben. Ich wusste gar nicht, dass es so viele unterschiedliche Rottöne gibt. Als einzige Betrachterin dieser Schönheit fühlte ich mich privilegiert, sogar glücklich.

Als ich den Rückweg antrat, dachte ich an meine Mutter und daran, wie sehr sie die Insel liebte. Dann stellte ich mir Mom kahl vor und wusste, dass sie es vermutlich bald sein würde, denn die Befunde einer Lymphknotenbiopsie sprachen für eine aggressive Chemotherapie. Ich fragte mich, ob sie dann dem Baby ähnlich würde, von dem ich hin und wieder träumte. Wenn sie wüsste, wie viele Sorgen ich mir um sie machte, würde sie mit Sicherheit außer sich geraten.

Die Behandlung würde meine Mutter wochenlang von der Insel fern halten. Es stimmte mich traurig, dass ihr dadurch viel von ihrer Lieblingsjahreszeit entging. Wenn sie die Chemotherapie hinter sich hatte, wären die goldenen Farnwedel stumpfbraun und die jetzt roten Blätter zu Boden gefallen. Regenfälle würden sie in Humus verwandeln, dem ein leichter Pilzgeruch entströmte, der mit dem ersten Schnee noch einmal ganz intensiv wurde.

Ich zupfte ein besonders rot glühendes Blatt von einem Strauch neben dem Pfad, um es meiner Mutter mitzunehmen. Dann entdeckte ich ein weiteres, das ich unbedingt haben musste. Und noch eins und noch eins, bis ich die Hand voller Blätter hatte und weit vom Weg abgekommen war. Ich blieb stehen und blickte mich um. Wo war ich? Ich hörte nichts als meine eigenen Atemzüge.

Nackte Angst packte mich. Mein Herz hämmerte in der Brust, meine Kehle war wie zugeschnürt. Obwohl mich das zügige Laufen ins Schwitzen gebracht hatte, liefen mir kalte Schauer über den Rücken. Ich geriet in Panik. Aber nicht aus Furcht, mich verirrt zu haben. Schließlich befand ich mich auf einer kleinen Insel. Das setzte dem Verirren überschaubare Grenzen. Wenn ich weiter bergab lief, müsste ich irgendwann die Hauptstraße erreichen, von deren zwanzig Kilometern ich jeden Meter kannte. Nein, plötzlich fürchtete ich mich vor dem Alleinsein. Wenn ich nun fehltrat und mir ein Bein brach? Oder in einen alten Brunnen oder Förderschacht stürzte, wie es im Film immer wieder vorkam? Es konnten Tage vergehen, bevor jemand mein Verschwinden bemerkte. Wer sollte nach mir suchen? Wer mich vermissen? Ich kam mir vor wie eine Waise. Ich konnte hier den Tod finden, ohne ihn gesucht zu haben. Vermutlich würden Greg Runges Hunde meine verweste Leiche aufspüren. Vielleicht würde die Lehrerin einen Klassenausflug veranstalten …

»Großer Gott! Ich bin ja völlig durchgedreht«, sagte ich laut, warf die Blättersammlung auf die Erde und machte mich auf den Weg. (Mir war eingefallen, dass die Blätter ihre Farbe sehr schnell verlieren würden, selbst wenn ich sie in luftdichter Plastikfolie aufbewahrte.) Mir war auch eingefallen, dass Tante Sally meine Abwesenheit beim Abendessen nicht entgehen konnte. Sie würde Onkel Charlie auf die Suche nach mir schicken. Wenn er meinen Truck am Beginn des Wanderwegs entdeckte, wüsste er, wo ich war. Außerdem gibt es gar keine Förderschächte auf der Insel. Aber jetzt wusste ich, was man empfindet, wenn man sich allein und verlassen fühlt. Die Angst schwand so schnell, wie sie gekommen war. Allerdings überfiel sie mich in den folgenden Wochen immer wieder – selbst wenn Dad und ich weiterhin Reusen einholten und so taten, als wäre alles einigermaßen in Ordnung.

Die meisten vertraten die Ansicht, dass der frühe Herbst durch die sommerliche Trockenheit hervorgerufen wurde, was vielleicht die Laubfärbung erklärte. Aber warum sollten Hummer von der Dürre beeinflusst werden?, fragte ich mich. Am nächsten Tag machten Dad und ich uns mit längeren Leinen auf den Weg zur *Mattie Belle*, um auf mütterlichen Befehl unsere Routine wieder aufzunehmen und die Reusen in größerer Wassertiefe auszuwerfen. Wir würden die Hummer auf keinen Fall merken lassen, dass etwas nicht stimmte.

Nachdem wir uns zwanzigmal im Kreis gedreht hatten, waren die ersten vierzig Fangkörbe eingeholt, mit frischen Ködern versehen und an Bord gestapelt. Ich tuckerte nach Westen, bis das Echolot fünfundvierzig Meter Tiefe anzeigte. Jetzt wurde schmerzhaft deutlich, wie weit wir gegenüber den anderen Fischern ins Hintertreffen geraten waren. Das Wasser wirkte wie übersät mit anderen Reusenbojen. Mir entging auch nicht, dass mein Vater und ich uns strikt auf die Arbeit konzentrierten und alle Gespräche sich um Hummer und Fangmethoden drehten. Der Zustand meiner Mutter wurde von uns mit keinem Wort erwähnt. Das hielten wir beide für besser.

Während ich mich nach ein paar Metern freier Fläche umsah, verlängerte mein Vater die Leinen des ersten Fangkorbs. Er entrollte eins der 35-Meter-Taue, die wir morgens an Bord genommen hatten. Als Nächstes löste Dad den doppelten Schotstek, der Treibleine mit Reusenwarp verband, und fügte die Verlängerung ein, indem er sie mit den ursprünglichen Enden verknotete. Dad wartete geduldig auf ein Zeichen von mir, um den ersten Korb ins Wasser zu lassen, aber ich forschte noch immer nach ausreichend Platz für nur eine kleine Doppelreuse und wurde zunehmend unruhiger.

Schließlich gab ich die Suche in südlicher Richtung auf und steuerte erneut nach Westen. Der Fangkorb, den mein Vater mit neuen Leinen versehen hatte, konnte bis zu dreihundert Meter tief hinabgelassen werden. Als die *Mattie Belle* über diese Tiefen hinwegglitt, steuerte ich sie wieder nach Süden – und erblickte endlich bojenfreies Meer. Sonderbar, dachte ich, dass hier weit und breit keine Reusen ausgelegt sind. Ich überprüfte den Plotter und sah sogar auf einer alten Seekarte nach, um mich zu vergewissern, dass das Fischen hier erlaubt war. Überzeugt davon, mich keines Vergehens schuldig zu machen, nickte ich meinem Vater zu. Was ungeschriebene Regeln und Begrenzungen anbetraf, war ich mir zwar nicht ganz sicher, aber was sollte es? Außer mir fischte hier sonst niemand. Was konnten ein paar Reusen schon ausmachen?

Die Mehrheit der Association-Mitglieder schien zu resignieren. Sie wollte weder etwas gegen Hummerfänger vom Festland unternehmen noch eine Gesetzesinitiative zum Schutz unserer Fischgründe einleiten. Sie kneifen einfach den Schwanz ein, dachte ich. Letzten Endes war es Furcht vor Vergeltung durch Fremde, die in unseren Gewässern nichts verloren hatten, die die Association lähmte. Jacks Gesundheit ließ langsam auch zu wünschen übrig, und ich bezweifelte, dass er genügend Energie für eine neuerliche Initiative aufbrächte. Warum auch? Sobald wir etwas beschlossen hatten, wurde es bei der nächsten Sitzung ja doch widerrufen. Wie sich herausstellte, war mein Zögern vor einem Beitritt berechtigt gewesen. Ich eigne mich nun einmal nicht zur Vereinsmitgliedschaft und schwor, mich nie wieder in Versuchung führen zu lassen.

Gemächlich tuckerten wir weiter nach Süden und Osten, bis das Deck leer und die letzten beiden der vierzig Reusen auf mein Zeichen warteten. »Okay, Dad.« Ein lautes Platschen, gefolgt von zwanzig Metern gelber Treibleine, und klatschend verschwand auch die zweite Reuse. Ich sah der Leine zu, die sich langsam von Deck hob und über die Reling glitt wie ein Reptil im Bann eines unsichtbaren Schlangenbeschwörers. Die Boje tauchte an die Oberfläche, schaukelte eine Weile im Kielwasser des Bootes hin und her und kam durch das Gewicht der Reuse schließlich zur Ruhe.

Wir hatten uns auf unserer Suche so weit vom Land entfernt, dass wir vor Einbruch der Dunkelheit nur noch eine weitere Bootsladung Reusen verlagern konnten. In Maine ist es gesetzlich verboten, nach Sonnenuntergang Fangkörbe einzuholen oder auszusetzen. Als die achtzigste Reuse über Bord ging, brannten wir darauf, zu meiner Mutter zurückzukehren. Mom würde froh sein, dass wir wieder unserer Beschäftigung nachgingen und vorgaben, alles wäre ganz normal. Wenn ich es mir recht überlege, haben Dad und ich eine Oscar-Nominierung verdient, dachte ich.

Die Dunkelheit sank herab, als wir uns an Robinson Point vorbei in die Meerenge einfädelten. Ich steuerte die *Mattie Belle* auf ihren Liegeplatz zu. Es war so still, dass man sich selbst denken hören konnte. »Es kann nichts bringen«, überlegte ich laut. »Wären da draußen Hummer zu finden, hätten wir Hunderte Bojen sehen müssen. Ich mache mir keine sonderlich großen Hoffnungen.«

»Lass die Warpleinen zu ihnen hinunter. Mehr kannst du nicht tun«, wiederholte Dad die Sätze, die wir gestern über VHF gehört hatten.

»Nur noch beten«, fügte ich hinzu.

Das Nebelhorn

An einem bitterkalten Januarvormittag in der ersten Dekade des zwanzigsten Jahrhunderts stand Mattie Robinson mit ihrer Mutter Lillian in der Küche und öffnete Gläser mit Blaubeeren, die im August »eingeweckt« worden waren. Die fast schwarzen Beeren glänzten in ihrem Sirup wie Kaviar. Mattie, die damals noch nicht einmal dreizehn Jahre alt war, erinnerte sich genau an die Worte, mit denen ihre Mutter sie zum mühseligen Pflücken und Konservieren der Blaubeeren »überredet« hatte, obwohl das Mädchen an diesen schönen Spätsommertagen weit lieber mit seinem Ruderboot unterwegs gewesen wäre. Am kältesten Tag des Winters (der heute mit Sicherheit war), hatte Lillian erklärt, würden die Frauen des Hauses (also Lillian und ihre einzige Tochter Mattie), sich glücklich schätzen, Blaubeeren für einen Blueberry Pudding sowie einen Cobbler zu haben, der Leib und Seele erwärmte.

Der Nordsturm heulte und pfiff um die Ecken des einsamen Hauses an der kleinen Bucht. Ein Windstoß fand den Weg in den Schornstein und ließ das Feuer laut prasseln. Mattie sah aus dem Fenster über dem Spülbecken. Dichte Nebelschwaden trieben tief über das

Wasser wie Rauch. »Man kann sogar *hören*, wie kalt es ist.« Mattie fröstelte. Das zischende Schnaufen des Weckgummis zog die Aufmerksamkeit des Mädchens in die warme Küche zurück.

»In Gläser eingefangener Sommer«, murmelte Lillian, als sie die Blaubeeren in die Schüssel mit den anderen Zutaten schüttete. Der Holzlöffel machte aus dem tintenblauen Sommer ein Feld purpurfarbener Lupinen. Leise summend rührte Mattie weiter, während ihre Mutter eine Pfanne einfettete und sorgfältig mit Mehl bestäubte. Plötzlich hob Lillian lauschend den Kopf. »Hörst du das?«

Mattie hielt im Teigrühren inne und spitzte die Ohren. Es klopfte an die Tür, aber nicht klar und scharf, sondern eher gedämpft wie das wiederholte Anschlagen einer tonlosen Klaviertaste. »Wer würde an einem Tag wie heute unterwegs sein?«, wunderte sich Lillian und wischte sich ihre bemehlten Hände an der Schürze ab. Mattie ließ den Löffel im Teig stecken und folgte ihrer Mutter zur Tür. Erschreckt starrten Mutter und Tochter auf das Bild, das sich ihnen bot: Vor ihnen stand eine kleine Schar Männer, von denen sich einige nur mit Mühe auf den Beinen halten konnten. Der nächststehende Mann, der offenbar zuvor mit der in einem froststarren Jackenärmel steckenden Faust an die Tür geklopft hatte, öffnete die Lippen inmitten seines eisverkrusteten Barts. Seine Stimme klang ebenso drängend wie flehend. Aber Mattie blieb nur das Wort »schiffbrüchig« in Erinnerung.

Der Captain und seine zwölfköpfige Besatzung hatten Gloucester Harbor an Bord eines Fischschoners bei frischem Westwind verlassen. Auf dem Weg zu Fischgründen südlich von Neufundland träumte die Mannschaft von Schleppnetzen voller Kabeljau. Begeistert phantasierten die jüngeren Crewmitglieder, wofür sie die Heuer ausgeben würden, die sie schon in ihren Taschen glaubten. Doch das Wetter hielt nicht, was es versprochen hatte.

Schon bald drehte der Wind auf Nordost, und sie befanden sich mitten in einem so heftigen Schneesturm, dass sie kaum noch die Hand vor Augen sehen konnten. Aus Sorge um Schiff und Besatzung beschloss der Captain, einen Hafen zu suchen, eine sichere Zuflucht vor den Wogen, die Männer und Boot in Stücke zu schlagen drohten. Es bot sich an, irgendwo an der Südwestküste der Insel vor Anker zu gehen und auf ein Abflauen des Sturms zu warten, wären da nicht die unzähligen Riffe und Felsbänke gewesen, die zwischen Western Ear und Trial Point aus dem Meer ragen oder sich dicht unter der Oberfläche verstecken. Aber überzeugt davon, auf See zum sicheren Untergang verurteilt zu sein, gingen die Männer das Wagnis ein und begaben sich in die trügerischen Gewässer.

Das erste Auflaufen blieb einigermaßen folgenlos. Ein Planke wurde aufgerissen, aber dann war das Boot wieder flott. Der zweite Aufprall Minuten später verlief weniger harmlos, und die Männer begannen an der Klugheit ihrer Entscheidung zu zweifeln. Der Schoner wurde hochgehoben, eine oder zwei Schrecksekunden lang, und krachte dann wieder und wieder in die Brecher zurück. Jede neue Woge schlug den Rumpf weiter leck, der inzwischen bedenklich Wasser machte. Lange konnte es nicht mehr dauern, bis das Boot auseinander brach. Über der Insel zeigte sich das erste Tageslicht. Die Insel wirkte so nahe, war aber viel zu entfernt, um unter den gegebenen Umständen an Land schwimmen zu können.

Bei Tageslicht änderte sich etwas – der Wind, der Wellengang oder beides. Das sinkende Schiff neigte sich nach steuerbord, kam von den Klippen frei und schlingerte träge und mit schwerer Schlagseite auf die Insel zu. Inzwischen war es hell genug, die Küste hinter der Gischt sprühenden Brandung zu erkennen. Verzweifelt machte der Captain sich klar, dass das Schiff nicht zu retten war. Er sah ja kaum Grund für die Hoffnung, seine Mannschaft und sein eigenes Leben zu retten. Bestimmt würden sie ertrinken, auf den Klippen zu Tode kommen oder stocksteif frieren, während sie auf das Ertrinken und Zerschmettertwerden warteten.

Es war eindeutig ein Wunder, dass der Captain bis zwölf zählen konnte, als die Männer durch die Gischt an Land stolperten. Irgendwie war es allen gelungen, sicher an die Küste zu schwimmen. Die Männer hatten dem Tod zwar ein Schnippchen geschlagen, sich aber erhebliche Verletzungen zugezogen.

Eine kurze Lagebesprechung ergab, dass sie vor allem zusammenbleiben mussten. Jeder, der zurückblieb, während andere, kräftigere Crewmitglieder Hilfe suchten, würde mit Sicherheit sterben, wenn sich die Hoffnung auf Beistand hinter der aufragenden Landzunge nördlich von ihnen nicht erfüllte – denn für diese Richtung hatten sie sich entschieden.

Einige liefen, andere hinkten, zwei mussten sogar über den Kieselstrand geschleppt werden, über Felsvorsprünge und durch Gestrüpp, wenn die Klippen zu steil waren. Sie kamen erschreckend langsam voran. Als einer entmutigt auf die kurze Strecke verwies, die sie bisher zurückgelegt hatten, schrie der Captain den Befehl, sich nicht umzublicken. Noch immer heulte der Wind. Die Männer waren bis auf die Haut durchnässt. Es war bitterkalt. Die Schiffbrüchigen stolperten über einen Wildpfad durch einen Fichtenwald, als einer die

Hand hob und rief, er hätte den Rauch von brennendem Holz gerochen.

Die Männer schleppten sich in die angegebene Richtung, wichen schneebeladenen Bäumen aus, erreichten schließlich Robinson's Cove und suchten Zuflucht in dem Haus, aus dessen Schornstein der Rauch gequollen war. Bald nach ihrer Ankunft kehrte Matties Vater Charles Robinson heim, der im Stall auf dem Hügel seine Schafe gefüttert hatte.

Die dreizehn Männer waren sogar zu schwach, ihre Verletzungen abzuschätzen, als Charles Robinson früh am nächsten Morgen das Haus verließ. Er wollte dem Captain des Postboots von dem Schiffbruch und den Überlebenden erzählen, und der würde die Nachricht nach Stonington mitnehmen, von wo sie nach Gloucester in Massachusetts gelangte, dem Heimathafen der Männer. Wo bald ein Schiff auslaufen würde, um die dreizehn heimzuholen. Aber zunächst einmal blieben sie im Haus in Robinson's Cove, um wieder zu Kräften zu kommen. Durch Schlafen und Essen, denn das waren auf der arztlosen Insel die einzigen Mittel gegen Unterkühlung, Erfrierungen und die zahllosen Wunden, die die scharfen Felsen verursacht hatten. Auf dem gusseisernen Herd köchelte zehn Tage lang *Fish Tea* vor sich hin, eine Suppe aus eingesalzenem Kabeljau und Kartoffeln – Lillians Variante der heilkräftigen Hühnerbrühe.

Gegen Ende ihres Aufenthalts kehrten zwei der Schiffbrüchigen zu der Stelle zurück, an der sie an Land geschwommen waren, und fanden den einzigen greifbaren Beweis für den Untergang ihres Schiffes. Das Nebelhorn des Schoners, ein hölzerner Kasten mit einem Messinghebel, lag unter einem Baum, wie von der Hand Gottes dorthin gebracht. Sonst konnten sie nichts entdecken, keine in der Brandung treibenden Planken, kein auf dem Strand verstreutes Takelwerk, absolut nichts.

Als Geste der Dankbarkeit ließen die Männer das Horn bei ihrem Abschied zurück. Meine Urgroßmutter benutzte es schon bald, um meine Großmutter Mattie nach Hause zu holen, wenn diese wieder einmal die Zeit vergessen hatte. Als meine Großmutter selbst Kinder hatte, übernahm sie diese Methode und drehte an der Kurbel, um meinen Vater und seine vier Geschwister abends zur Heimkehr zu ermahnen. Auch meine Geschwister und ich setzten die Kurbel häufig in Bewegung, um das dumpfe, durchdringende Geräusch zu erzeugen, das den Schiffsuntergang und – verblüffenderweise – drei Generationen neugieriger Kinder überstanden hatte. Der lederne Gurtgriff trägt noch immer acht Jahrzehnte alte Salzwasserflecken.

Jetzt saß ich am Fenster, die Füße auf das Nebelhorn gestützt, und betrachtete die dichten Nebelschwaden über dem Wasser. Seit den Kindertagen meiner Großmutter hatte sich die Insel nur wenig verändert. Meine Großmutter hat den Fischfang geliebt. Meine Mutter fischt auch gern. Und wenn es ein Wissen gibt, das allen Fischern gemein ist, dann die Tatsache, dass sich auf See die Dinge blitzschnell ändern können. Aber das Nebelhorn erinnerte meine Familie und mich daran, dass ein Schiffbruch (und andere Katastrophen wie ärztliche Diagnosen) nicht immer tödlich ausgeht.

Der kleine Hummerfischer

Nicholas Robinson Barter ist Insulaner durch und durch. Seine Herkunft ist eindeutiger und direkter als die aller anderen, die diesen Anspruch erheben. Nicholas' Stammbaum wurzelt tief und fest in Granit, Sand und Salz, sowohl auf der väterlichen wie der mütterlichen Seite. Als Nachfahre von Peletiah Barter, dem ersten Siedler, vertritt er die achte Generation seiner Familie auf der Insel. Mütterlicherseits stammt er von den Robinsons, Hamiltons und Bowens ab, die bald nach Peletiah Barter auf der Insel Fuß fassten. Vor den ersten Siedlern schlugen Indianer auf den küstennahen Inseln ihre Lager auf, um zu jagen und zu fischen. Als Franzosen und Briten in der Neuen Welt eintrafen, begründeten sie den kommerziellen Fischfang und nutzten die Insel als Handelsstützpunkte. 1792, kurz nach dem Unabhängigkeitskrieg, wurden Nicholas' Vorfahren die ersten dauerhaften Siedler auf der Insel.

Im Alter von neun Jahren ist sich Nicholas seiner Herkunft durchaus bewusst, und auf ihm ruhen die Hoffnungen der Inselgemeinschaft. Im Laufe der Zeit hat sich gezeigt, dass die Jungen nach dem Heranwachsen für gewöhnlich sesshafter sind, sich ihren Lebensunterhalt mit dem Hummerfang verdienen, während die Mädchen heiraten und fortziehen. In Übereinstimmung mit der Inseltradition setzte Nicholas seine ersten Fangkörbe (fünf) bereits mit sechs Jahren aus. In diesem Alter konnte seine Mutter ihn kaum vom Wasser fortbekommen. Ständig lief der Junge in feuchten Sneakers herum, und mit Gummistiefeln lief er so tief ins Wasser, dass es ihm in die Stiefel rann.

Bis Nicholas neun war, brauchte sich niemand zu fragen, wo er steckte, denn es gab drei Stellen, an denen man ihn mit Sicherheit finden konnte: knietief im Wasser am Collin's Beach, von Deck zu Deck springend im Hafen oder auf irgendeinem Skiff in der Meerenge, wo er in Gesellschaft eines gutmütigen Erwachsenen seine Reusen einholte. Nur selten ließ sich Nicholas die Ankunft des Postbootes entgehen, und er wurde ein Junior-Hafenmeister, der Fremde höflich begrüßte und ihnen wie ihren Booten den Weg zu den Mietliegeplätzen wies.

Mit sechs oder sieben Jahren wurde Nicholas das jüngste Mitglied der Lobsterfishermen's Association. Zu den Versammlungen erscheint er nie ohne Notizblock und Stift. Er ist ein ungemein sympathischer Junge, den jedermann gern hat. Seine Anwesenheit bei den Treffen der Association war ein Hinweis auf die Notwendigkeit, unsere Fischgründe für das Auskommen künftiger Generationen zu bewahren. Schnell wurde der Junge für alle Mitglieder zum Grund, über ein Vorgehen gegen ortsfremde Fischer und die Einrichtung einer Schutzzone zumindest zu reden.

Aber mittlerweile hat Nicholas seinen Babyspeck ebenso verloren wie das Interesse am Wasser. Er ist ein sehr freundliches und glückliches Kind. Wenn er über die Straße hüpft, singt er vor sich hin. Er liebt Pokémon-

Figuren und seinen Gameboy, verfügt aber auch über Computerkenntnisse und ist ein guter Schüler. Er liest gern, vor allem Harry-Potter-Bücher, und experimentiert mit seinem Chemiekasten. Als ich kürzlich von ihm wissen wollte, was er sich zu seinem bevorstehenden Geburtstag wünsche, bekam ich zur Antwort: »Oh, ich brauche nichts. Vielen Dank.« Ich traute meinen Ohren nicht und fragte mehrmals nach. Aber er blieb unerschütterlich. Er wünschte sich nichts.

Seit mehr als einem Jahr hat Nicholas seine Fangkörbe nicht mehr eingeholt. Seine Bojen geraten nur durch das Kielwasser von Booten in Bewegung und sind derart von Algen überzogen, dass sie kaum noch zu erkennen sind. Bei seiner Begeisterung für Bücher und Computer hat er bestimmt große Zukunftspläne, vermutete ich. Durch das Internet werden den Inselbewohnern ganz neue Möglichkeiten erschlossen. Nicholas verfügt über beeindruckende Kenntnisse in Astronomie und Naturgeschichte. »Was willst du eigentlich werden, wenn du groß bist?«, fragte ich ihn neugierig.

»Ein Hummerfischer«, erwiderte er wie aus der Pistole geschossen. »Genau das, was ich jetzt schon bin.«

Beharrlichkeit

Nicholas Barter schien keinerlei Zweifel an seiner Zukunft als Hummerfänger zu haben. Ich war mir da nicht so sicher und wurde zunehmend skeptischer. Ich wusste nur, dass ich auf der Insel bleiben wollte, weil sie mit Ausnahme des Ozeans der einzige Platz war, an dem ich mich wohl genug fühlte, um ihn als Zuhause betrachten zu können. Ich fragte mich, womit ich meinen Lebensunterhalt verdienen würde, wenn sich der Hummerfang irgendwann nicht mehr lohnte.

Ich machte mir auch Sorgen über Veränderungen auf der Insel, vor allem wegen der Ungewissheit der Bewohner über die künftigen Hummerbestände. Falls eines Tages nur noch Sommergäste und jene, die für sie sorgen, hier wohnen, muss das schwerwiegende Folgen haben. Bisher gehen Sommer- und Dauerbewohner eine perfekte Symbiose ein, wie ich sie nirgendwo sonst erlebt habe. Wir bezeichnen unsere Saisongäste ebenso wenig als *summer complaints* (Sommerleiden), wie sie uns mit abfälligen Schimpfnamen bedenken. Auf der Insel sind wir unterschiedslos Insulaner. Manche Gastfamilien haben hier schon ihre Sommer verbracht, als viele Dauerbewohner noch gar nicht wussten, dass es hier Leben gibt. Bei allen Einkommensunterschieden vereint beide Bevölkerungsgruppen eine grundsätzliche Abneigung gegen Veränderungen. Wir wünschen uns ein traditionelles Auskommen und wollen nicht vor dem Tourismus klein beigeben müssen. Insulaner lieben die Insel so, wie sie ist.

Meine Geschwister sind ausnahmslos Teilzeitbewohner, da sie sich nur in den wärmeren Monaten hier aufhalten. Sie lieben die Insel genauso wie ich, üben aber Berufe und Tätigkeiten aus, die einen Wohnsitz auf dem Festland erfordern. Ich habe weder die Bildung noch die Zielstrebigkeit und Dynamik meiner jüngeren Schwester Bif, die in hohen Firmenetagen Karriere macht. Mir fehlen Ausbildung, Wissen, Erfahrungen und Fähigkeiten meines Bruders Charlie, der als Ingenieur Boilersysteme entwickelt und installiert. Und niemals wäre ich flexibel und vielseitig genug, um zum »Job-des-Monats-Club« zu gehören wie meine anpassungsfähige und mehrfach begabte Schwester Rhonda. Aber ich möchte mit meinen Geschwistern ebenso wenig tauschen wie sie mit mir.

Bei aller Verschiedenheit haben wir auch viel gemein. Dazu gehört, dass wir alle beten – jeder auf seine Weise. Nach der Diagnose meiner Mutter verlagerte sich der Schwerpunkt meiner Gebete vom Danken *für* zum Bitten *um*. Ich war enttäuscht, dass sie nicht erhört wurden, und fühlte mich in meiner Rolle als Bittsteller höchst unwohl. Ich bitte grundsätzlich nicht gern um Gefälligkeiten. Das Danken für einen reichen Fang, gutes Wetter oder gut überstandene Ausfahrten hatte etwas Tröstliches, Befriedigendes. Jetzt hinterließ mein abendliches Flehen um Gesundheit für meine Mutter und um mehr Hummer in mir ein Gefühl hilfloser Schwäche.

Das Beten hilft nicht, dachte ich, als ich zwei leere Reusen an Bord zog. Wahrscheinlich muss ich mit Gott mehr Geduld haben. Die Bittschlange war bestimmt wesentlich länger als die Dankschlange. Jeder wollte oder brauchte doch irgendetwas. Vielleicht sollte ich eine Art Wartenummer ziehen, wie in der überfüllten Lebensmittelabteilung eines Supermarkts. Ich hatte keine Macht, weder über den Brustkrebs noch über Hummer, aber jemand besaß sie und übte sie auch aus. Also versuchte ich jeden Abend an die Spitze der Warteschlange zu gelangen.

Da ich nicht auf meinen Vater warten wollte, war ich an diesem Tag allein hinausgefahren. Über Nacht hatte sich unser Partnerunternehmen in eine Einzelinhaberschaft verwandelt. Zwischen Dad und mir bestand die Absprache, eigentlich sogar ein Pakt, dass keiner jemals allein Fangkörbe einholte. Einige Fischer arbeiteten zwar solo, aber es bestand allgemeine Übereinstimmung darüber, dass diese Methode nicht ungefährlich war. Das bewiesen die Schicksale von Ben MacDonalds Vater und dem Hummerfänger, der sich in seiner eigenen Bootsschraube verfangen hatte. Wenn ich meine Reusen allein versorgte, brach ich nicht nur ein Dad gegebenes Versprechen, sondern ging auch ein hohes Risiko ein.

Dad hatte mit meinem Boot und einem Helfer gelegentlich eine Fahrt zu den Reusen unternommen, wenn ich abwesend, unerreichbar oder unwillig war. Doch ich beschloss den Alleingang. Im umgekehrten Fall hätte mich der Bruch der Absprache empört, aber ich rechtfertigte ihn mit vielfältigen Gründen: Seit mehr als drei Wochen waren die Reusen nicht eingeholt worden. Es konnten keine Köder mehr in den Säcken sein, und die gefangenen Hummer fielen bestimmt übereinander her. Was ebenso bedauerlich wie verschwenderisch war. Jeder in Frage kommende Begleiter auf der Insel hatte anderes zu tun. Das Wetter war gut, die See ruhig. Und ich würde besonders vorsichtig sein. Außerdem brauchte ich ein paar Stunden Alleinsein, um nachdenken zu können.

Vor allem beschäftigte mich die Frage, warum meine Gebete nicht erhört wurden. Es kam doch immer wieder und überall zu Wundern, wie ich gelesen hatte. Und was ich verlangte, grenzte an ein Wunder. Ich wollte, dass mein Leben wieder normal wurde. Ich erwartete von meinem Gott, dass er mit einem Donnerkeil oder ähnlich dramatischen Methoden eingriff. Irgendetwas muss ich falsch machen, dachte ich, während ich unermüdlich Reusen einholte, ihre Köderbehälter auffüllte und die Reusen wieder aussetzte.

Ich begann darüber nachzugrübeln, wie andere Menschen beteten. Das war eine so persönliche, intime Frage, dass ich nicht einmal wagte, sie meinen Geschwistern zu stellen. Aber vielleicht könnte ich mich an Payson Barter wenden, der gerade mit einer Ladung Reusen an mir vorbeigekommen war. Meine Abendgebete hörten sich irgendwie an, als würde ich Briefe diktieren. Sie begannen ausnahmslos mit »Lieber Gott« und endeten mit dankbaren Grüßen. Ich lag beim Beten auf dem Rücken, hatte die Augen weit offen und die Hände auf der Brust gefaltet. Vielleicht sollte ich die Augen schließen oder den Kopf senken, überlegte ich. Vielleicht waren die »dankbaren« Grüße zu voreilig. Verunsichert begann ich über Mittel und Wege nachzudenken, Paysons Gebete zu belauschen.

Payson ist der beste Hummerfänger der Insel. Der Schlüssel zu seinem Erfolg ist allgemein bekannt und auf dem Heck seines Bootes nachzulesen: *Perseverance*

(Beharrlichkeit). Für mich kein Fremdwort. Alle meine Ziele hatte ich mit harter Arbeit, Willenskraft und Beharrlichkeit erreicht. Während das Heck von Paysons Boot in der Ferne verschwand, erinnerte ich mich an mein vorletztes Jahr an der Mt. Ararat School. Zufällig hatte ich mitbekommen, dass mich mein Lieblingslehrer als »*classic overachiever*« bezeichnete. Das kränkte mich tief, denn mit meinen siebzehn Jahren sah ich mich ganz anders. Ich fand mich brillant. Na schön, dachte ich, er hält mich für eine Idiotin, die ihre guten Zensuren abschuftet. Aber dem zeige ich es! Nun, in den letzten zwanzig Jahren hat sich mein Lehrer als ziemlich scharfsichtig erwiesen. Ich bin weder intelligenter, gescheiter noch fixer als andere. Mein Plus ist mein Arbeitswille, und ich habe mich nie gescheut, daraus Kapital zu schlagen.

Hätte ich auf die vielen gut gemeinten Ratschläge von Verwandten und Freunden gehört, hätte ich mir vor Jahren einen »vernünftigen Job« gesucht. Aber das lag mir nun einmal nicht, dessen war ich mir sicher. Ich hatte kein Interesse an einem »vernünftigen Job«, das geht mir nicht allein so. Wieder erinnerte ich mich an die Reaktion meiner Mutter auf meine Ankündigung, mit meinem Colby-College-Diplom auf Schwertfischfang gehen zu wollen. So schlimm, wie es damals auch war – jetzt hätte ich alles darum gegeben, sie ein paar Stapel Teller zerschmettern zu sehen. Dann wüsste ich, dass mit ihr alles in Ordnung ist.

Als ich sie gegen den Krebs *kämpfen* sah, begriff ich, wie gut dieses Wort das beschreibt, was Krebspatienten durchmachen. Ich hatte meiner Mutter schon immer viel zugetraut, aber auf einen derart erbitterten Boxkampf wäre ich nie gefasst gewesen. In der ersten Runde, der Chemotherapie, musste meine Mutter einiges einstecken. Heftige Schwindelgefühle und Übelkeit ließen Mom durch den Ring taumeln, bis sie nicht mehr wusste, ob sie einen Gegenschlag austeilen oder das Handtuch werfen sollte. Mitten in der Runde ging sie plötzlich zu Boden und landete für vier Tage im Krankenhaus. Der Onkologe sprach von »Neutropenie« und erklärte, ihr Rückenmark produziere nicht schnell genug weiße Blutkörperchen, um die zu ersetzen, die durch die Chemo vernichtet wurden. Ich erfuhr, dass bei Mom gerade einmal vierhundert Leukozyten gezählt wurden, während der gesunde menschliche Organismus im Durchschnitt über achttausend verfügt.

Hilflos musste ich zusehen, wie auf meine Mutter eingeprügelt wurde, und flehte das Ende der Runde herbei. Als die Glocke ertönte, schleppte sich Mom in ihre Ecke zurück und sammelte sich für die nächste Runde. Ihr Blutbild besserte sich, und sie fühlte sich wohler. Im Gegensatz zu Samson verlieh der Verlust ihrer Haare meiner Mutter neue Kräfte. Eine kahlköpfige Mutter hob mahnend den Finger und befahl ihrer Tochter, nach Hause zu fahren und ihrer Arbeit nachzugehen. Die Tochter gehorchte, denn zum ersten Mal hatte ihre Mutter sie zum Fischen geschickt.

Ich musste lachen. Wäre mir jedes Mal in den letzten zwanzig Jahren ein Cent zugesteckt worden, wenn meine Mutter mir vorhielt, dass ich beim Fischen nur meine »Ausbildung vergeudete«, hätte ich jetzt weit mehr Geld, als eine volle Hummertonne am Ende eines Tages einbrachte. Aber ich habe meine Erfolge nie in Dollars und Cents berechnet. Mein finanzieller Status ist ebenso wenig Maßstab für meine Leistungen, wie sich an Zensuren und Prüfungsergebnissen ablesen lässt, was für eine Schülerin ich war und noch immer bin. Ich bin das Produkt einer Ausbildung, die nicht nur in Schulen und Hörsälen erfolgte. Und das kam mir jeden Tag meines Lebens zugute, beim Fischen und anderswo.

Durch meine Schulausbildung weiß ich, dass eins und eins zwei ist, Abraham Lincoln der sechzehnte Präsident der Vereinigten Staaten war und E im Alphabet vor I kommt, aber nach C. Meine »informelle« Ausbildung hat mich gelehrt, den Wert von Ausdauer, Entschlossenheit, Teamgeist, Selbstvertrauen, Loyalität, Ehrlichkeit, Vertrauen, Verantwortungsbewusstsein, Verlässlichkeit und Zuversicht zu schätzen ... Der Behauptung, Bildung sei ein Werkzeug, kann ich nicht zustimmen. Werkzeug dient sehr spezifischen Zwecken, beispielsweise ein Bootshaken. Wenn nicht gerade mit ihm nach Bojen geangelt wird, liegt ein Bootshaken ungenutzt herum. Bildung wird ständig gebraucht.

Nach ein paar Stunden war ich von der Doppelbelastung als Skipper und Heckmann total erschöpft, hatte aber kaum genug Hummer in der Tonne, um die Kosten für Köder und Treibstoff decken zu können. Auch wenn das Alleinfischen ein gutes Training für Körper und Geist sein mag, konnte ich nicht bestreiten, dass sich die Ausgaben für eine Hilfskraft mehr als bezahlt machen. Die aktuelle Heuer für einen Heckmann war das, was ich dem Fabelhaften Fabio angeboten hatte: Zwanzig Prozent des Fangs. Mit Unterstützung eines guten Heckmanns kann man doppelt so viel Fangkörbe einholen. Um das zu erkennen, brauchte man kein mathematisches Genie zu sein. Ich schätzte, dass etwa dreißig Pfund Hummer in der Tonne waren. »Verdammter Mist«, sagte ich laut, als ich das Ergebnis mit der Zahl der Reusen verglich.

Da weniger als die Hälfte des Ködervorrats verbraucht war, vermutete ich, dass ich rund sechzig Reusen eingeholt hatte. Ein halbes Pfund pro Korb – schlimmer ging es kaum noch. Ich beschloss, mein Glück woanders zu versuchen. Bislang hatte ich die Reusen in relativ seichtem Wasser mit felsigem Grund überprüft, jetzt strebte ich größeren Meerestiefen zu und hoffte auf mehr Erfolg.

Während ich die *Mattie Belle* nach Südwesten steuerte, erging ich mich in Selbstmitleid über die mehr als magere Saison. Aber wahrscheinlich erfreuten sich fleißigere Fischer, die keinen Tag ausließen, besserer Fangergebnisse. Payson beispielsweise hatte vermutlich trotz der späten Ankunft der *Shedder* keinen Grund zur Klage. Noch wusste ich nicht, wie viel ich in dieser Saison mit dem Hummerverkauf verdient hatte, aber wenn ich es endlich einmal zusammenrechnete, würde ich mich mit Sicherheit schämen. Ich hatte es eindeutig am nötigen Fleiß fehlen lassen. Payson spielt in einer anderen Liga, sagte ich mir. Mit ihm kann ich mich nicht vergleichen. Eher mit den Island Boys.

Als George und Tommy beschlossen, es mit dem Hummerfang zu versuchen, stellten sie prompt einen Negativrekord auf. Sie waren so erfolglos, dass ihr Reparaturunternehmen im Vergleich dazu geradezu boomte. Selbst die Schulkinder fingen mehr Hummer als die Island Boys. Keiner der beiden hatte zuvor schon einmal Hummer gefangen, und ich war mit Sicherheit nicht die Einzige, die sich fragte, wie sie die Lizenzen ergaunert hatten. Sie schlugen nicht nur unsere eindringlichen Warnungen vor dem Kauf gebrauchter Fangkörbe in den Wind, sondern erwarben auch noch die antiquiertesten Dinger, die wir je gesehen hatten. Sie begingen den Kardinalfehler, mit Holzreusen von der Art auf Fang zu gehen, die seit zwei Jahrzehnten nur noch als behelfsmäßiger Tischersatz dienen. »Nun, es sind an Hummerfang *gewöhnte* Körbe«, erklärten sie uns. Das fanden wir weniger komisch als die Tatsache, dass sie erst die Fanggeräte und dann das Boot erstanden.

Als sie mit ihrem Boot im Hafen auftauchten, führte das zu der einhelligen Meinung, dass das Boot genauso veraltet war wie die Reusen. Kein Wunder, dass sich ihre Träume vom großen Geld nicht erfüllten. Sie verbrachten ihre gesamte Zeit mit der Reparatur von Boot und Fangkörben. Falls der Bootsmotor wider Erwarten einmal ansprang, mussten sie zurückgeschleppt werden, bevor sie mit dem Einholen fertig waren. Und das war ein kniffliges Unterfangen. Wenn alte Holzboote nicht sorgfältig gepflegt werden, verrotten sie schnell. Dann werden sie »instabil« genannt, und genau das war George und Tommys Boot. Jedes Abschleppmanöver machte weitere Reparaturen notwendig. George und Tommy bezahlten teures Lehrgeld für die Erkenntnis, dass für einen erfolgreichen Fischfang eine gute Ausstattung unverzichtbar ist.

Payson hatte das Hummerfangen und die Einstellung zur Arbeit von seinem Vater gelernt. Er äußerte sich so selten über seine Tätigkeit, dass sich schwer einschätzen ließ, ob er Freude an ihr hatte. Aber bestimmt gefiel es ihm, Jahr für Jahr der erfolgreichste Hummerfänger der Insel zu sein. Ich würde gern glauben, dass die Fangergebnisse von der Anzahl ausgelegter und eingeholter Reusen abhängen, aber Payson beweist mir das Gegenteil. Die *Perseverance* fährt selten als erstes Boot hinaus oder kehrt als letztes zurück, und doch fängt er mehr Hummer als jedermann sonst. Als ich mit der *Mattie Belle* eine orangefarbene Boje ansteuerte, sah ich, wie die *Perseverance* in einiger Entfernung ruhig und gelassen wie üblich ihre Runden drehte. Payson lehnt unziemliche Hast grundsätzlich ab. Ich zog die Boje mit dem Bootshaken heran und hoffte auf Hummer.

Seit dem 1. September »speicherte« die Association Hummer. Alljährlich nach dem Labor Day sinkt der Hummerpreis der Nachfrage entsprechend, denn im Herbst lässt die Anziehungskraft von Maine als Urlaubsland nach. Weniger Besucher verzehren weniger Hummer. Da das Angebot in den Monaten September und Oktober jedoch stabil bleibt, sacken die Preise in den Keller. Kurz vor Weihnachten ziehen die Preise natürlich wieder an. Für gewöhnlich werden im Februar und März die wenigsten Hummer gefangen. Fischer, die den Winterelementen trotzen, werden mit Preisen von bis zu sechs Dollar pro Pfund belohnt, während ich im Oktober mit gerade einmal 2,75 Dollar rechnen durfte.

In den Herbstmonaten werden Hummer gespeichert, um sie im Spätwinter oder Frühjahr zu höheren Preisen verkaufen zu können. Wir sind in der glücklichen Lage, auf der Insel über ein natürliches Reservoir zu verfügen, einen Salzwasserteich, in dem sich zeitweise bis zu 40 000 Hummer befanden, während wir auf Preisanstieg warteten. Eine elektrische Pumpe versorgt den Teich mit Sauerstoff, um die Tiere vor dem Ersticken zu bewahren. Gezeitenabhängige Zuflüsse sorgen dafür, dass das Wasser nicht stagniert. Die Hummer werden mit angereicherten Ködern gefüttert, um sie gesund zu halten. Sobald die Leitung der Association den Eindruck hat, jetzt können die Preise kaum noch steigen, werden die Hummer aus dem Reservoir geholt.

Einige Mitglieder der Association sind im Tauchen ausgebildet. Ich bin es Gott sei Dank nicht. Die Taucher springen mit Neoprenanzug, Maske, Flossen und Gewichtgürtel in das eiskalte Wasser, um Hummer heraufzuholen. Sie schwimmen dicht über den Grund, greifen die Tiere und stopfen sie in großmaschige Säcke. Sobald einer voll ist, löst der Taucher einen Mechanismus aus, der den Sack an die Oberfläche steigen lässt. Zwei Männer transportieren die Säcke per Skiff zu einem Floß, auf dem andere sie in Kisten mit einem Fassungsvermögen von 90 Pfund entleeren. Die Kisten werden auf ein Boot verladen und nach Stonington gebracht. Dort kaufen sie Großhändler, die Einzelhändler in aller Welt beliefern. Auf dem Weg vom Fänger über den Handel zum Konsumenten kann der Preis eines Hummers von drei auf mehr als zwanzig Dollar steigen.

Obwohl mit dem Verkauf meines heutigen Fangs erst in rund sechs Monaten zu rechnen war, würde mir die Association den aktuellen Preis von 2,75 Dollar zahlen. Auf dem Festland könnte ich zwar 50 Cent mehr pro Pfund erzielen, doch dann würde ich meinen »Bonus« verlieren, meinen Anteil an den Verkaufsgewinnen »gespeicherter« Hummer, die im Frühjahr unter den Mitgliedern der Association aufgeteilt werden. Der geringste Bonus, der in den letzten fünf Jahren ausgezahlt wurde, betrug 65 Cent, ein Nettoverdienst von 15 Cent für jedes während der Saison gefangene und verkaufte Pfund. Besonders erfreulich ist die Tatsache, dass der Bonus im April ausgezahlt wird, wenn die Fischer ihre Steuern bei Uncle Sam entrichten müssen und sich auf die neue Saison vorbereiten.

Als ich auf das »Hummerfloß« zusteuerte, um meinen Fang dort zu deponieren, kreuzte die *Perseverance* auf ihrem Weg zum Hafen vor meinem Bug, und ich winkte Payson zum vierten Mal an diesem Tag zu. Ich füllte eine Kiste mit rund 70 Pfund Hummer, befestigte meine Boje daran und schob sie ins Wasser, wo sie, ans Floß gebunden, bis zum Abend bleiben würde, wenn Vertreter der Association den Inhalt wogen. Reich würde ich durch den heutigen Fang nicht werden. Ganz gleich, wie mein Bonus im Frühjahr ausfiel, er würde dringend gebraucht, dachte ich, als ich das Deck abspritzte. Köder kosteten zur Zeit 14 Dollar pro Scheffel (35,24 Liter), und ich hatte drei Scheffel verbraucht. Mein Treibstoffverbrauch hielt sich in Grenzen, aber Diesel war im Moment nicht gerade billig – 1,43 Dollar die Gallone (3,79 Liter). Wenn ich neben diesen Ausgaben noch die Kreditraten für das Boot und die Versicherungskosten abzog, kam ich vermutlich auf einen Stundenlohn, der mir alle Aussichten einräumte, mich beim Better Business Bureau zu beschweren, weil ich unter dem gesetzlich vorgeschriebenen Mindestverdienst lag. Es lohnte sich einfach nicht, auch weiterhin Reusen einzuholen. Sobald mein Vater auf die Insel zurückkehrte, würden wir damit beginnen, die Reusen »aufzunehmen« und in ihr Winterquartier zu bringen. Ich kletterte ins Skiff und setzte den Außenborder mit einem Zug an der Schnur in Betrieb.

In einer guten Saison mit hohen Preisen kann es ein tüchtiger Hummerfänger auf mehr als 100000 Dollar bringen. Aber ein solches Jahr ist die Ausnahme. Meistens sind Fischer schon froh, wenn sie ihre Unkosten hereinbekommen und einen bescheidenen Lebensunterhalt bestreiten können. Für Ersparnisse bleibt selten genug etwas übrig, vor allem dann nicht, wenn größere Bootsreparaturen notwendig werden, was in nahezu jedem Jahr der Fall ist.

Ich wälzte Erträge und Preise im Kopf, während ich auf den Anlegesteg zuhielt. Dann kamen mir Zweifel, ob die Bootsbatterien abgeschaltet waren. Ich begann mich auch zu fragen, ob ich das Schlauchventil geschlossen hatte. Sollte ich noch einmal zurückfahren und nachsehen? Es hätte mich nur wenige Minuten gekostet. Aber ich war müde und wollte nach Hause. Wahrscheinlich hatte ich an beides gedacht. Und was sollte schon groß passieren? Der Schlauch würde sich schon nicht lösen. Er war mit einer doppelten Schlauchklemme gesichert. Ich wollte nach Hause und meine Mutter anrufen, würde aber besser schlafen, wenn ich mich vergewissert hatte, dass alles in Ordnung war. Ich schlug mich mit meinen widersprüchlichen Überlegungen herum und bemerkte gerade noch rechtzeitig, dass ich dabei war, das Heck von Paysons Boot zu rammen. Im letzten Moment verhinderte ich einen Aufprall zwischen dem *v* und dem *e* der Perseverance. Wenn himmlisches Eingreifen so aussieht, dachte ich, als ich mich auf den Rückweg zur *Mattie Belle* machte, geht Gott nicht unbedingt subtil vor. Ich nahm mir vor, das in meinem heutigen Brief nicht unerwähnt zu lassen.

Meine beiden Ehemänner

Paprikaschoten im Toaster zu rösten ist keine besonders gute Idee, wie sich herausstellte. Zwar gelangen die Schoten nicht einmal schlecht, aber das Schrillen von zwei Rauchmeldern machte mich darauf aufmerksam, dass Toaster nicht über Selbstreinigungskräfte verfügen. Die Krümelschicht auf dem Toasterboden war in Flammen aufgegangen und erinnerte jetzt an eingeäscherte Mäusekötel. Draußen war es entschieden zu kalt, um den Grill auf der Terrasse in Betrieb zu setzen, und ich vermutete ohnehin, dass die Propangasflasche an der Hauswand nur auf den unpassendsten Moment wartete, um ihren Leerstand anzuzeigen. Dieser Moment war heute gekommen, denn ich wollte ein paar Leute zum Abendessen einladen.

Um dem Lärm ein Ende zu machen, kletterte ich auf einen Stuhl und bewedelte eins der penetranten weißen Sechsecke mit einer *Bon Appétit*, in der ich ein Rezept gefunden hatte, das ich zunächst für machbar hielt. Doch nun kamen mir Zweifel. Ein Schweinebraten aus der Mikrowelle war in der Tat so »grotesk«, wie meine Mutter gesagt hatte, als ich sie anrief, um ihren Beistand (in Form von Ratschlägen) bei meinem Dinnermenü zu erbitten.

Ein Motiv für diese plötzliche kulinarische Kraftanstrengung mit vorausgegangener Putzorgie war mein Wunsch, meine Ehemänner kennen zu lernen. Ja, Plural. Gleich zwei. Noch waren wir drei nicht verheiratet, aber wenn Rachel Harris Recht behielt, würde ich die Brüder aus New Jersey im Doppelpack heiraten müssen, da sie ihren Worten zufolge unzertrennlich waren. Ich plante einen femininen Soloaufritt, und nichts lag mir ferner, als einen weiteren weiblichen Single einzuladen. Nur ledige, ungebundene Männer. Das würde meine Chancen erheblich steigern. Nicht schlecht.

Der erste Eindruck ist entscheidend, rief ich mir in Erinnerung und riss die Fenster auf, um den Rauch aus der Küche entweichen zu lassen. Wenn ich den Männern vorgaukeln konnte, ich sei eine gute Köchin, musste mir das entscheidende Pluspunkte bringen. Ich fahndete in den Schränken meiner Mutter nach inspirierenden Ingredienzien. Kapern, kandierter Ingwer, elf Sorten Essig, sieben Senfvariationen, Polentamais, Wildreis, Risottoreis, Couscous … Es wäre zu schön, wenn ich wüsste, was sich daraus zaubern ließ. Chipotles in Dosen, Chilipulver, vier Döschen mit Kreuzkümmel, zwei mit Koriander, ein Glas Habaneros, Tamarindenkonzentrat. Ich fragte mich, ob Mom den Gastauftritt einer Küchenkoryphäe wie Bobby Flay erwartete. Hmmm … Vielleicht sollte ich Hummer kochen, überlegte ich. Da kann nichts schief gehen.

Und dann? Was machen wir *nach* dem Essen? Vielleicht könnte ich mit den Jungs durch die Gegend fahren, um die Rehe mit dem starken Strahl zu erschrecken, der in der Zigarettenanzünderbuchse meines Trucks steckt. Nein, lieber nicht. Annie Oakley ist doch nie unter die

Haube gekommen, oder? Offenbar haben Männer mitunter etwas gegen Frauen, die beim ersten Rendezvous eine geladene Waffe zücken. Fernsehen kam auch nicht in Frage. Das ist bei meinen Eltern mehr Konditionstraining als Unterhaltung. Oh, wir sind angeschlossen, aber der Empfang ... Nach dreißig Minuten *Jeopardy!* tränten einem die Augen, und die Ohren brummten.

Vielleicht sollte ich von Ben ein Video ausleihen, sinnierte ich, als ich zwischen den Werkzeugen meines Vaters nach einer Rohrzange wühlte, mit der man eine Propangasflasche zum Funktionieren bewegen konnte. Ben kennt insel-endemische Probleme beim Knüpfen zwischenmenschlicher Beziehungen aus eigener Anschauung und würde mir sicher bei der Auswahl eines stimmungsfördernden Streifens behilflich sein. Ein Film wäre genau richtig für ein erstes Treffen. Aber würde ich da nicht zwischen den beiden Männern auf der Couch sitzen? Nein, besser nicht.

Liebesspiele mit zwei Männern gleichzeitig gehörten ganz und gar nicht zu meinen erotischen Phantasien. Aber hatte ich nicht irgendwo gelesen, dass Frauen um die vierzig sexuell absolut in Topform sind? Höchstwahrscheinlich hatte den Artikel eine Vierzigjährige geschrieben, dachte ich lächelnd und zog eine Rohrzange unter einem Paar von Dads Schutzhandschuhen hervor. Mein Liebesleben konnte bestenfalls als sporadisch bezeichnet werden.

Nach halbstündigem Schuften mit der Zange und unflätigem Fluchen über den »Idioten«, der das Ventil so verdammt fest zugedreht hatte, fiel mir ein, dass Progangasflaschen über Linksgewinde verfügen. So viel zu dem klugen Spruch »*righty-tighty, lefty-loosy*«, mit dem wir Kindern das Begreifen des richtigen Drehs erleichtern wollen. »Dazu«, knirschte ich mit schmerzverzerrtem Gesicht, als die fünfzig Kilo schwere Flasche auf meinen Zehen landete, »hat Gott Männer erschaffen.« Ich brauchte wenigstens zwei.

Vielleicht verschwendete ich aber auch zu viel Zeit und Energie auf das Umgarnen von Männern. Ich hatte noch immer vierhundert Reusen im Wasser, die an Land gebracht werden mussten, und es sah nicht danach aus, als würde mein Vater bald auf die Insel zurückkehren. Ha! Warum war mir das nicht schon längst eingefallen? Warum fuhr ich nicht auf der Stelle zu den beiden Brüdern aus New Jersey und unterbreitete ihnen das großzügige Angebot, sie ein wenig in die Hummerindustrie von Maine einzuführen? Wir könnten den Nachmittag damit verbringen, einander kennen zu lernen – bei der Arbeit! –, und dann am Abend frischen Hummer essen. Wenn sie meinen Hoffnungen entsprechen, schwinge ich mich sogar zu Moms *Lobster Casserole* auf, denn die ist mindestens zwei Anträge wert, dachte ich und rannte ins Haus, um meine Mutter anzurufen.

»Alle Achtung, du musst die beiden ja sehr mögen«, kommentierte Mom meine Bitte. Da sie Rezepte nur höchst unwillig rausrückt, behielt ich für mich, dass sich das »Mögen« erst noch herausstellen würde. Aber ich hielt es für selbstverständlich, dass sie meine Einladung annehmen würden. Mom sagte es zwar nicht, schien aber alles andere als begeistert, dass ich vorhatte, in ihrer Küche zu werkeln, während sie durch ihre Therapie verhindert war, mir auf die Finger zu sehen. Eifrig schrieb ich alles mit, was sie von sich gab. »Du wirst die Mengen entsprechend verringern müssen, denn ich habe das immer für mindestens sechs Personen zubereitet. Koch zwölf Hummer ... Oder doch lieber sechzehn, wenn sie noch jung sind. Und, Linda, dass du mir dazu nicht meinen großen Le Creuset nimmst.« Das war auch kaum möglich, denn der stand seit zwei Tagen im Spülbecken. Mit Wasser gefüllt, damit sich die angebrannten Spaghetti vom Boden lösten. Vermutlich musste ich mit ihm zu Billings', damit sie die Schicht mit einem Sandstrahlgebläse entfernen. »Und verwende zum Säubern meiner guten Töpfe und Pfannen auf keinen Fall scharfe oder kratzende Gegenstände. Das weißt du, denn ich habe es dir schon mehrfach gesagt, oder?« Meinte sie damit vielleicht den Metallspatel? Dann käme ihre Warnung zu spät. Irgendwo zwischen Ermahnungen und eindeutig auf Ablenkung zielenden Bemerkungen gelang es mir, meiner Mutter eine Liste von Zutaten nebst Kochtipps zu entringen. Sie war wirklich nicht unbedingt zuvorkommend. Ich gebe Moms Äußerungen hier weiter, muss aber gestehen, dass mir der Mut zur Zubereitung fehlt:

8 Esslöffel Butter	*1 Prise Salz*
8 Esslöffel Mehl	*1 Prise Pfeffer*
4 Tassen Sahne	*1 Teelöffel Selleriesalz*
Ein paar Eigelb	*1 gute Dosis Cayennepfeffer*
1 Hand voll Zwiebeln	*12 Tassen Hummerfleisch, sautiert*
1 großer Spritzer Madeira	*4 Tassen Brotkrumen*
Gehackte Petersilie	*Parmesankäse*

Backofen auf 180 Grad vorheizen. Butter in einer großen Pfanne zum Schmelzen bringen, Mehl einstreuen und bei geringer Hitze köcheln lassen. Sahne hinzugießen und gut umrühren. Pfanne vom Feuer nehmen und Eidotter mit einem Schneebesen unterheben. Erst Zwiebeln, Madeira, Petersilie und die anderen Gewürze hinzufügen, dann das sautierte Hummerfleisch. Gieße alles in eine große Kasserolle und bedecke es mit Brot-krumen, Käse und Butterflöckchen. Überbacke das Ganze in der Ofenröhre, bis die Oberfläche schön gebräunt ist. (20 Minuten bei 180 Grad)

Dieses Experiment verschiebe ich auf später, dachte ich und legte den Hörer auf. Heute würde ich den todsicheren und stets beliebten gekochten Hummer servieren, meine Hauptnahrung während des Sommers. Hummer kochen konnte ich mit links. Meine Familie und ich hatten den ganzen Sommer über mindestens ein- oder zweimal in der Woche Hummer gegessen: gekocht, sautiert, auf Pasta, als Auflauf und in Omelettes. Wenn man sie selbst fängt, sind Hummer ein erschwingliches Essen, und die meisten Fischer genießen die Früchte ihrer Arbeit, solange die Preise niedrig sind. Ich kenne einen Fischer auf der Insel, der gegen Hummer allergisch ist, und bedaure ihn jedes Mal zutiefst, sobald ich mir einen saftigen Bissen auf der Zunge zergehen lasse. Vieles schmeckt wie Hühnchen, aber nichts, absolut nichts wie Hummer.

Die Brüder hausten auf einem Campingplatz in der Nähe des Long Pond, und als ich zur Ostseite der Insel fuhr, fiel mir ein, dass ich noch ein paar Dinge aus dem General Store brauchte. Leicht ist das Einkaufen in der jetzigen Jahreszeit nicht, da es ausgeklügelter Strategien bedarf, damit der Laden nicht schon wieder geschlossen ist, bevor man überhaupt da ist. Inzwischen hatte der Store nur noch zwei Stunden täglich geöffnet, und ich befürchtete, dass dies bald weiter eingeschränkt werden könnte. Die Anwohner bemängelten das magere Angebot nach dem Abschied der Sommergäste, und viele kauften auf dem Festland ein. Es war ein klassisches

Dilemma: Die Leute kauften nichts, weil es kaum etwas gab, und der Store konnte die Regale nicht auffüllen, weil die Kunden ausblieben. Offensichtlich machte es sich nicht bezahlt, den Laden täglich länger als von halb zwei bis halb vier zu öffnen. Natürlich könnte ich mit der *Mattie Belle* auch zum Einkaufen nach Stonington tuckern, aber ich wollte dem Store meine Solidarität beweisen.

Als ich an Theresa Cousins' Haus vorbeikam, fielen mir die beiden prall gefüllten Abfallsäcke ins Auge, die seit Ende September am Ende ihrer Einfahrt standen. Noch so ein Dilemma. Wegen der großen Trockenheit durften im gesamten Staat Maine keine Abfälle verbrannt werden. Aber für den Abtransport »brennbarer Materialien« war die Müllabfuhr nicht zuständig. Theresa hatte die Säcke stehen lassen, um ein Zeichen zu setzen. Welches genau, wusste ich zwar nicht recht, aber die beiden leicht im Wind schwankenden Plastiksäcke machten es unübersehbar.

Auf diese Weise komme ich problemlos über den Winter, dachte ich. Ich könnte den Ablauf meiner Tage entsprechend den Öffnungszeiten des General Store planen, was eine echte Herausforderung darstellt. Und ich könnte die Tage zählen, die die Säcke in Theresas Einfahrt stehen blieben, bis die eine oder andere Partei zum Nachgeben bereit war. Wer sagt da, auf der Insel wäre nichts los? Ich begann die Satellitenschüsseln mit ganz anderen Augen zu sehen, die rund um die Häuser einiger Dauerbewohner aufgetaucht waren. Was hat man hier im Winter eigentlich vor Einführung der Elektrizität gemacht?, fragte ich mich.

Während ich weiter auf den Pond zurollte, wünschte ich mir, Rachel Harris hätte sich ein Telefon legen lassen. Ein Anruf wäre sehr viel einfacher, als den mir noch unbekannten Männern persönlich gegenüberzutreten. Langsam merkte ich, dass ich kalte Füße bekam. Wollte ich Rachels Freunde allen Ernstes einfach so überfallen und zur Arbeit bitten? Die Truckreifen knirschten durch Kies, als ich in den Campingpark einfuhr. Was wollte ich hier eigentlich? Aber vielleicht waren die Brüder gar nicht da. Bestimmt saßen sie nicht herum und warteten auf die Dinnereinladung einer völlig Fremden. Und wenn sie nun keine Lust zum Reusen-Einholen hatten? Oder mit mir nicht zu Abend essen wollten? Oder ihnen mein Äußeres nicht gefiel? Ich warf einen Blick in den Rückspiegel und wünschte, ich wäre jemand anders.

Unvermittelt und grundlos begann ich wieder Hoffnung zu schöpfen. Vielleicht waren sie nicht zu Hause. Dann könnte ich eine Nachricht hinterlassen. Aber Rachels Auto stand an der gewohnten Stelle neben der Straße. »Mist. Sie sind da.« Ich parkte den Truck und holte tief Luft. Als ich mich der Tür näherte, hörte ich Stimmen vom Teichufer. Ich spähte um die Ecke der Holzhütte und sah zwei Männer mit Angelgerten. »Oh, Gott sei Dank. Sie fischen!« Ich eilte zum Truck zurück und holte meine Orvis-Fliegenfischrute, die schon seit Monaten auf der Ladefläche schepperte. Was für ein Glück! Ich konnte etwas tun! Meine Rute war zwar eine für Meeresfische, aber wer sollte das auf Anhieb erkennen? Nahezu unbeschwert und sehr zuversichtlich lief ich auf die Männer zu und rief ihnen einen Gruß entgegen.

Sie waren nicht unattraktiv und sehr freundlich. Als ich neben ihnen meine Angelschnur auswarf, erfuhr ich, dass sie Bachforellen fischten. Sie hatten in jedem Gewässer zwischen New Jersey und der Insel Beute gemacht und konnten Forellen kaum noch sehen, da sie

sie seit ihrem Urlaubsbeginn morgens, mittags und abends gegessen hatten. »Mögen Sie Hummer?«, erkundigte ich mich scheinheilig.

Zehn Minuten, vier Angelschwünge und zwei Forellen später saßen sie in meinem Truck, und wir fuhren zum Hafen, um unser Abendessen zu fangen.

Dorothea Dodge

Durch das sehr kleine Schalterfenster des sehr kleinen Postamts auf unserer sehr kleinen Insel erblickt man eine sehr kleine Frau. Die Öffnung des Schalters, über den der gesamte Postverkehr der Insel abgewickelt wird, ist sogar so klein, dass nur Teile von Dorothea Dodge zu sehen sind. Nur dem reinen Zufall, unserer Postmeisterin einmal beim Ausführen ihres Hundes begegnet zu sein, verdanke ich die erleichternde Feststellung, dass sie auch einen Unterkörper besitzt.

Dorothea, die jedermann nur Dotty nennt, könnte ihren Namen mit Fug und Recht auf eine einzige Silbe verkürzen, denn *Dot* (Punkt) beschreibt perfekt das wenige, was ich von ihr weiß. Es wäre ein Irrtum zu glauben, ich hätte kein Interesse an Dotty oder fände sie unsympathisch. Ganz im Gegenteil. Aber Dotty ist die Verschwiegenheit in Person und gibt während unserer gelegentlichen postalischen Geschäfte absolut nichts von sich preis. Das beruht nicht etwa auf arroganter Distanziertheit, sondern auf ihrer extremen Schüchternheit, denn sie ist immer höflich und freundlich. Wenn ich nicht gerade ein Paket oder ein Einschreiben in Empfang nehmen und mit meiner Unterschrift quit-

tieren muss, erhalte ich von Dotty selten mehr als ein
»Hi«. Das ist jedoch mehr, als sie manchen anderen
gönnt, daher glaube ich, dass sie mich mag.

Dotty und ihr Mann Stanley haben zwei Töchter auf-
gezogen, die Zwillinge Donna und Dianna. Inzwischen
sind die Mädchen erwachsen und leben mit ihren
Ehemännern gegenüber vom Postamt in Häusern, die
man von der Straße aus nicht sehen kann. Donna ist die
Fahrerin unseres Schulbusses, die, die nie winkt. Dianna
hält ein paar Ziegen und Schweine. Mein Freund und
Kollege Lincoln Tully ist Dottys Enkelsohn. Ihr anderer
Enkel, Landon Dewitt, besucht auf dem Festland die
Highschool.

Dotty wohnt allein in einem blitzsauberen Haus hinter dem Postamt, das sie mit Holz beheizt. (Diese
Kenntnis beruht ausschließlich auf Beobachtung.) Weil
ich ein paar ihrer Bilder auf Verkaufsausstellungen und
Basaren gesehen habe, ist mir bekannt, dass Dotty malt.
Das ist aber auch schon alles, was ich über eine sehr
kleine Frau weiß, die bereits vor meiner Geburt auf der
Insel lebte, die zu den wenigen Dauerbewohnern gehört
und die an sechs Tagen in der Woche durch das sehr
kleine Schalterfenster des sehr kleinen Postamts zu
sehen ist. Als Stanley krank wurde, ein Leiden, von dem
er sich nicht wieder erholte, blieb Dotty dem Postamt
lange Zeit fern. Ich konnte mir nicht erklären, was ich
an ihr vermisste, aber sie fehlte mir. Und wir waren alle
froh, als sie ihren Posten endlich wieder übernahm.

Erstes Morgenlicht

Ich lauschte mit geschlossenen Augen. Draußen heulte oder pfiff es nicht, es rauschte und wisperte. Ein Südwestwind der Stärke fünf, genau wie der Wetterfrosch in der Box vorhergesagt hatte. Jeden Abend vor dem Einschlafen spitze ich die Ohren, und nach dem Erwachen am Morgen schon wieder. Und allabendlich nach dem Essen gilt meine Aufmerksamkeit dem Wetterfunk oder der »Box«. Die computergesteuerte Stimme liefert eine Vielzahl klimatologischer Daten: Vorhersagen, Rekordhochs und -tiefs, Regenmengen, Bebachtungen kanadischer Wetterstationen, Luftdruckangaben und – was mich am meisten interessiert – Meereswetternachrichten. Und sobald es Morgen ist, brenne ich darauf zu überprüfen, ob der Mann in dem antennenbewehrten kleinen Kasten mit seinen Vorhersagen über die Windgeschwindigkeiten richtig lag. Jetzt lauschte ich dem Windspiel draußen auf der Terrasse meiner Eltern. Das stählerne Klirren hörte sich ein wenig sanfter an als die Töne einer Glockenboje, der es nachempfunden war. Höchstens Windstärke sechs, dachte ich, streckte mich und öffnete die Augen.

Ich hatte wieder nicht besonders gut geschlafen, und das beunruhigte mich. In der Vergangenheit war das nie ein Problem für mich gewesen, und ich bildete mir nicht wenig auf meine Fähigkeit ein, auf Kommando schlafen zu können. Das war ein Gottesgeschenk, wahrscheinlich meine einzige natürliche Begabung. Jetzt ließ mich die Sorge über meine Schlaflosigkeit nachts nicht zur Ruhe kommen. Ich fragte mich, warum das so war, was mir durch den Kopf ging. Zu einer Zeit wachzuliegen, zu der man eigentlich schlafen sollte, fand ich ziemlich frustrierend.

Wie lange hatte ich der vergangenen Nacht wachgelegen?, fragte ich mich. Durch das quadratmetergroße Oberlicht über meinem Bett funkelten Sterne wie das Nachleuchten im Kielwasser eines Bootes. Es war eine herrliche, sternenklare Nacht gewesen, wenn auch mondlos. Eine Galaxie stellarer Kerzen erleuchtete das dunkle Geviert über meinem Kopf und regte meine Phantasie an. Wie viele Stunden hatte Orion gebraucht, um mein Blickfeld zu durchqueren? Nacht für Nacht machte sich der Jäger mit Pfeil und Bogen auf seine lautlose Reise. Aber das Wild musste flinker sein als der Bogenschütze, denn nie kehrte Orion mit Beute zurück. Der griechischen Mythologie zufolge jagt der Sohn des Poseidon die Plejaden, die sieben Töchter des Atlas. Er ist auf der Suche nach sieben. Ich suche nur nach einem. Vielleicht jagt Orion etwas, was nie gefunden werden kann. Ich fragte mich, ob Orion schon der Verdacht gekommen ist, dass seine Suche sinnlos sein könnte. Vielleicht ahnt er es, macht aber trotzdem weiter, weil es nun einmal von ihm erwartet wird. Vielleicht hat er auch nichts Besseres zu tun. Orion und ich haben etwas gemein, dachte ich. Obwohl keiner der Brüder auch nur das geringste Interesse an mir zeigte, ließ ich sie nicht aus den Augen. Ich hoffte noch immer auf die Chance, den entscheidenden Pfeil abzuschießen und zu treffen. Und dann gab es da immer noch den Charter Boy von Martha's Vineyard, den ich »unbedingt kennen lernen« sollte.

Die beiden Brüder hatten die Insel allerdings verlassen und würden vermutlich nicht vor dem nächsten Herbst wiederkommen. Obwohl sie erst einen Tag fort waren, vermisste ich sie bereits, denn ich hatte mich an ihre Gesellschaft gewöhnt. Es war sehr freundlich von ihnen gewesen, mir gegen Einladungen zum Dinner beim Einholen der Fangkörbe zu helfen. Wir haben jede Menge Hummer verputzt. An Tagen, an denen der Wind zu heftig bläst, um mit der *Mattie Belle* auszulaufen, fuhren wir mit dem Auto herum oder wanderten. Die Männer fanden ganz offensichtlich großen Gefallen an der Insel, was nicht ohne Konsequenzen für mich blieb. Wie ein Kind, das eines Spielzeugs überdrüssig ist, bis ein Freund oder eine Freundin es spannend findet, erwachte meine Liebe zu meinem Zuhause zu neuem Leben. Als die Brüder erklärten, nach New Jersey zurückkehren zu müssen, war ich gleichzeitig erleichtert und traurig. Auch wenn die gemeinsam verbrachte Zeit meine romantischen Pläne nicht erfüllte, war das Zusammensein mit ihnen doch mehr als angenehm.

Mein Vater ist wieder da. Er kam zurück auf die Insel, um mir beim Reusen-Einholen zu helfen, während meine Mutter auf dem Festland den dritten Zyklus ihrer Chemotherapie über sich ergehen ließ, aber – typisch für den November – heftige Winde hielten die *Mattie Belle* häufig an ihrem Liegeplatz. Da ich in diesem Herbst zu oft allein sein musste, freute ich mich über Dads Rückkehr. Seine Anwesenheit machte das Haus behaglicher und irgendwie wärmer.

Inzwischen lagen nur noch wenige meiner Fangkörbe im Wasser, und in ein paar Tagen wären auch die eingeholt. Ich fürchtete mich ein wenig vor dem Winter, da ich keine richtigen Pläne hatte. Solange ich zurückdenken konnte, war ich noch nie arbeitslos gewesen. Da ich mich stets auf ein neues Boot gefreut oder eine neue Saison vorbereitet hatte, bestand keine Notwendigkeit, mir einen Job zu suchen. Ich wusste nicht, wie man sich erfolgversprechend um eine Stellung bewirbt oder auch nur einen Lebenslauf verfasst. Wenn ich den Winter über keiner Beschäftigung nachging, wäre das in der Fangsaison verdiente Geld im Frühjahr verbraucht, und ich müsste ganz von vorn anfangen. Die Aussicht auf Arbeitslosigkeit stimmte mich nicht gerade heiter, und ich hoffte darauf, dass mir irgendein interessantes Angebot in den Schoß fiel und mir umständliche Bewerbungsprozeduren ersparte. Auf der Insel würde sich für mich während des Winters keine Möglichkeit der Beschäftigung ergeben.

Gegen Ende der Saison glänzten die Hummer erneut durch Abwesenheit, und die Preise lagen mit zwei Dollar je Pfund jämmerlich tief. Das Reservoir der Association war mit 40 000 Pfund randvoll, und es wurden bereits Befürchtungen laut, dass der übliche Preisanstieg wegen der flauen Wirtschaftslage schwächer ausfallen könnte.

Ich habe meinen Ärger über die Mitglieder der Association überwunden, die sich weiterhin gegen Bemühungen um eine Schutzzone aussprechen und auch nichts gegen Fremde in unseren Gewässern unternehmen wollen. Die meisten von ihnen ziehen den Status quo nun einmal langwierigen, kostspieligen und möglicherweise gefährlichen Auseinandersetzungen vor. Aber ein wenig traurig war ich schon und schwor mir, im

245

nächsten Jahr Jack MacDonalds Vorstellungen vom Bewahren unserer kleinen Gemeinschaft nach Kräften zu unterstützen. »Nichts überstürzen«, würde Jack sagen, »eins nach dem anderen ... keine Extremmaßnahmen.« Jack weiß Bescheid.

Einige Gewissensbisse bereitet mir meine Freude über Dads Rückkehr schon. Und ich muss mich sehr zusammennehmen, meine Zufriedenheit nicht allzu hörbar werden zu lassen, wenn ich mit Mom telefoniere. Meine Mutter hat eindeutig Probleme damit, Haushalt und Familie nicht wie gewohnt fest im Griff zu haben. Irgendwie schafft sie es, mich mindestens einmal am Tag anzurufen und Anweisungen und Aufträge zu erteilen, um sich dann abends angelegentlich zu erkundigen, ob sie auch ausgeführt wurden.

Als Hausfrau und Mutter im klassischen Sinn litt Mom wie ein Hund darunter, nicht *alles* selbst erledigen zu können. Die Einkäufe für Thanksgiving hatte sie zwar widerstrebend an mich delegiert, aber nur unter Hinterlassung einer ausführlichen Liste. Sie bestand darauf, dass am Dienstag, dem Tag vor ihrer feiertagsbedingten Entlassung aus der Klinik, alles im Haus war. Sie wollte den ganzen Mittwoch in der Küche verbringen und hatte um meine Anwesenheit gebeten. Wenn sich zeigen sollte, dass sie zu schwach war für die Zubereitung unserer Lieblingsgerichte, wollte sie sich auf die Couch legen und mir von dort aus Anweisungen geben. Ich war einverstanden und begeistert, dass es ihr wenigstens gut genug ging, mich herumzukommandieren.

Der Geruch von frisch gebrühtem Kaffee drang in meine Nase, und ich beschloss, die Augen noch ein paar Momente geschlossen zu halten, um den Duft zu genießen. Die letzten acht Stunden waren geruchlos gewesen. Gerüche verbinde ich neuerdings mit Tageslicht.

Die Dunkelheit hat keinen Geruch. Oh, so war es keineswegs immer. In meiner Schwertfischzeit roch es in den Stunden zwischen Abenddämmerung und Morgengrauen nach auftauenden Kalmaren und der salzigen, vom Golfstrom erwärmten Luft. Die Abende an Land waren von Gerüchen der Geselligkeit bestimmt, in Bars und Kneipen voller Zigarettenrauch und Alkoholfahnen. Wie lange ist es her, seit ich die warmen Moschusgerüche eines geteilten Betts wahrgenommen habe?, grübelte ich. Jetzt rochen meine Nächte nach nichts. Ich befürchtete, eine Nachfolgerin von Alfreid Thompson zu werden, der alten Jungfer, die Anfang des zwanzigten Jahrhunderts in Head Harbor Schafe gezüchtet hatte. Als sie eines Tages mit einem inselfremden Gentleman erbittert um den Preis für Lammfleisch feilschte, schlug der Gentlemann schließlich vor, sich »gegenseitig ein bisschen entgegenzukommen«. Woraufhin Alfreid empört ausrief: »Ich versichere Ihnen, dass ich seit fünfzehn Jahren niemandem mehr entgegengekommen bin… Seit Captain Henrys Tod nicht mehr!« So wollte ich auf keinen Fall enden. Es ist höchste Zeit zum Aufstehen, dachte ich und schlug die Augen auf.

Noch war es nicht hell genug, um mich blinzeln zu lassen. Die diffusen Grauschattierungen des frühen Morgens sind gnädig zu gerade erst geöffneten Augen. Alles, was ich draußen und drinnen sehen konnte, wirkte düster und verschwommen. Nach acht Stunden der Dunkelheit mit blendender Helle konfrontiert zu werden kann erschreckend sein. Lebhafte, klare, intensive Farben sind nur schwer zu ertragen. Es ist sehr viel angenehmer, den Tag langsam werden zu sehen, dachte ich. Gedämpft, schonend.

Der Morgen ist wie der Frühling des Tages, selbst im tiefsten Winter. Ein neuer Anfang, die Bestätigung von

Hoffnungen. Alle Metaphern und Analogien für den Frühling werden von »Morgenmenschen« auf den Sonnenaufgang übertragen. Ich liebe den Morgen, besonders im Herbst. In dieser Jahreszeit haben Rehe *und* Farnwedel die Farbe von Kartoffeln.

Aus meiner Position, noch immer auf dem Rücken liegend, sah ich die Silhouetten der Bäume im Wind tanzen. Die größeren Äste schienen sich wollüstig aneinander zu reiben, als wären der Wind und der erste Schein des Morgens Aphrodisiaka. Schließlich rollte ich mich auf die Seite und schwenkte die Beine aus dem Bett. Hier auf der westlichen Seite der Insel sehen wir nur den Schatten des Sonnenaufgangs. Wir leben in einer platonischen Höhle, bis die Sonne über die Hügel steigt. Ich *weiß*, dass sie aufgeht, ohne den gelben Ball aus dem Meer auftauchen zu sehen. Das ist etwas, was ich für selbstverständlich halte.

Ich schlüpfte in ein paar Sachen und sprang die Wendeltreppe hinunter zu meinem Vater, der aufs Meer blickte und Kaffee trank. »Hi, Lin.«

»Guten Morgen, Dad.« Ich goss mir eine Tasse Kaffee ein, fügte einen großen Schuss Sahne hinzu und setzte mich. Der Wind kam von Süden. Meterhohe Wellen paradierten wie Bataillone an uns vorbei nach Norden. Ich konnte nicht sehen, wo sie den Strand stürmten, schätzte aber, dass es knapp oberhalb der Kiesgrube von Money Point sein musste. Etliche Offiziere zu Pferde schüttelten ihre weißen Haarmähnen, während das Fußvolk die Blicke nach vorn gerichtet hielt und gut gedrillt mit dem Wind marschierte, der in ihre patriotischen Gesänge einzustimmen schien. Die Melodie konnte ich nicht hören, spürte aber den Rhythmus stampfender Stiefel auf dem Meeresboden. Die Bäume am Strand winkten mit ihren Ästen wie die

Zuschauer einer Parade, einige von ihnen mit Kindern auf den Schultern. Manche der Veteranen salutierten sogar.

»Nicht der richtige Tag zum Reusen-Aufnehmen«, bemerkte mein Vater. Aber wir würden uns kaum langweilen. Vor Thanksgiving gab es unendlich viel zu tun. Es war sehr rücksichtsvoll vom Wind, uns an Land zu halten, damit wir andere Dinge erledigen konnten. Wir erwarteten dreißig Gäste zum Truthahnessen, Freunde und Verwandte, und alle würden etwas zur Feier beitragen. Es würde ein doppelt festlicher Tag werden: Thanksgiving *und* Wiedersehen. Erstmals seit dem Beginn ihrer Krebstherapie kam meine Mutter wieder nach Hause. Wir hatten allen Grund zur Dankbarkeit.

»Ich bringe nachher das Kinderfaltbett zu Tante Gracie hinüber. Chuck, Jen und die Jungen werden zusammen mit mir dort unterkommen.« Mein acht Monate alter Neffe Addison James Greenlaw würde in dem Faltbett schlafen, das ich im Gästezimmer aufzustellen gedachte, wo auch seine Eltern übernachteten. Sein dreijähriger Bruder Aubrey wollte sich wahrscheinlich das Bett mit seiner »Aunt Linnie« im anderen Zimmer teilen. Ich freute mich darauf, meinen Bruder und meine Schwester wiederzusehen, obwohl sie alle schönen Vornamen unserer Familie für ihre Kinder okkupierten und die weniger attraktiven mir überließen. Was blieb mir denn noch? Avis? Eugene?

Meine Eltern hatten mir ein Waldgrundstück übereignet, auf dem bald Bäume für den Bau eines Hauses gerodet werden würden. Mein Traum nahm Gestalt an – zum Teil. Ich hatte mir stets vorgestellt, mein eigenes Haus mit einer kompletten Familie zu beziehen. Inzwischen hatte ich mich fast damit abgefunden, vermutlich allein darin wohnen zu müssen.

Allerdings fragte ich mich, ob ich mich, ohne irgend-wo herumliegende Baseballhandschuhe und auf dem Küchentisch vergossene Milch, jemals darin fühlen würde wie in einem richtigen Zuhause. Ein Leben ohne Kinder war in meinen Zukunftsvorstellungen nicht vor-gekommen. Mitunter sind Leute verblüfft über die Intensität meiner Sehnsucht nach Kindern. Aber was ist verwunderlich daran, dass ich mir in Erinnerung an meine unbeschwerte und glückliche Kindheit eine große Familie wünsche?

Dad hatte eine ganze Liste von Dingen zusammenge-stellt, die vom Festland geholt werden mussten. Ich bot ihm an, nach Stonington zu fahren, wo ich auch gleich die Lebensmittel von Moms Liste besorgen konnte, wäh-rend Dad zu Hause notwendige Vorbereitungen traf. Er setzte mich am Hafen ab und versprach, in drei Stunden wieder da zu sein, um mir beim Verladen der Sachen vom Boot auf den Truck zu helfen. Als ich die Meerenge verließ, lächelte ich schon wieder. Das Meer hatte schon immer die Fähigkeit, meine Probleme und Sorgen ein-fach zu verschlucken. In der halben Stunde über sieben Meilen würde ich weder an Brustkrebs, Arbeitslosig-keit, Einsamkeit, Kinder noch an Hummer denken.

Ich steuerte die *Mattie Belle* zwischen Merchant's Island und Hardwood Island hindurch nach Norden, und die Südwestbrise erwies sich als überaus freund-lich, denn sie blies gegen mein Heck. Von achtern »geschoben« zu werden, also vor dem Wind zu laufen, ist natürlich sehr bequem, aber der Steuermann verliert dabei etwas von seiner Kontrolle über das Boot. Vom Wind förmlich getragen, wusste ich doch, dass sich die Rückfahrt entsprechend schwieriger gestalten würde. Der Eindruck, mich mit schwereloser Geschwindigkeit von der Insel zu entfernen, verstärkte sich noch, als ich einen Blick über die Schulter warf und sah, dass Klippen und Hügel in Dunst und Nebel verschwunden waren. Wie eine Illusion, dachte ich. In einer Minute ist sie zu sehen, in der nächsten nicht mehr. Von Wind und Wellen unterstützt, erreichte ich schon bald Stonington.

Die Heimfahrt forderte mir in der Tat viel ab, zumal sich die Wetterbedingungen inzwischen verschlechtert hatten und der Wind Gischt hoch über den Bug peitschte. Brecher direkt aus Neufundland, dachte ich. Wind und See wollten mich nach Stonington zurückdrängen, aber ich steuerte die *Mattie Belle* energisch auf die Isle au Haut zu. Vom Sturm gebeutelt, erreichte ich den Windschatten von Kimball Island, und die Silhouette der Insel tauchte ebenso langsam aus dem Dunst auf, wie sie vorhin verschwunden war.

Dad wartete bereits im Truck, als ich den Hafen erreichte. Schweigend schleppten wir die Einkäufe vom Boot auf die Ladefläche des Trucks. Wir fuhren die *Mattie Belle* zu ihrem Liegeplatz und kehrten mit dem Skiff zum Truck zurück. Ich nahm hinter dem Steuer Platz, Dad auf dem Beifahrersitz, und wir fuhren nach Hause.

Nachwort

Zu meinem Bedauern kann ich noch immer nicht berichten, dass ich geheiratet habe, schwanger bin, jede Menge Hummer fange und rundum glücklich bin ... Irgendwie scheine ich weiterhin nicht recht zu wissen, was ich mit meinem Leben anfangen soll. Die einzige Feststellung, die ich über mein neues Leben an Land treffen kann, ist die, dass ich mich in dem gleichen Zustand der Verwirrung befinde, der auch für mein Leben auf See typisch war.

Meine Mutter hat ihre Chemotherapie beendet. Sie ist erschreckend dünn geworden, aber ihre Pfunde werden ähnlich schnell wieder wachsen wie ihre Haare. Bis vor wenigen Monaten hätte ich meine Mutter nicht als besonders tapfer und stark bezeichnet, doch jetzt sind das die ersten beiden Adjektive, die mir im Zusammenhang mit ihr in den Sinn kommen. (Ich glaube, sie schwärmt für ihren jungen Onkologen Dr. Keating.) Bald beginnen siebenwöchige Bestrahlungen, und wir alle freuen uns auf die große Party im nächsten Sommer, auf der Krebspatienten ihren Sieg über die Krankheit feiern. Meine Mutter scheint wild entschlossen, an der Spitze der Parade zu marschieren, und ich hege daran nicht den geringsten Zweifel.

Mein Vater und ich haben alle Reusen aus dem Wasser geholt, und seit Anfang Dezember befindet sich die *Mattie Belle* im Trockendock bei Billings. Bis zum Mai, wenn die Bojen ihren neuen Anstrich erhalten, werden wir kaum Gedanken an Hummer verschwenden. Die hinter uns liegende Saison war eine Pleite, aber vielleicht liegt das auch an uns.

In diesem Winter ist es auf der Insel noch ruhiger als sonst. Die Zahl der Dauerbewohner beträgt zur Zeit vierzig. Fünf von ihnen sehe ich täglich im General Store und frage mich, wo sich die anderen fünfunddreißig versteckt halten. An einer außerordentlichen Gemeindeversammlung haben vierzehn Erwachsene teilgenommen, und wir verbrachten mehr Zeit mit der Wahl eines Versammlungsleiters als mit Diskussionen und Abstimmung über die einzelnen Tagesordnungspunkte. Der Weihnachtsaufführung an unserer Schule ging ein Überraschungsdinner voran, und die meisten der vierzig Insulaner waren anwesend. Ausnahmslos alle sieben Schüler beteiligten sich an der Aufführung, die nicht anders als gelungen bezeichnet werden kann. Aber falls hier nicht bald jemand Kinder bekommt, werden Weihnachtsaufführungen immer schwieriger, da die Zahl der Teilnehmer logischerweise mit jedem Schulabschluss sinkt.

Jack MacDonald, der sich große Verdienste um die Wahrung unserer Fischereirechte erworben hat und für mich zu einem Helden geworden ist, weilt nicht mehr unter uns. Sein Tod hat eine große Lücke auf der Insel hinterlassen. Auch unser ältester Hummerfischer Gordon Chapin ist gestorben. Gordon und Jack werden von Dauerbewohnern und Sommergästen sehr vermisst, ebenso von den Hummerfängern vom Festland, mit denen sie gemeinsam gefischt haben.

Dad und ich haben mein Schuppendach schließlich allein repariert, da die Island Boys sich nicht blicken ließen, bis auch der letzte Nagel eingeschlagen war. Die beiden haben mir angeboten, mir beim Hausbau zu helfen, doch jetzt bin ich es, die sich nach Kräften unsichtbar macht. Ich plane und baue ein winterfestes Haus, weiß aber noch nicht, wie viele Monate des Jahres ich auf der Insel verbringen werde. Mein Freund Alden lässt sich ein neues Boot bauen, und das wirft die Frage auf, ob ich die Küste nicht wieder mit der hohen See vertauschen sollte. Nichts täte ich lieber, als wieder einmal auf Schwertfischfang zu gehen. Aus purem Vergnügen, nicht aus Notwendigkeit. Es erfüllt mich mit Stolz, eine tief verwurzelte Inselbewohnerin zu sein, aber noch stolzer macht mich die Feststellung: »Ich bin ein Fischer.« Und daran wird sich auch nichts ändern.

Danksagung

Vorauseilenden Dank meiner Familie und meinen Freunden, mich nach Erscheinen dieses Buches nicht von der Insel zu verbannen. Jetzt können Unterhaltungen wieder entspannter und ohne die Warnung geführt werden: »Passt auf, was ihr sagt. Sie könnte es in ihrem Buch erwähnen.« Dank auch für das anhaltende Interesse und die Unterstützung, obgleich das Schreiben länger dauerte, als einer von uns für möglich gehalten hätte.

Ich bedanke mich bei allen, die mich mit offiziellen und inoffiziellen Informationen unterstützt haben, so bei Wayne Barter, Lucinda Russell, Duane Pierson und Murray Gray. Ben MacDonald danke ich für seine Freundschaft und für die Illustrationen.

Dank auch an meinen Agenten Stuart Krichevsky, der sich erneut als Mann von großer Geduld und Klugheit erwiesen hat. Dank im Voraus an meinen besten Freund Alden Leeman, an den Charter Boy sowie an Captain George und Tommy dafür, keine Klage angestrengt zu haben. Mein Dank, meine Hochachtung und Bewunderung gelten meinem Lektor und Freund Will Schwalbe, dem Ruderblatt beim Entstehen dieses Buches.

Dank an Mom und Dad – für alles.

Karte der Isle au Haut

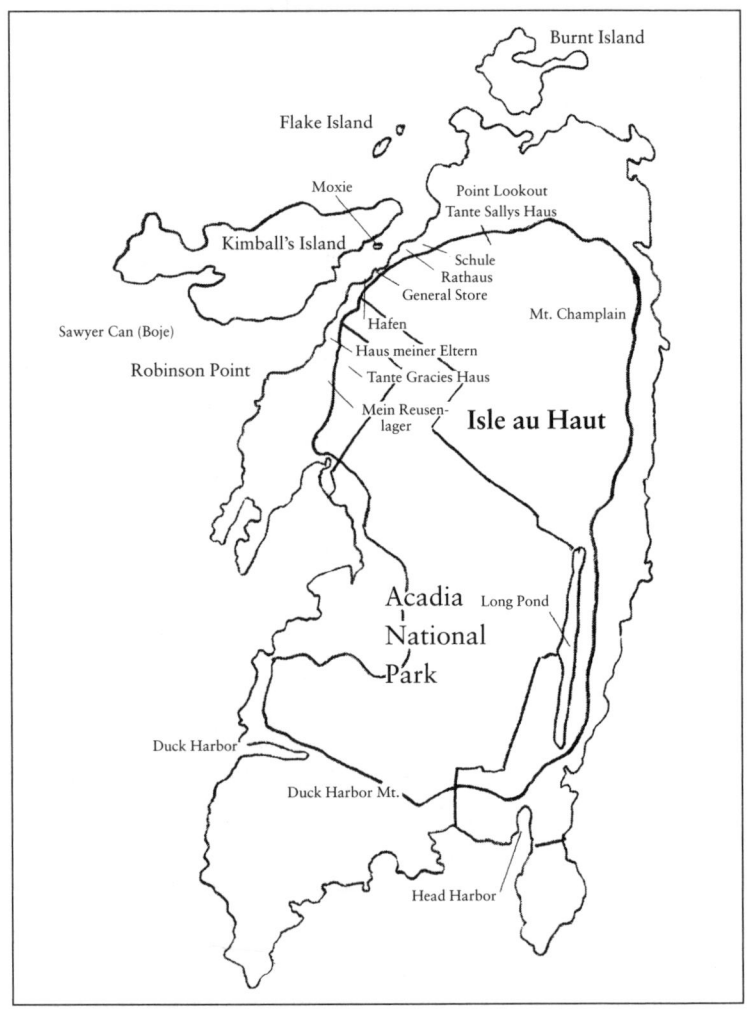

Burnt Island

Flake Island

Moxie

Kimball's Island

Point Lookout
Tante Sallys Haus

Schule
Rathaus
General Store

Sawyer Can (Boje)

Hafen

Mt. Champlain

Robinson Point

Haus meiner Eltern

Tante Gracies Haus

Mein Reusen-
lager

Isle au Haut

Acadia
National
Park

Long Pond

Duck Harbor

Duck Harbor Mt.

Head Harbor